KB060458

이스라엘 성공의 길을 묻다

| ISRAEL : ISLAND OF SUCCESS

• Noga Kainan · Adam Reuter 공저 / 천백민 역 •

이스라엘
성공의 길을 묻다

이 책은 이스라엘의 성공 메커니즘과 도전을 살펴보는 책이다.
이스라엘은 어떻게 성공했을까? 이 성공은 지속 가능한가?
이스라엘의 미래는 어떤 방향으로 나아갈 것인가?

노가 카이난, 아담 로이터
Noga Kainan and Adam Reuter

이스라엘은 침몰할 수 없는, 세계에서 가장 큰 미국 항공모함이다.
―알렉산더 헤이그, 전 미국 국무장관

이스라엘에서 진행 중인 혁신은 기술 비즈니스의 미래에 매우 중요하다.
―빌 게이츠, 마이크로소프트 전 CEO

세계의 기업가들에게 미국은 최고의 장소이며,
이스라엘이 그 뒤를 잇고 있다.
―에릭 슈미트, 구글 전 CEO

마이크로소프트는 미국 회사이면서 거의 이스라엘 회사다.
―스티브 발머, 마이크로소프트 전 CEO

저자 서문

『이스라엘 성공의 길을 묻다』 한국어판 서문

다양한 분야를 통해 이스라엘의 번영과 거기에서 경험했던 어려움을 전하고자 했던 저희의 바람을 한국에서도 공유할 수 있게 되어 기쁘게 생각합니다.

한국과 이스라엘은 수십 년에 걸쳐 강력하고 다각적인 관계를 유지해 왔습니다. 1962년 공식적으로 설립된 양국의 관계는 정치, 경제, 기술, 문화를 포함한 다양한 분야에서 꽃피웠습니다.

유사한 안보 문제에 직면하고 혁신을 우선시하는 공통점을 가진 양국은 서로 귀중한 전략적 파트너십을 가질 수 있습니다. 양국은 방위 사업에서 협력하고, 신재생 에너지 분야에서 전문지식을 공유하며, 자유무역협정에 의해 발전된 관계로 나아가고 있습니다. 이와 함께 문화 교류와 관광이 두 나라의 유대를 더욱 강화하고 있습니다.

사람과 사람이 연결되어 이해가 깊어질 수 있듯이, 우리는 두 나라가 연결되어 서로를 이해할 수 있다면 더 많은 발진을 힘께 추구할 수 있다고 생각합니다. 우리의 작은 결과물이 양국 간의 번영에 도움이 되길 바라며, 한국의 독자분들이 이 책을 통해 유용한 아이디어를 얻어갈 수 있기를 바랍니다.

이 책의 한국 출판을 제안하고 작업해 주신 천백민 교수님께 감사의 말씀을 전합니다. 그리고 부족한 우리의 결과물을 또 다른 언어

로 아름답게 작업해 주신 박영사 관계자분들과 소다인 씨에게 감사의
마음을 전합니다.

노가 카이난과 아담 로이터
Noga Kainan and Adam Reuter

역자 서문

여러분은 이스라엘 하면 어떤 것이 떠오릅니까? 유대인, 홀로코스트, 스타트업, 최근 하마스와의 전쟁 정도가 일반적으로 생각날 것입니다. 이스라엘은 인구 1천만 명이 되지 않는 작은 나라입니다. 그럼에도 불구하고 우리는 세계의 경제에 유대인이 큰 영향력을 행사하고, 미국의 정책에 깊숙이 관여하고 있다는 이야기를 종종 듣습니다. 최근에는 반유대인 발언을 한 미국 대학의 총장들이 사임한 소식을 접하기도 합니다. 유대인의 힘은 어디에서 나오는 걸까요?

종교도 다르고 문화도 다르지만 이스라엘인은 우리나라 사람들과 성향이 비슷합니다. 열심히 일하고, 성공을 추구하고, 자식 교육에 헌신하고, 현실에 만족하지 못하는 면에서 유사합니다. 2천 년이 넘는 세월 동안 많은 박해와 핍박 속에서도 살아남은 이스라엘의 역사는 수많은 외세의 침략에도 버티고 이겨낸 우리의 역사와도 유사성이 있습니다.

이 책은 전문가와의 인터뷰를 중심으로 다양한 참조 문헌을 통해 이스라엘의 역사, 문화, 산업, 경제, 사회에 대해 이야기하고 있습니다. 유대인들의 시오니즘이 복합적으로 작용한 이스라엘 건국과 이에 따른 이슬람 국가들의 보복적 행동들, 조밀한 네트워크로 인해 이스라엘이 갖는 장점 및 단점, 이스라엘 경제 발전을 위한 스타트업의 역할, 국방산업이 발전한 배경, 세계 금융 위기를 극복하고 경제 안정성을 확립한 국가 주도의 보수적인 금융정책, 인구의 평균 연령이 낮은 인구통계학적 장점과 초정통파 인구에 대한 사회 참여 유도 등 이스라엘 사회 전반에 관해 이해할 수 있도록 다양한 주제를 다루고 있습니다.

다양한 산업에서 활동하는 스타트업의 이야기는 왜 이스라엘이 스타트업 강국이 되었는지 이해하는 데 도움이 됩니다. 그들이 어떤 생각을 갖고 사업을 시작하는지, 왜 스타트업 성공 후에도 또다시 창업을 하는지, 그들이 기업가로서 사회에 대해 갖고 있는 생각들은 우리가 배워야 할 점이 있습니다. 또한 FIDF가 해외에서 이스라엘 IDF 군인들의 교육과 복지를 지원하는 것은 해외에 거주하는 유대인이 조국을 어떻게 생각하고 있는지, 이스라엘이 중동 국가와의 전쟁에서 하나로 단결할 수 있는 비결을 알려주는 하나의 사례입니다. 우리는 세계적으로 물 부족 현상이 심화될 것이라는 뉴스를 종종 듣습니다. 국토 일부가 사막인 이스라엘은 담수화를 통해 바닷물을 농업용수와 식수로 이용하고, 폐수의 90%를 재활용하는 기술력을 갖고 있습니다. 이스라엘은 언젠가 세계가 물 부족으로 더 심각한 고통을 겪게 될 때의 대비책을 이미 갖고 있습니다.

이 책에서는 이스라엘 사회의 문제점도 지적하고 있습니다. 높은 물가, 과도한 세금, 높은 주택 가격, 자신들의 이권만 챙기는 노동조합, 사회 기반 시설의 부족, 포퓰리즘을 조장하는 언론에 대한 비판 등을 언급하고 있습니다. 정부의 높은 규제 장벽과 관료주의에 대한 비판을 하는 부분에서는 이스라엘이 우리나라와 유사한 문제점을 갖고 있는 것을 알 수 있습니다.

저자는 "이스라엘을 지킨 것은 안식일이 아니라, 유대인들이 전 세계 수백 개의 공동체에서 안식일을 지켰기 때문이다."라고 말합니다.

2024년 현재, 팔레스타인에서 하마스와의 전쟁을 치르는 상황은 이 책에서 말하는 2018년 당시 이스라엘의 안정적인 안보와 국제 정세에 대한 판단이 틀렸다고 할 수 있습니다. 하지만 이스라엘은 서로 떨어져 있어도 안식을 지키는 것처럼 고유한 전통을 유지하는 단결된 힘으로 또다시 안정과 균형을 찾을 것입니다. 이와 함께 '새로운 것에 도전하고, 당연하게 여기는 것에 의문을 갖는 태도'를 유지하는 이스라엘인들이 현실에 안주하지 않고 새로운 스타트업을 끊임없이 만드는 일을 지속할 것이라고 확신합니다.

이 책은 이스라엘이 성공한 비결을 다양한 측면에서 이야기합니다. 평소 이스라엘에 관심을 갖고 있던 독자분들, 이스라엘 스타트업 경쟁력에 대해 궁금한 점을 갖고 있던 기업가 및 투자자, 정부 정책에 대해 고민하는 공무원과 정책 입안자들이 이 책을 통해 시사점과 좋은 아이디어를 얻을 수 있기 바랍니다.

역자 천백민

차례

Part 01   작은 섬에 있는 글로벌 국가
          : 매우 조밀한 네트워크

Part 02   사회경제적 요소로서 안보의 필요성

소개말

이스라엘은 이 책에 설명된 대로 그들이 직면해야 하는 투쟁의 결과로 많은 도전을 헤쳐나갈 수 있는 역량을 개발하고 있다. "이스라엘"이라는 이름조차 하나님의 천사와의 싸움에서 모든 역경을 이겨낸 민족의 아버지 야곱의 성서 이야기에서 유래되었다(창 32:22 – 32).

이스라엘 국가는 국가로 존재하는 내내, 심지어 건국 전부터 엄청난 도전을 극복해 왔다. 물 부족과 글로벌 사막화와 같은 심각한 자연에의 도전 / 홀로코스트 생존자, 일부아프리카 국가와 무슬림 국가, 구소련을 포함한 70개국에서 언어와 문화를 가져온 많은 이민자들의 흡수와 같은 인간적 도전 / 이스라엘을 파괴하기 위한 군사적, 정치적 위협과 행동 / 그리고 다른 많은 도전들이 있다. 그런데 어쩌면 이 도전들 때문에 이스라엘은 성공했다고 할 수 있다. 왜일까? 이 책의 자료를 수집하는 동안 우리가 진행한 많은 인터뷰에서 우리는 같은 말을 들었다. "도전 덕분에 우리는 성공했다.", "선택의 여지가 없었기 때문에 우리는 해결책을 찾아야 했다.", "우리는 이겨야 했다. 그렇지 않으면 우리는 죽었을 것이다." 위협을 극복하는 것이 이스라엘 사람들의 '더 나은 미래를 창조하는' 능력을 형성하는 것 같다.

매트 리들리(Matt Ridley)[1]는 이스라엘의 미래에 관해 이야기하면서, "합리적 낙관주의자"를 직감이 아닌 증거 관찰을 통해 입장을 도출하는 사람으로 정의했다. 이 책의 저자들 역시 다년간 경제와 비즈니스 세계에 뿌리를 두고 있기 때문에 감정에 따라 낙관적인 입장에 도달한 것이 아니다. 오히려 우리가 관찰한 글로벌·지역적 통계, 학술 연구 그리고 120명이 넘는 전문가 그룹(고위 임원, 기업가 등)과의 인터뷰를 통해 얻은 결과다. 데이터는 우리가 미래를 합리적으로 낙관할 수 있음을 나타낸다. 이스라엘은 안정된 기반 위에 서 있으며 현재와 미래의 모든 도전에 대처할 수 있는 힘을 가지고 있다.

그러나 현재 상황이 좋다는 점에는 동의하더라도 이스라엘의 상황이 점점 악화되고 있는지, 아니면 지속적으로 개선되고 있는지 의문이 남는다. 우리의 연구에 따르면 대다수의 주제에서 이스라엘은 과거 결과에 비해 향상되었다(일부 소수의 분야에서는 약간의 정체가 있었지만). 우리는 악화와 퇴보의 증거는 발견하지 못했다.

이 책에서 제시된 성공은 어떤 정당이나 개인의 몫으로 귀결될 수 없다. 이러한 성공의 대부분은 유대 민족의 성격, 유산 그리고 가치 덕분이다. 이러한 특징들은 현대 이스라엘을 형성하는 데도 기여했다.

더욱이, 우리는 이스라엘이 끊임없이 스스로를 재창조하고 있다는 것을 알게 되었다. 그들은 자신의 손으로, 특히 두뇌를 가지고 미래를 창조하고 건설할 용기를 가지고 있다. 이스라엘은 2000년 전 추방 이후 최초의 유대인 독립 국가를 건설한다는 사명으로 단결했다. 그것은 반유대주의로 고통받는 모든 유대인을 위한 견고한 울타리를 건설하고 세상을 위해 가치를 창조하는 사명이었다.

이스라엘의 역사는 과거를 바탕으로 특정 미래를 예측하는 능력이 작동하지 않는다는 것을 우리에게 가르쳐 준다. 이스라엘인의 반항적이고 혁명적인 사고방식은 이 나라가 항상 더 나은 무언가를 만들어가는 활발한 국가라는 이미지를 만들었다. 그 미래는 정신적인 면이나 행동적인 측면의 고착이 거의 없는 사람들에 의해 끊임없이 재정의되고 있다.

여러 면에서 이스라엘은 섬이다. 지리적으로는 그렇지 않지만 실제로는 오랫동안 적대적인 환경에 의해 고립되었었고 '적에 둘러싸인 국가'로 살고 있다. 이스라엘은 안정적이고 온전한 섬이며 중동 유일의 서구 민주주의 국가다. 경제적, 사회적, 문화적 힘이 이스라엘을 이웃 국가와 차별화시키고 세계에서 가장 성공적인 국가 중 하나로 만들었다.

영화 '제3의 남자'에서 유명한 사기꾼 해리 라임 역을 맡은 오슨 웰스(Orson Welles)는 이렇게 말했다. "이탈리아에서는 보르지아 왕조 치하 30년 동안 전쟁과 테러, 살인과 유혈사태가 있었지만 미켈란젤

로, 레오나르도 다 빈치, 그리고 르네상스를 만들어 냈다. 스위스에서는 형제애가 있었고, 500년 동안 민주주의와 평화가 있었는데 그것이 무엇을 만들었는가? 뻐꾸기시계다." 라임은 정확하지 않았다. 뻐꾸기시계는 독일에서 발명되었고 스위스는 고작 200년 동안 중립을 유지했지만 이 이야기는 적대적인 환경에 살면서도 발명하고 혁신하고 성공하는 이스라엘인을 잘 설명해 준다.

2018년 4월, 이스라엘은 건국 70주년을 기념했다. 그 어떤 나라도 이렇게 짧은 기간에 성과를 성취할 수 없지만 이스라엘인들은 만족하지 않는다. 집단학살의 역사, 유대인에 대한 증오, 죽음과 빈곤을 경험했던 이스라엘인들은 역사가 반복되지 않기를 원한다. 나무의 성장을 가속화 하는 것이 불가능한 것처럼 국가, 국민, 사회를 건설하는 과정을 가속화 하는 것은 불가능하다. 이러한 과정에는 생물학적ー심리학적ー사회적 시간이 필요하다. 이 점에서는 유대인과 이스라엘인의 활동 과잉의 천성조차 도움이 될 수 없다.

이 책의 장들은 이스라엘 국가가 직면한 도전, 의심 그리고 위험을 강조하기 위해 할애되고 있으며 그러한 내용들이 책 전체에 걸쳐 기술되어 있다. 거기에 더해 우리는 고려해야 할 몇 가지 해결책을 제공한다.

이 책은 이스라엘에 관심이 있는 모든 사람이 사실을 알고 적절한 결론을 도출해서 합리적 낙관주의자가 되도록 장려하기 위한 것이다. 우리는 독자들이 의자에 편안히 앉아 이스라엘의 성공, 메커니즘과 미래를 통해 살펴보는 혁명적인 여정에 함께 하기를 바란다. 그것은 가치 있는 여행이 될 것이다.

개요

이스라엘은 사회적 불평등, 빈곤, 극단적인 반이스라엘주의로 변한 반유대주의, 윤리적 문제, 높은 생활비, 지나치게 높은 부동산 가격, 과도한 규제, 구조적 문제, 거기에 복잡하고 까다로운 보안 상황과 같은 많은 도전에 직면해 있다. 우리는 책 전체를 통해 이러한 도전에 대해 언급할 것이고 특히 14장 전체를 이에 할애할 것이다.

모든 어려움에도 불구하고 전체적인 그림은 이스라엘이 경제적·사회적으로 성공 사례임을 나타낸다. 이스라엘 스토리는 빠르게 성장 동력을 잃어가고 있는 OECD 국가들과 비교해 보면 확실히 성공적이다. 이 책은 경제계 핵심 인사들의 약 200여 건의 인터뷰와 인용문을 바탕으로 하고 있으며, 이스라엘에 대한 견해는 낙관적이다.

이스라엘 경제에는 네 가지 장점이 있다.
• 글로벌 이점
이스라엘의 글로벌 이점은 이민자 국가라는 데서 비롯된다. 떠돌이 유대인 세대의 글로벌 특성, 전 세계에 퍼져 있는 유대인 및 이스라엘인들의 존재, 다양한 언어에 대한 이스라엘 국민의 능숙함, 그리고 글로벌 개방성에 맞춰진 교육 시스템 등이 이민자 국가의 특성을 이룬다.

- 기업가적 이점

기업가를 장려하는 이스라엘 문화로 인해 이스라엘은 여러 경제적 이점이 만들어지는 "스타트업 국가"가 되었다.

- 기술-과학적 이점

이것은 학문적 연구와 첨단 기술 응용을 결합하여 이스라엘을 글로벌 R&D 센터이자 다양한 분야의 최첨단 연구 부문에서 수상자로 만들었다.

- 인구통계학적 이점

이는 서구 세계에 비해 상대적으로 젊은 인구와 높은 출산율을 지닌 국가라는 점에서 비롯됐다. 이러한 이점은 교육 및 취업 시장에서 초정통 유대인과 아랍인을 통합하는 과정과 관련이 있다.

동시에, 이스라엘에는 서로 다른 진화 단계에 있는 세 가지 혁명이 일어나고 있다.

- 메말라 가는 나라를 입법, 관리, 운영 측면에서 통합적 역량을 가진 나라로 이끈 사막화에 대한 승리와 물을 경제적으로 관리하는 기술은 다른 나라들의 연구 사례이자 모델이 되고 있다. 오늘날 이스라엘은 점점 더워지고 사막화 과정이 진행되는 세계에 실질적인 물과 지식을 공급할 수 있다.
- 막대한 가스 매장량에서 나오는 저렴한 에너지가 이스라엘 영해에서 발견되었으며, 이는 에너지 산업의 상대적 이점 외에도 에너지 무역 발전에 영향을 미친다.
- 수년 동안 이스라엘 성장의 걸림돌이었던 대중교통과 같은 교통 인프라는 최근 몇 년간 투자와 개발을 통해 탄력을 얻었다.

네 가지 이점과 세 가지 혁명이 완전한 효과를 발휘할 때, 이스라엘은 주로 선진국 경제에 존재하는 지배적인 부진과 비교하여 지금보다 훨씬 더 큰 경제적 성공을 달성할 것이다.

이스라엘의 경제적 성공은 일시적인 과정의 결과가 아니라, 이스라엘 국민의 특성과 그들의 글로벌 현실 적응 능력에서 비롯된다.

본질적으로 이스라엘인은 작은 섬에 거주하며 외부 세계와 긴밀하게 연결되어 생활하는 사람들이다. 그들은 지식에 보상을 주는 환경에서 학습과 교육을 신성하게 생각하는 사람들이다. 무엇보다도 그들은 관습에 저항하고, 기존 상황을 받아들일 준비가 되어 있지 않으며, 어려운 조건에서 살아남기 위해 창의적인 해결책을 모색한다. 그들은 어려운 도전을 획기적인 성공으로 바꾸는 방법을 아는 사람들이다.

이스라엘 국가가 직면한 도전은 여전히 매우 현실적이고 실존적이다. 그들 중 일부는 시간만이 해결해 줄 것이지만, 나머지는 변화를 달성하기 위해 국가 수준의 동원이 필요하다. 일부는 내부 문제이고 다른 일부는 지정학적 위협이다. 이 책은 논의되는 각 주제와 관련된 과제를 강조하고 해당 주제에 대해서는 특별한 장을 통해 추가적인 과제를 제시한다.

삶에 관해 질문을 받았을 때, 이스라엘 사람들은 자신들의 삶에 만족한다고 대답한다. 실제로 이스라엘은 2017년 세계 행복 보고서에서 11위를 차지했다. 실존적인 도전을 고려할 때 이스라엘은 기뻐할 이유가 없기 때문에 이는 놀라운 일이다. 이 책에서는 그들이 왜 행복한지 그리고 그들이 행복해야 할 아주 좋은 이유에 대해 설명한다.

비관적 예측과 낙관적 예측

19세기와 20세기 초의 가장 저명한 유대인 역사가이자 인구통계학자인 사이먼 더브노(Simon Dubnow)는 유대 국가의 설립이 무의미한 일이라고 생각했다. 그는 1898년에 출간된 자신의 저서 『구 유대교와 새 유대교에 관한 편지』에서 다음과 같이 썼다.

> 지금으로부터 100년 후(1998년), 팔레스타인에는 50만 명의 유대인이 있을 것이다. 따라서 정치적 시온주의는 세 가지 유토피아다. 국제법에 따라 유대 국가를 설립할 기회에 대한 꿈, 세계 유대인의 상당 부분이 그곳으로 이주한다는 생각, 그리고 이것이 유대 민족 전체의 운명에 대한 해결책을 제공할 것이라는 환상.

당시 더브노의 예측에는 타당한 이유가 있었을지 모르지만, 1998년 기준으로 50년 전에 설립된 유대 민족의 국가인 이스라엘에는 전 세계 유대인 인구의 약 39%에 해당하는 470만 명의 유대인이 살고 있었다. 2018년에 이스라엘의 유대인 거주자 수는 약 670만 명으로 세계에서 가장 많은 유대인 인구를 보유하고 있다. 불과 100년 전만 해도 유대인의 99%는 역사적인 고국의 국경 밖에 살았다. 그 후 그들은 돌아오기 시작했고, 100년 후인 2018년에는 약 46%가 조상의 땅에 살고 있으며 이 비율은 꾸준히 증가하고 있다.

더브노의 예측은 틀린 것으로 판명되었지만 그만이 그런 주장을 한 것은 아니다. 일부 전문가에 따르면 이스라엘은 항상 멸종 위기에 처해 있거나 사라지고 있다. 이스라엘은 '독립전쟁'에서도, '6일 전쟁'에서도, '욤 키푸르 전쟁'에서도 살아남지 못할 것이라는 예측이 있었다. 이스라엘이 참전하지 않고 그냥 옆으로 비켜 서 있었던 1991년의 1차 걸프전 전쟁에 대한 암울한 전망도 있었다. 자살 폭탄 테러와 인티파다 기간 그리고 이란 핵 프로그램이 언급될 때마다 더 매서운 전망들이 이어졌다.

1973년 이후 아랍의 석유 금수 조치 등 에너지원이 부족할 것이며, 인구가 급증하는 반사막 지역에 위치해 있기 때문에 수원도 없이 방치되어 경제적으로 붕괴할 수밖에 없다는 예측이 있었다. 1950년대와 20세기 말, 금세기 초에 다양한 예측이 발표됐다. 역사를 비춰 봤을 때 아랍 인구의 높은 자연 증가로 인해 유대인은 소수가 될 것이라는 예측도 있었다.

이 모든 예측은 틀렸다. 이 모든 것에도 불구하고, 이스라엘은 번영했다.

Part 01

작은 섬에 있는 글로벌 국가

매우 조밀한 네트워크

01 유대인 가치의 표명

새로운 국가, 새로운 민족, 새로운 사람

도브 케하티(Dov Kehati)는 그의 문에 메주자(mezuzah)를 설치하지 않았다. 그는 납득할 수 없었다. 설득도, 요청도, 간청도 소용없었다. 그는 홀로코스트에서 그의 가족과 지인들이 살해되도록 방임하신 하나님과 분노의 대화를 나눴다. 그는 메주자를 설치하지 않았고 이디시어(Yiddish) 말하기를 거부했다. 그는 카멜산(Mount Carmel)에 나무를 심고, 친구들과 이념 논쟁을 벌이고, 가정을 꾸리는 데 집중했다. 그는 혼자가 아니었다. 두 번째 알리야(Aliyah, 이스라엘로의 두 번째 이민 물결)의 첫 개척자들과 그 뒤를 이은 다수의 사람들은 그들과 유대교 사이에 장벽을 만들었다. 그들은 새로운 나라, 새로운 민족, 그리고 새로운 사람, 즉 근육질이고 강인한 전사이며 명예를 중시하는 노동자와 농민을 만들었다. 새로움을 구축하는 데 지치거나 아무도 관심을 기울이지 않는다고 생각되는 저녁에만, 그가 공부하고 천재로 여겼던 베잇 미드라쉬(Beit Midrash)의 고향에서 전해지는 고대 가락을 지닌 차시딕(Chasidic) 노래가 그의 마음에 몰래 찾아들었다.

그 노래들처럼 유대인의 가치도 새로운 국가에 눈에 띄지 않게 스며들었다. 수백 년 된 유대 사회의 현상들이 불과 수십 년 된 새로운 이스라엘 현상과 합쳐져 새로운 것을 만들어 냈다.

유대인들은 지리적으로 분산되어 있지만 그들의 먼 거주지들과 연결되어 있다. 투델라(Tudela)의 벤자민(Benjamin)은 12세기 자신의 여행 일부로 유대인 디아스포라(diaspora)를 묘사했다. 그는 단일 기반의 국가 없이 지리적으로 분산된 맥락으로 '방랑하는 유대인'이라는 용어를 만들었다. 거주지에서의 잦은 추방은 그들에게 유연성을 가르쳐 주었고, 그들은 고등 교육과 무역 기술을 바탕으로 끊임없이 새로운 생계 수단을 찾아야 했다. 이것은 고대에 중동을 통과했던 초기 상업용 캐러밴에서 시작되었으며 글로벌 운송 및 무역 시스템이 발달함에 따라 더욱 강력해졌다.

19세기에 야코프 로이터(Yaakov Reuter)는 반유대주의로 잦은 공격을 받던 러시아 황제의 군대에서 풀려났다. 그는 남쪽으로 유랑하다가 국경을 넘어 중국 북부 만주에 정착했다. 시간이 지남에 따라 그는 페인트를 판매하는 대규모 거래소를 세웠다. 중국 하얼빈에 첫 번째 매장을 오픈했고, 이후 텐진에도 매장을 오픈했다. 야코프는 중국 고객들에게 만족하지 못했고, 형 미티아(Mithia)와 함께 몽골 고객들에게 물감과 각설탕도 팔았다. 상품은 극한의 몽골 기후에서 일주일 동안 낙타를 타고 긴 호송대를 통해 몽골의 수도 울란바토르로 운송되었다. 그 대가로 몽골인들은 그들에게 양, 염소, 소의 가죽과 모피 그리고 내장을 제공했다. 가죽과 모피는 중국인에게, 내장은 캘리포니아 소시지 산업에 팔았다.

유대인의 세계화는 오늘날 많은 이스라엘인들이 수행하는 세계 여행 뒤에 존재하는 강력한 엔진이다. 메콩 강의 쾌속정부터 유럽의 강을 따라 운행되는 크루즈까지, 네팔 트레킹부터 티에라 델 푸에고 (Tierra del Fuego)의 자전거 여행까지, 당신은 어디서나 히브리어를 들을 수 있고 이스라엘 여행자를 만날 수 있다.

이스라엘인들이 성인이 되는 과정에는 고등학교 시절 폴란드에 있는 학살 수용소로 가는 홀로코스트 추모 여행과 군 복무 후 몇 달 동안 인도나 남미로의 여행이 포함된다. 이스라엘의 젊은이들은 여행을 통해 매우 다른 문화에 노출되며 적응력을 기른다. 몇 년 후 뉴욕의 투자자를 만나거나, 외딴 국가에서 농장을 운영하거나, 전 세계적으로 이스라엘 소프트웨어 회사의 기술 지원 서비스를 제공할 때 이때 갖게된 적응력은 도움이 된다. 유대인 유산에 대한 세계적인 인식은 이스라엘인의 특징이 됐으며 실제로 그들에게 내재되어 있다.

이민자들의 나라

러시아 레스토랑에서는 음악이 내면의 기쁨과 감정적 혼란으로 가득 차 있다. 테이블 위에는 접시 위에 샐러드가 많이 놓여 있는데, 넘어질 것 같은 이상한 피라미드 모양으로 하나씩 겹겹이 쌓여 있다. 사람들은 음악에 맞춰 다리를 흔들고 흥에 취한다. 보드카가 넘쳐 난다. "오이, 오데사!" 모든 무용수들은 밴드의 가수들과 함께 노래를 부르며 "모스크바의 마법의 밤에서 취하세요"와 "Utka"(오리)에 대한 사랑 노래를 부른다. 할머니는 손주들과 함께 춤을 추고, 섹시한 여자들과 잘생긴 청년들이 모두 열정적으로 춤추고 노래한다. 술에 취해 지친 그들은 모두 식당을 떠나 거리로 나간다. 이 광경의 배경은 오데사가 아니다. 모스크바도 아니다. 이스라엘 바트얌(Bat Yam)의 아름다운 산책로다. 왼쪽에는 라하밈(Rachamim)의 키오스크가 있고, 오른쪽에는 세 명의 에티오피아 유대인 청년이 있다. 이스라엘에는 많은 러시아 레스토랑이 있다. 아쉬도드(Ashdod), 네타냐(Netanya), 텔아비브(Tel Aviv), 비어－쉐바(Beer－Sheva) 등에 있다. 이곳에는 이스라엘 음악에 자연스럽게 동화된 러시아식 삶의 기쁨이 있다.

이스라엘로의 이민 비율은 지난 5년간 연간 평균 25,000명 이상이다. 이민자들은 이스라엘 인구의 약 4분의 1, 노동력의 약 3분의 1을 차지한다. 40%는 구소련, 25%는 아랍 및 무슬림 국가, 20%는 유럽 출신이다. 그 밖에 미국[2]에서 3%, 에티오피아, 남미, 인도 및 기타 지역[3]에서 3%의 이민자들이 왔다.

성경시대부터 오늘날까지 이스라엘로의 이민은 알리야(Aliyah, 상승), 이스라엘로부터의 이민은 예리다(Yeridah, 하강)라고 불린다. 이는 들어오는 자들을 영화롭게 하고 떠나는 자들을 판단하는 매우 감정적인 표현이다.

오늘날 전체 유대인의 80%는 이스라엘과 미국 두 지역에 집중되어 살고 있다. 그 뒤를 이어 러시아와 프랑스가 뒤를 잇고 있는데, 반유대주의와 반유대인 폭력의 증가로 유대인들을 급속히 잃고 있는 상황이다. 2010년에 이스라엘은 유대인이 가장 많이 거주하는 곳이 되었다.

이러한 계산에는 유대인 율법에 따라 유대인이 아니어서 이스라엘 공식 기록에는 '외지인'으로 분류되지만 이스라엘의 귀환법에 따라 이주할 자격이 있는 수십만 명의 아들과 딸도 포함된다. 그들은 유대민족의 혈육이므로 그렇게 대우받아야 한다.

이스라엘의 역대 총리 12명 중 7명은 이스라엘에서 태어나지 않았다. 이렇듯 새로운 이민자들은 이스라엘 생활의 중추 역할을 해왔다.

많은 연구에 따르면 통합을 원하는 교육받은 노동인구를 긍정적으로 수용하는 국가는 더 나은 경제적 지위를 갖는 것으로 나타났다. 유명한 사례가 미국, 캐나다, 호주이다. 이민자들은 주택, 교육, 의료에 대한 수요를 가져오고 이는 경제 성장을 돕는다.

The Geography of Genius[4]의 저자인 에릭 와이너(Eric Weiner)는 연구 결과에 따르면 익숙한 분야의 문제를 다룰 때는 동질적인 그룹의 사람들 사이에서 해결책을 찾는 것이 더 쉽지만, 새롭거나 알려지지 않은 분야의 문제를 해결할 때는 다양한 관점에서 접근하는 것이 더 좋은 결과를 가져온다고 말했다. 와이너의 연구는 오늘날 천재성과 창의성이 성장하는 국가는 일반적으로 개방적인 이민 시스템을 갖추고 다른 곳에서 아이디어를 빌려 올 의지가 있는 국가임을 보여준다. 고대에는 그리스인들이 페니키아인으로부터 아이디어를 차용했던 아테네와 이집트, 바빌론 등에서 그런 일이 일어났다. 오늘날에는 전 세계 사람들을 매료시키는 실리콘 밸리에서도 같은 일이 벌어지고 있다. 아이디어가 반드시 그곳에서 탄생하는 것은 아니지만 사람들은 그곳으로 가서 배운다. 그들은 그곳에서 발전하고 성장한다. 궁극적으로 와이너는 아이디어와 이니셔티브를 가져오는 재능 있는 이민자들이 강력한 경제적, 문화적 원동력이라고 설명한다.

창의력을 장려하고 천재를 육성하려는 커뮤니티는 문화적 이질성을 장려해야 한다고 캘리포니아 대학교 데이비스 캠퍼스의 심리학과 교수이자 창의성 분야의 세계 최고 연구자 중 한 명인 딘 키스 시몬톤(Dean Keith Simonton)이 말했다.

이스라엘은 이민자들이 가져온 좋은 것과 풍요를 목적으로 이민자들을 흡수하지 않았다. 때때로 이민자 흡수는 젊은 국가에 너무 무겁고 힘든 일이었다. 그러나 이스라엘은 유대 민족의 본거지로서의 사명 때문에 그들을 받아들였다. 그렇게 함으로써 이스라엘은 이민자들이 가져온 중요한 자산을 즐겼다. 세계 문화에 대한 이해, 출신 국가 인구와의 연결, 언어에 대한 광범위한 지식이 그것이다. 이스라엘에서 몇 주를 보낸 미국 출신의 한 언어학 교수는 이스라엘 사람들이 그토록 많은 언어로 의사소통을 할 수 있는 능력에 놀랐다고 말했다. "저는 전 세계 수십 개국을 가봤지만 어떤 언어를 사용하든 상관없이 항상 소통할 수 있는 사람이 있는 나라를 본 적이 없습니다." 이는 이스라엘 경제에 대한 중요한 공헌이며, 이 책에서는 이를 글로벌 이점이라고 칭했다.

이민자 수용국 내 통합에 관한 OECD[5]의 연구에 따르면 이스라엘은 이민자 인구가 가장 많은 국가 중 하나이며, 이민자 1세대가 전체 인구의 23%를 차지한다. 1세대 이민자 비율이 더 높은 나라는 스위스와 호주 두 곳뿐이다. 이 수치에 이민자 2세대까지 추가하면 이스라엘은 스위스에 이어 2위로 뛰어오른다.

포괄적인 연구에 따르면 이스라엘은 이민자의 노동력 참여율이 기존 시민의 참여율보다 높은 몇 안 되는 국가 중 하나다. 이스라엘은 이민자들이 차별을 덜 느끼는 나라다. 이스라엘은 이민자들의 빈곤율이 선진국 중 가장 낮은 국가 중 하나다. 자가 소유 주택 비율에 있어서도, 이스라엘의 신규 이민자들은 다른 OECD 국가에 비해 우수한 수치를 갖고 있는 것으로 판명됐다.

조사된 또 다른 지표는 최소 10년 후에 새로운 국가에서 시민권을 취득한 사람들의 비율이었다. 이스라엘에서는 이민자가 유대인 시민권을 취득하는 것이 거의 자동으로 이뤄진다. 그렇기 때문에 거의 모든 이민자가 매우 빠르게 시민권을 취득하는 부분에서 1위를 차지했다.

국회의원 선거 참여율도 다른 나라 이민자들에 비해 매우 높으며, 기존 주민과 거의 비슷하다. 교육제도에서도 마찬가지다. 연구에 따르면 이민자 자녀의 읽고 쓰는 능력은 이스라엘 토착 주민에 거의 근접하다. 이스라엘은 OECD 국가 중 읽기 쓰기 능력이 세 번째, 학교에 다니는 아이들의 비율은 네 번째로 높은 것으로 나타났다.

다양한 국가에서 이민자들이 겪는 가장 큰 어려움 중 하나는 이주 국가의 언어와 문화를 배우는 것이다. 이스라엘에서는 이민자들이 ulpan[6]에 흡수된다. 새로운 이민자들은 대화, 읽기, 맥락의 기본적인 이해가 가능한 수준으로 히브리어를 배운다. 또한 등록금 없이 이스라엘의 문화, 역사, 지리 과목을 배울 수 있다.

이민은 흡수에 관해 특별한 어려움도 가져왔다. 이주는 이민자에게 항상 정신적으로 힘든 과정이며 삶의 모든 영역에서 극적인 변화를 수반한다. 이스라엘이 이민자 국가임에도 불구하고 어떤 수준에서는 발생 당시 모든 이민자들에게 향하는 외국인 혐오증이 발생하기도 했다. 오늘날 외국인 혐오증은 주로 에티오피아 이민자들을 대상으로 하고 있다. 그들의 피부색, 문화, 사회 구조의 독특함은 그들을 이스라엘 사회의 주변부로 몰아넣었다. 아직 마무리 되지 않은 중요하고 도덕적인 주요 과제는 그들을 사회 구조 속으로 무조건적으로 흡수하고, 채택하면서 동화시키는 것이다.

홀로코스트와 부활

"홀로코스트(Holocaust)는 이스라엘 국가 건국의 이유가 아니다. 유대인들은 추방 기간 내내 이스라엘 땅으로 이주했다."라고 미래학자 데이비드 파시그(David Passig) 교수는 그의 저서 『Israel 2048』7에서 썼다.

홀로코스트는 이스라엘 국가 선포를 진전시켰다. 제2차 세계대전의 승전국들은 생존자들의 눈을 똑바로 쳐다보기가 어려웠다. 그들은 가능한 유일한 도덕적 행동을 취해야 했는데, 그것은 이스라엘 국가 설립에 동의하는 것이었다.

하지만 홀로코스트는 새로운 국가의 시민이 될 가능성이 있는 수백만 명의 유대인 남성, 여성, 어린이, 유아들을 멸종시켰다.

현재 전 세계 유대인 인구는 1,420만 명으로 추산된다. 자신을 "일부 유대인"이라고 밝히는 사람들과 할라차(Halacha)8에 따라 유대인은 아니지만 이스라엘로 알리야(aliyah)할 자격이 있는 사람들을 합치면 총 수는 1,800만 명에 이른다.

***

아리에 오즈(Aryeh Oz) 중령은 어렸을 때 홀로코스트를 피하기 위해 네덜란드 가족의 다락방에 숨겨졌다.

어느 날 나는 모르는 이상한 소리를 들었다. 나는 창문으로 달려갔고 집 바로 위로 비행기 무리가 지나가고 있었다. 나는 재빨리 12대의 비행기를 세어보았는데… 단지 10대만이 돌아왔다. 그 이후로 더 많은 비행기에 대해 들었고 상상 속에서 나는 비행기 승무원들과 함께 앉아 그들 중 일부가 되었다. 어느 날 밤 격추된 비행기에 탑승한 영국 조종사가 농장으로 옮겨졌다. 비밀조직 멤버들에 의해 이송되기까지 짧은 시간 동안 머물렀지만 그의 모습과 제복은 지금까지도 내 기억 속에 남아 있다. 나는 의심할 여지 없이 나도 그와 같은 조종사가 될 것임을 알고 있었다. "저는 조종사가 될 거예요." 처음으로 자랑스럽게 똑바로 걸어가며 말했다.9

***

"몇 년 전까지만 해도 우리에게는 과거가 없었고, 과거를 원하지도 않았으며, 이러한 트라우마에 대처할 준비가 되어 있지 않았다."라고 홀로코스트 생존자이자 이스라엘 공군 조종사 4명이 말했다. 그들은 잃어버린 어린 시절, 조용했던 청춘, 그리고 이스라엘에서 조종사로서의 삶을 회상했다. 그들은 각자의 방식으로 이스라엘에 왔다. 그들은 "도살장에 양처럼 끌려갔던" 홀로코스트 당시의 유대인들이 아니라 모든 이스라엘인들처럼, 사브라(Sabras)10가 되기를 원했다. 1950년대 이스라엘 공군에는 350명의 조종사가 있었는데, 그중 138명이 홀로코스트 생존자였다. 그들은 이스라엘 사람들의 상징이었고 그 이상이었다.

훗날 대령 샤야 하르싯(Shaya Hrasit)으로 불린 이스라엘 공군 항해사 스터쇼우 포어첼리너(Stusho Porcellina)는 바르샤바에서 태어났다.11 그는 5살 때 행복한 어린 시절과 단절되어 소련의 광활한 평원에서 탈출, 기아, 빈곤, 그리고 생존을 위해 끝없이 투쟁하는 대하소설의 희생자가 되었다. 제2차 세계대전이 끝난 후 그의 가족은 공포를 피해 도망친 4,554명의 난민을 태운 이스라엘로 향하는 탈출 이민선에 탑승했다. 배에 탄 젊은이들은 미래의 조국을 위한 노래를 불렀다. 오직 이스라엘인들만이 "미래의 조국"이라는 표현에 내재된 모순을 이해할 수 있다. 그들은 청백기를 들고 이스라엘의 미래 국가이자 현재의 '비밀 무기'인 하티크바(Hatikvah)를 불렀다.

그들이 오후 2시 30분 하이파 항구에 도착하기 이틀 전, 영국 전함 두 척이 강력한 전력을 다해 엑소더스를 향해 돌진했다. 치열한 전투 끝에 난파된 배는 항복하고 하이파 항구로 끌려갔다. 난민들은 별 저항없이 그들을 송환한 추방선을 통해 프랑스의 원래 항구로 이송되었고, 그곳에서 그들이 떠나는 것을 거부하자 지옥의 땅 독일로 옮겨졌다. 이스라엘 국가가 건국된 후에야 포어첼리너 가족은 말라호를 타고 그들의 "새로운 조국"으로 향했다.

샤야 하르싯은 새로운 이민자로 도착했다. 그러나 그는 뿌리를 내리고 토착 이스라엘인 사브라처럼 빨리 이스라엘 사람이 되기를 원했다. "나는 그들처럼 보이고 싶었습니다."라고 그는 자신의 책에 썼다. "그리고 그러기 위해 나는 내 피부를 벗어야 했고, 내 경험과 별개의 정체성을 포기해야 했습니다. 내 친구들이 베레모를 머리 뒤에 썼다면 나는 그것을 내 목에 걸었고, 그들이 용감하고 대담하다면 나는 그들을 위해 내 목을 내밀었습니다." 조종사 과정과 그 후 항공 승무원으로 생활하는 수년 동안 하르싯은 전쟁에서 살아남은 아이로서의 과거에 대해 말하지 않았다. "하지만 침묵을 지킨 사람은 나뿐만이 아니었습니다. 이 놀라운 집단은 모두 침묵했고, 모두가 이스라엘의 생활 방식에 이질감을 느꼈으며, 모두가 과거를 잊고, 친구를 닮고, 이스라엘 사람들과 합쳐지려고 노력했습니다." 그는 유럽의 공포로부터 도망쳐 온 치피(Tzipi)와 결혼하여 3명의 딸과 9명의 손주를 두었다. 비록 아직도 홀로코스트가 그의 영혼에 영원한 상처로 남았지만, 하르싯은 홀로코스트에서 승리한 사람 중 한 명이다.

***

이스라엘의 F-15 3대가 급유기와 함께 이스라엘에서 폴란드까지 4시간 비행을 했다. 이스라엘 공군은 아우슈비츠-비르케나우 상공에서 특별 비행을 한다는 조건으로 폴란드 라돔에서 열리는 에어쇼에 참가하기로 합의했다. 이번 비행은 홀로코스트에서 살해된 유대인들과 아우슈비츠에서 희생된 모든 사람들을 위한 것이었다.

이미 제2차 세계대전이 끝나갈 무렵이었고, 승리에도 불구하고 영국과 미국은 학살 수용소와 철도를 폭격하지 않기로 결정했다. 이로 인해 수백만 명의 유대인이 학살당했다. 연기된 날만큼 유대인 12,000여 명이 추가로 살해되었다. 오늘날까지도 이 끔찍한 결정에 대한 만족스러운 설명은 없다.

2003년 9월 4일에 발생한 비행은 나중에 이스라엘 공군 사령관이 된 아미르 에셀(Amir Eshel)이 이끌었다. 세 명의 조종사와 세 명의 항해사는 역사를 뒤흔든 비행을 했고 "당시에 우리를 위한 비행은 단 한 번도 없었습니다."라고 상기했다.[12] 1945년 5월부터 11월 말까지 연합군은 아우슈비츠 상공에서 2,800회의 비행을 했다. 이 기간에 헝가리 유대인은 모두 살해당했다. 비행기는 가스실 위, 화장터 위에 있었다. 비행기들은 공중에 있었고 살인을 멈추지 않았다.

"공포의 캠프 위 하늘을 날고 있는 이스라엘 공군 조종사들은 수백만 희생자들의 잿더미 속에서 일어나 그들의 침묵의 비명을 짊어지고 그들의 용기에 경의를 표하며 유대인과 그 국가인 이스라엘의 방패가 될 것을 약속합니다."라고 조부모님의 잿더미 위를 날았던 손자들이 말했다.

아우슈비츠에 관한 자신의 책에서 엘리 위젤(Elie Wiesel)은 놀랍고 이해할 수 없는 상태로 이렇게 말했다. "그리고 세상은 조용했습니다."
세상은 왜 조용했을까? 당시 문서에는 처칠과 루즈벨트를 포함한 서구 지도자들에게 잘 알려진 유대인 학살에 개입하지 말아야 할 고려사항 중 하나인 '누가 유대인들을 돌볼 것인가' 하는 딜레마에서 비롯되었다고 명시되어 있다. 어느 나라가 그들을 흡수할 것인가? 아무도 그들을 원하지 않았다. 이스라엘 국가는 아직 존재하지 않았다. 엘리 위젤은 이스라엘 조종사의 비행을 "고귀한 행위"라고 불렀다.

***

독일군이 폴란드를 침공했을 때, 17세의 다비드 아즈리엘리(Azrieli)는 폴란드 마쿠프 마조비에키 마을에 있는 그의 집을 떠났다. 전쟁이 끝나자 아즈리엘리는 자신의 부모, 남동생, 여동생이 홀로코스트에서 살해되었다는 사실을 알게 되었다. 소련에서 그는 이스라엘 땅에 도달하기 위해 앤더스 군대[13]에 입대했다. 우즈베키스탄, 이란 그리고 이라크를 거치는 여정은 길었다.

"내가 앤더스 군대에서 복무한 몇 달 동안 시온주의를 향한 나의 헌신은 그 안에서 만연했던 반유대주의 때문이었습니다."라고 아즈리엘리는 자신의 회고록[14]에서 앤더스 군대 복무에 대해 회상한다. 이라크의 한 유대인 가족은 아즈리엘리가 앤더스 군대에서 탈출하는 것을 도왔다.

나는 낡은 셔츠와 바지에 샌들을 신고 가난한 아랍 농부 행색을 했다. 언어와 관습에 대한 지식이 부족했기 때문에 불의의 사고를 막기 위해 귀머거리와 벙어리 행세를 하기로 결정했다. 작별인사를 하는 동안 온 가족이 내 주위에 모였고, 아버지는 나에게 은전 세 개를 주셨는데, 필요한 경우 말썽꾼에게 지불하라고 하셨다. 당시 이라크의 유대인들은 아랍의 반유대주의 폭력을 두려워하며 살았고, 내가 잡히면 죽임을 당하고 가족들도 심한 처벌을 받게 되리라 믿어 의심치 않았다. 나는 나를 도운 유대인들이 그들의 위험을 무릅쓰고 있다는 것을 알고 있었다. 오늘까지도 나는 그들의 용기와 아낌없는 도움에 깊은 감사를 드린다.

아즈리엘리는 이스라엘에서 최초의 폐쇄형 쇼핑몰인 아야론 몰을 설립하면서 이스라엘의 소비 습관에 변화를 가져왔다. 2007년에 그의 이름을 딴 초고층 건물 단지인 아즈리엘리 센터(Azrieli Center)에 세 번째 타워가 완공되었다. 둥글고 네모나고 삼각형인 건물들이 텔아비브 스카이라인에 흔적을 남겼다. 2010년에 아즈리엘리는 텔아비브와 런던의 증권 거래소에서 그룹의 IPO를 완료했다. 이는 이스라엘 민간 기업의 최대 공모로, 주식의 25%가 25억 셰켈에 팔렸다.

2세대 홀로코스트 생존자인 그의 딸 다나는 17세에 몬트리올에 있는 집을 떠나 이스라엘로 이주했는데, 처음에는 키부츠 지킴에서 나

중에는 키부츠 오르탈에서 자원 봉사했다. 졸업 후 그녀는 변호사로 일하기 시작했다.

"나치에서 탈출하고 살아남기 위해 낙천적인 태도를 유지하고 자신의 운과 올바른 사람들과의 인맥을 이용하는 당시 17세 소년이었던 아버지의 이야기를 들려주는 것이 나에게 중요했습니다. 아버지의 세계관은 나의 삶에도 영향을 준 이야기였습니다. 나는 '나는 그럴 자격이 있다.'라고 생각하는 세대가 아닙니다. 나는 내가 행운이 많다고 생각합니다. 이 이야기는 모든 것이 하루만에 뒤집힐 수 있다는 생각을 갖게 해주었습니다."15

다나 아즈리엘리는 현재 이스라엘 경제에서 가장 강력하고 선도적인 그룹 중 하나의 이사회 의장으로 재직하고 있으며, 이스라엘 내 15개 쇼핑 및 상업 센터의 소유자이자 관리자이다. 다비드 아즈리엘리는 2014년 7월 가족이 지켜보는 가운데 사망했다. 그는 나치가 그를 위해 계획했던 것과는 달리 사랑받고 성공했다.

***

사노 브루노(Sano-Bruno) 주식회사는 1965년 브루노 란데스버그(Bruno Landesberg)에 의해 설립되었다. 이 회사는 1982년 텔아비브 증권 거래소에서 처음 상장되었으며 산업, 기관 및 내수 시장을 위한 세면도구, 위생 및 청소 제품을 포함한 비식품 소비재 제조 분야의 선도적인 이스라엘 회사다. 2017년 기준으로 사노 브루노의 직원은 약 1,600명이었고 매출은 약 15억 셰켈이었다.

란데스버그는 체르노위츠(Czernowitz)에서 태어났다. 그의 아버지가 돌아가신 후 가족은 부쿠레슈트(Bucharest)로 이사했다. 나치 점령으로 인해 그는 동생과 함께 동쪽으로 도망갔고 다시 체르노위츠까지 갔다. 그곳에서 그는 미래의 아내인 라야를 만났고, 그녀와 함께 나치 테러를 피해 소련으로 도망쳤다. 브루노는 소련에서 대학을 다녔고 그곳에서 그의 가족과 함께 부하라(Bukhara)로 이민을 왔다. 부하라에서 그들의 장남 알렉스가 태어났다. 제2차 세계 대전이 끝날 무렵, 브루노는 부쿠레슈트로 돌아와 학업을 마쳤다. 그는 지하세계를 통해 공산당에 입대했다. 그리고 반파시스트 활동에 참여했다는 인증서를 받았다. 1952년 3월, 그는 아내와 아들과 함께 이스라엘로 이주했다.

처음에 그는 국방부에서 일하다가 마침내 1958년에 자신의 집과 모든 재산을 저당잡혀 서던 마케팅(Southern Marketing) 회사를 설립했다. 초기에 사업은 수익이 좋지 않았고 란데스버그는 회사를 닫을 것을 고려했다. 생계를 위해 마케팅과 영업에 대해 강의하고, 하버드 대학에서 국제 마케팅 전문 장학금을 받은 후 에어로졸 및 청소 제품에 특화된 사노(Sano)라는 작은 회사를 설립했다. 현재 사노는 그의 아들 알렉스가 이끌고 있으며 그의 손자 유발이 CEO다. 그들은 홀로코스트의 2세대와 3세대다. 이 모든 것에도 불구하고 란데스버그는 "나는 낙관주의자입니다."라고 말한다. "홀로코스트 경험이 없었다면 나는 지금의 이 자리까지 올 수 없었을 것입니다. 나는 항상 투사였고, 항상 과감하게 일을 해냈으며, 항상 성공할 것이라고 생각했습니다."

***

완전한 어둠 속 작은 구덩이 어딘가에 펠릭스 잔드만(Felix Zandman)이라는 소년이 17개월을 살았다. 그는 삼촌인 샌더 프리도위츠(Sander Fridowitz)와 다른 세 명의 유대인들과 함께 안나 푸찰스키라는 용감한 폴란드 여성의 집 아래에 숨었다. 구덩이에서 그의 삼촌은 어둠 속에서 속삭이거나 구두로 그에게 수학과 물리학을 가르쳤다. "샌더는 뛰어난 수학자였으며 뛰어난 수학적 기억력을 가졌습니다."라고 잔드만은 말했다.16 대수학과 기하학, 공식 그리고 수학 이론은 그들의 삶의 중심이 되었고 세 명의 다른 생존자들이 공유하는 좁은 구멍에서 그들의 정신을 안정적으로 유지하는 끊임없는 대화를 이어갔다. 세 명은 땅바닥에 누워 있었고, 한 명은 누운 사람들의 다리 사이에 서 있었고, 다섯 번째 사람은 그들의 배설물을 담는 양동이 위에 앉았다. 17개월 동안 밤낮으로 근육경련을 막기 위해 2시간마다 제자리에서 움직였다.

나중에 펠릭스 잔드만 박사는 세계에서 가장 큰 전자 부품 제조업체 중 하나인 비샤이(Vishay)를 설립했다. 2017년 기준 전 세계 70개 공장에서 26,000명의 직원을 고용하고 있으며 그중 6개의 공장은 이스라엘에 있으며 매출액은 28억 달러다.

워싱턴 DC에 있는 스미소니언 과학 박물관은 잔드만의 발명을 20세기의 가장 위대한 18가지 과학적 업적 중 하나로 소개한다. 이것은 모든 전기전자제품을 최소화할 수 있는 초석을 다진 특허다. 그의 또 다른 발명인 포토 스트레스(Photo Stress)는 금속 강화물의 시험을 가능하게 하며 모든 항공기 제작의 기초가 되었다. 이 발명으로 잔드만은 프랑스 정부로부터 레즈옹 도뇌르 훈장을 받았다. 잔드만은 자신의 발명품을 가지고 세계적인 산업 제국으로 만들었다. 특별한 이름인 비샤이(Vishay)는 제2차 세계대전이 발발하기 전에 그의 할머니가 성장하고 살았던 리투아니아의 작은 마을의 이름이다.

그러나 잔드만 박사의 최종 승리는 독일 기업 텔레풍켄(Telefunken) 인수였다. 제2차 세계대전 중에 이 회사는 나치와 협력하여 강제 노동을 고용하고 아우슈비츠에 인프라를 공급했다. 구덩이 출신의 유대인 소년 잔드만이 독일 공장을 매입했을 때, 이스라엘 국기가 그 위로 휘날렸다. 서명하는 순간 그는 주머니에서 야물케(yarmulke)[17]를 꺼내 종교적인 유대인처럼 머리를 가리고 독일 산업 지도자들과 서명했다.

숨겨진 난민

그들은 난민이 아니다. 그들은 수세기 동안 살았던 나라에서 강제로 추방되고 재산을 모두 빼앗겼음에도 불구하고 결코 자신들을 난민으로 여기지 않았다. 아랍과 무슬림 국가의 유대인들은 조상의 땅으로 이주하여 집과 가족, 미래를 건설했다. 그들을 팔레스타인 난민들과 비교하는 것은 믿기 힘든 일이다.

자신과 환경이 난민 지위를 보존하는 것을 고집한다면 사람들은 쉽게 만성적인 난민이 될 수 있다. 팔레스타인인들은 난민 지위를 유지하는 결과에 대한 좋은 예다. 모든 팔레스타인 시민은 연간 평균 1,000달러를 받는다. 팔레스타인 자치정부(PA) 국내총생산의 60% 이상이 기부금에서 나온다. 2009년과 2010년에 팔레스타인 자치정부는 연간 총 40억 달러의 기부금을 받았다. 2005년 이후 팔레스타인에 대한 기부금은 두 배 이상 증가했다. 팔레스타인이 2005년부터 2015년까지 다양한 출처로부터 받은 누적 기금은 250억 달러에 이른다. 팔레스타인의 가장 큰 비극은 난민이 1세대에 머문다는 국제 규칙에서 벗어났다는 데 있다. 그렇게 함으로써 팔레스타인은 모든 세대에 걸쳐 그들의 자녀와 손주들에게 자신의 삶과 행복을 건설할 수 있는 능력에서 분리된 상태를 유지하라는 선고를 내렸다.

대부분의 아랍 및 무슬림계 유대인들이 자국에서 추방된 지 70년이 지난 오늘날, 예전 유대인 난민들은 과거로부터 벗어나 명예롭게 살고 있다. 반면 팔레스타인 난민들은 여전히 지중해 전역의 난민 캠프에서 고통받고 있으며 국제기구의 지원이 필요하다.

역사를 통틀어 무슬림 국가들은 개인과 유대인을 포함한 비무슬림 공동체를 차별했다. 대부분 지역에서 유대인은 보호받는 사람들로 정의되어 법이나 통치자의 희망에 따라 특정한 보호를 받을 자격이 있었지만 항상 "불운한" 사람으로 인식되었다. 무슬림 국가에 대한 유럽 열강의 개입이 증가함에 따라 유대인들은 주로 그들의 교육, 가족 및 공동체의 유대관계에서 비롯된 이점을 얻었다. 은행가, 상업 및 금융관리자, 세관 브로커, 상인 등에 대한 수요 증가는 유대인에게 기회를 제공했다. 공동체가 성장하고 번영했으며, 유대인 기관이 세워졌고, 개인과 가족은 부유해졌다.

추방, 폭동, 재산의 국유화, 해고로 인해 절망에 빠진 유대인들은 소유했던 거의 모든 것을 잃게 되었다. 유대인들이 무슬림 국가에서 추방되었을 때 많은 유대인 재산이 거기에 남겨졌다. 미국 의회[18]와 이스라엘 정부[19] 모두 아랍 국가에서 추방되거나 도망친 유대인을 난민으로 인정한다. 최근 몇 년 동안 이스라엘 정부는 아랍 국가들이 국유화한 유대인 재산을 평가해 왔다.

미국 의회는 무슬림 국가에서 온 유대인 난민의 수를 85만 명으로 추산한다.

***

이집트에는 예루살렘의 첫 번째 성전이 파괴된 후 선지자 예레미야 시대부터 고대의 찬란한 유대인 공동체가 있었다. 19세기 초, 무하마드 알리 파샤(Muhammad Ali Pasha)와 그의 후손들의 지도력과 유럽의 영향 아래 이집트는 근대화와 산업화를 겪었고 그곳에서 유대인 공동체가 꽃피웠다. 유대인들은 아랍과 유럽의 두 문화 모두 무역 관계, 가족 관계와 국경을 초월한 공동체를 갖고 있다는 것을 알고 있었다. 당시 이집트 유대인 공동체의 수는 4만에서 8만 명에 달했다.

1930년대부터 파시스트 선전과 한편으로는 이집트 무슬림의 국가적 각성 이후 콥트교도, 그리스인, 유대인을 포함한 소수민족에 대한 반대 분위기가 조성되었다. 특히 잔인하고 구체적인 선전은 유대인을 대상으로 했으며 나치와 반유대주의 문서가 아랍어로 번역되었다. 선동은 1938년과 1945년에 유대인에 대한 폭동으로 이어졌다. UN 분할 계획과 1948년 이스라엘 국가의 설립은 새로운 폭동의 근거가 되었다.

이집트 정부는 유대인 박해에 참여했다. 이스라엘 국가 선포와 아랍 군대의 젊은 국가에 대한 영토 침공 전날 이집트 경찰은 이집트 전역에서 유대인을 체포하여 수용소에 가두었다가 1년 반 만에 석방했다. 유대인들은 시온주의를 지지한 혐의로 기소되었다. 수백 개의 유대인 상점과 사업체가 수용되었다. 독립 전쟁에서 이집트 군대가 패배한 후, 괴롭힘이 증가했고 수개월 동안 지속되었다. 불안한 상황으로 인해 많은 유대인들이 떠나게 되었다. 가말 압델 나세르(Gamal Abdel Nasser) 정권 동안 학교와 병원을 포함한 유대인 공동체 기관은 폐쇄되었다. 1956년 11월에는 유대인에 대한 대량 해고가 단행되었고 정부에 의한 유대인 재산 몰수는 심화되었다.

박해 이후 약 3만 명의 이집트 유대인들은 강제로 떠나야만 했다. 이집트 정부는 그들의 모든 재산을 몰수했고, 유대인들은 이집트로부터 청구권을 주장할 수 없으며 다시는 돌아오지 않겠다는 선언서에 강제로 서명해야 했다. 많은 유대인들은 자신들의 재산을 이집트 정부에 "기부"했다는 선언서에 서명하도록 강요받았다. 수천 명의 유대인들은 서류가방과 소량의 현금을 가져갈 수 있는 허가와 함께 떠나라는 명령을 받았다.

1956년의 시나이 전쟁은 이집트 유대인들의 거의 완전한 추방으로 이어졌다. 수천 명에 대해 추방 명령이 내려졌고, 많은 재산이 정부에 의해 수용됐다. 정부는 유대인들을 체포하고 해고했다. 유대인들은 탈출할 방법을 찾았고, 그들 중 수천 명은 적십자가 제공한 배를 타고 탈출했다.

***

프랑스가 알제리에서 철수하고 비무슬림교도의 시민권 취득을 막는 새로운 시민권법이 제정되자 거의 모든 유대인이 떠났다. 많은 유대인 기관들이 알제리 당국에 의해 몰수되었고, 심지어 대 시너고그마저 압수되어 모스크로 바뀌었다.

***

1967년 리비아 정부는 유대인들이 리비아를 일시적으로 떠나야 한다고 발표했다. 유대인들은 단지 50달러 상당의 재산을 가져갈 수 있도록 허용되었고 나머지는 모두 두고 떠나야했다. 1970년에 리비아 정부는 국가에 남아 있는 모든 유대인 재산을 몰수하는 추가 법률을 제정했다.

***

모로코는 무슬림 국가 중 가장 큰 유대인 공동체를 갖고 있었다. 모로코에서 이스라엘 땅으로 랍비와 지도자들이 늘 생겨났다. 19세기 이민자들 중에는 네베 테제덱(Neve Tzedek)의 창립자 중 한 명이자 리손 르시온(Rishon LeZion)과 페타 틱바(Petah Tikva)의 토지 매입에 참여한 하임 암잘라그(Haim Amzalag), 모얄(Moyal) 가문, 텔아비브의 첫 번째 설립자 중 한 명인 쉴루시(Shlush) 가문 등이 있었다.

1948년 이스라엘 국가가 설립되면서 모로코에는 약 205,000명의 유대인이 있었다. 일련의 폭동과 살인으로 모로코 유대인들은 떠나라는 압력을 받았다.

1956년 모로코가 독립한 후, 유대인 이민과 유대인 재산권 행사에 대한 금지가 시행되었다. 1961년부터 모로코 당국은 모든 이민자에게 유상으로 이스라엘로 떠나는 것을 허용하기로 합의했다. 유대인들은 1인당 60달러만 가져갈 수 있었고 많은 재산이 남겨졌다.

***

시편 137장 1절에 따르면 모든 유대인 공동체 중에서 바빌로니아 공동체(이라크)가 첫 번째 공동체였던 것 같다. "우리는 바빌로니아 강가에 앉아 시온을 기억할 때 울었다."[20] 영국의 위임통치하에서 유대인의 법적 지위는 이슬람교도와 동일했다. 인구 비율에 따라 그들은 의회에서 5개의 의석을 얻었고, 교육 및 종교 기관을 독립적으로 운영할 권리와 정부 서비스에 참여할 수 있는 권리를 받았다. 이 지위는 1921년 파이살 1세 치하에서 이라크가 독립했을 때도 유지되었다.

이 기간 동안 사순 에스켈(Sassoon Eskell) 경으로도 알려진 유대인 재무장관 예헤즈켈 사손(Yehezkel Sasson)도 있었다. 사순 가문의 부와 자선 활동은 "동방의 로스차일드"라는 별명을 불러일으켰고 그들에 관해 쓴 많은 책과 기사에 영감을 주었다.

1933년 가지(Ghazi)가 이라크 왕으로서 권력을 잡았고 유대인에 대한 차별과 괴롭힘을 다시 시작했다. 나치의 반유대주의적이며 반시온주의적인 선전과 예루살렘의 무프티인 하즈 아민 알 후세이니 (Haj Amin al-Husseini)의 영향이 선동된 대중의 마음뿐만 아니라 정권에도 침투했다. 1941년 파르후드 대학살이 발생해 180명의 유대인이 살해되고, 240명이 부상당했으며, 586개의 유대인 상점과 사업체가 약탈당했고, 99개의 유대인 가옥이 파괴되었다. 이는 이라크 유대인 공동체의 종말의 시작을 의미했다. 이로 인해 이스라엘로 탈출하려는 움직임이 증가했다.

이라크 정부는 모든 유대인이 시민권과 재산을 포기한다는 조건으로 이라크를 떠날 수 있다고 결정했다. 이라크 정부 역시 유대인들의 재산을 바탕으로 이라크를 건설하기를 원했고 실제로 그렇게 했다. 1950년 4월에 시작된 에즈라와 네헤미야 캠페인의 일환으로 12만 명이상의 유대인이 이스라엘로 피신했다. 그 후 몇 년 동안 바트 정권은 계속해서 유대인들을 괴롭혔고, 이들의 이동의 자유를 거부했으며, 그들의 재산을 몰수했다. 약 50명의 유대인이 교수형에 처해졌다. 이라크 탈출은 유대인이 한 명도 남지 않을 때까지 수년 동안 계속되었다.

***

아랍 국가들의 유대인 난민들이 보여준 인상적인 능력, 개인 그리고 공동체의 강점과 힘, 이를 뒷받침하는 이스라엘 국가의 헌신 덕택에 그들은 일어섰고 책의 뒤에서 기술될 성공에 도달할 수 있었다. 아랍 국가들이 원했다면 팔레스타인 난민들을 흡수해 그들의 자녀와 손주들이 겪는 슬픔과 고통을 막을 수 있었을 것이다. 이스라엘에 도착한 아랍 국가의 유대인 난민들과 마찬가지로 그들도 재활을 받을 수 있었다. 아랍 국가(걸프만 국가 제외)에는 존재하지 않는 도약대를 제공받은 이스라엘계 아랍인들도 마찬가지다. 이들은 실제로 국가적 도움을 통해 재활에 성공했다. 바카 알 가르비예(Baka al-Gharbiyye) 소재 알 카세미(Al-Qasemi) 과학 및 공과대학의 학장인 달리아 파딜라(Dalia Fadila) 박사는 "우리 자신에 대해 불평하고 연민을 느끼는 것은 이미 충분합니다."라고 말한다.

그리고 그들은 서로 어루만진다

차잘(Chazal)21은 상호 책임을 뜻하는 고대 유대인 용어로 도덕 및 할라차(Halacha) 규칙으로 결정되었는데, 모든 이스라엘 민족이 서로에 대한 보증인이 되는 것을 의미했다. 원래 의미는 모든 유대인이 자신의 친구가 미츠보스(mitzvoth)22를 준수하는 것에 대해 책임을 진다는 것이었지만, 현대에는 표현의 의미가 다르다. 모든 유대인은 자신의 친구의 생명과 복지에 책임이 있다. 이스라엘인들은 이 가치를 극단으로 끌어올렸다. 포로로 잡힌 이스라엘 군인 한 명의 가치나 재난 지역에서 이스라엘 관광객 한 명을 돕는 것에는 한계가 없다.

상호 보증은 이스라엘 국가의 기본 원칙이다. 사실 그 원칙 때문에 이스라엘은 유대 민족의 국가적 본거지로 봉사하기 위해 설립되었다. 위협을 느끼는 세계의 모든 유대인은 이스라엘로 이민하여 시민권을 받는다. 모든 이스라엘인은 모든 유대인을 위해 이 피난처를 목숨을 바쳐 건설하고 방어하고 있다. 이것이 이스라엘 국가의 본질이고 존재 목적이다. 이는 전 세계 모든 유대인의 "보험 증서"다.

모든 다양성을 넘어 이스라엘 사회는 매우 작으며 "작은 세계"의 모든 규칙이 적용된다. 이스라엘인들은 몇 분 안에 그들이 오래된 세대를 잘 이해한다는 것을 알 수 있다.

시인 예후다 아미차이(Yehuda Amichai)는 다음과 같이 썼다:23

이 작은 땅이 얼마나 엉망이었는지,
정말 혼란스럽습니다! 첫째 남편의 둘째 아들
세 번째 전쟁인 두 번째 성전에 참전합니다.
첫 번째 신은 매년 파괴되었습니다.
내 의사는 장을 관리합니다.
그 남자의 신발을 수선하던 구두 수선공의
네 번째 재판에서 나를 변호해준 사람 말입니다.
내 빗에―내 것이 아닌 머리카락,
그리고 손수건에 식은땀.
게다가 다른 사람에 대한 기억이 맴돌고...
그리고 그들은 모두 서로 감염되었고 모두가
서로를 만지고 떠나다
지문...

앞서 언급한 바와 같이, 이스라엘 사회는 국가가 끊임없이 실존적 위협을 받고 있기 때문에 공동운명체 의식의 결과로 개인 간의 강력한 연결을 특징으로 하는 매우 밀집된 네트워크다. 촘촘한 네트워크는 나중에 논의될 군대에서의 중요한 만남을 통해 더욱 강화된다.

높은 물리적 밀도, 작은 국가, 긴밀한 연결 네트워크는 높은 배려와 인간적 따뜻함, 그리고 이스라엘인들 사이의 상호 지원을 이끌어 냈다. 이 중 가장 눈에 띈 사례는 군대에서 복무하기 위해 가족을 남겨두고 이스라엘로 이주한 군인의 장례식에 수천 명의 이스라엘인이 참석한 것이다. 또 다른 사례는 "그는 우리 모두의 자식이다."라는 슬로건 아래 포로 병사 길라드 샬릿(Gilad Shalit)을 귀환시키기 위한 시민들의 집회였다.

갈릴리와 가자 지구 주변의 민간인 마을을 폭격하는 동안 수많은 이스라엘인이 자신의 집을 열고 낯선 사람들을 수용했다. 카멜산의 숲이 타는 동안에도 같은 일이 일어났다. 언론에 인터뷰한 많은 피해자들은 사방에서 큰 도움을 받았다고 강조했다.

단단하게 연결된 이스라엘 네트워크에는 단점이 있다. 때로는 질식하는 느낌으로 이어져 사람들에게 일시적 또는 영구적인 물리적 거리두기를 필요하게 만든다. 어떤 사람들은 이러한 긴밀한 네트워크가 개인적인 삶에 너무 많이 개입한다고 생각한다. 때로는 그것은 끊임없는 비교와 경쟁으로 표현되기도 한다.

우리는 이스라엘에서 세대 간 관계에 있어서 특이한 현상이 있음을 발견한다. 자녀를 위한 부모의 도움은 유대 민족의 DNA에 깊이 박혀 있다. 자녀를 끝없이 돌보는 유대인 어머니의 특성은 잘 알려져 있다. 코헬렛 연구소(Kohelet Research Institute)가 인용한 세대 간 지원에 대한 연구에 따르면 노인 인구는 '시간 이동'과 같은 가구 이동의 주요 원천인 것으로 나타났다. OECD의 45%에 비해 이스라엘 성인의 60% 이상이 적어도 일주일에 한 번 손주들을 돌봐 준다. 부의 이전은 연구에서 조사한 12개 선진국 중에서 가장 높다. 이 돈은 아파트 구입 및 개조, 큰 구매, 가족 행사 그리고 교육과 같은 기본적인 필요 자금을 조달하는 데 사용된다.

하지만 상호 책임은 또한 낯선 사람들 사이에서 일어나는 놀라운 기여 현상의 원인이기도 하다. 이는 케셰트(Keshet)의 TV 쇼 'The Morning of Keshet'의 특파원인 모란 클레퍼(Moran Kleper)가 2016년 초에 발표한 길거리 연구에서 가장 잘 설명된다. 그는 이스라엘인들이 서로에게 다가가고 있는지 조사하기 위해 나섰다. 그는 시각 장애인 행세를 하고 거리로 나가 행인에게 20셰켈 지폐를 현금화해 달라고 부탁하면서 200 셰켈 지폐를 주었다. 얼마나 많은 사람들이 그를 도왔을까? 이스라엘 사람들조차 놀랄 정도로 모두가 그를 도왔다. 클레퍼는 "우리는 수십 명의 사람들을 불러 세웠습니다. 우리는 그들의 일상을 방해했습니다. 그런데 그들은 저를 도와줬을 뿐만 아니라 '나의 실수'에 주의를 기울여 주었고, 길을 건너는 데도 도움을 주었습니다. 그들 모두는 예외 없이 도움의 손길을 주었습니다."

우리는 이스라엘 사회에서 표현되는 디아스포라(Diaspora) 속 유대인 공동체에서 오는 깊은 상호 책임을 보여주는 다양한 분야의 세 가지 사례를 제시하고자 한다. 신장 기증을 위한 "생명의 선물", 버려진 아기를 위한 "첫 번째 포옹", 그리고 변방의 아이들을 가르치는 "오파님(Ofanim)"이 그것이다.

생명의 선물: 어느 날 아침 리오르 프리슈만(Lior Frishman)은 여동생 사릿(Sarit)에게 전화를 걸어 자신이 신장을 기증했다고 조용히 말했다. 그녀는 웃으며 "나를 속이지 마세요."라고 말하고 전화를 끊었던 것을 기억한다. 몇 분 후 그녀는 오빠가 농담을 하는 것이 아니라는 것을 깨달았다. 그녀는 그에게 다시 전화를 걸어 세부 사항을 확인했다. 그의 부모는 모르고 있었다. 그의 아내와 친한 친구 외에는 아는 사람이 없었다. 23세의 신앙심 깊고 한 아이의 아버지였던 리오르는 이스라엘에서 최연소 이타주의자 신장 기증자가 되었다.

많은 사람들이 장기 기증에 관해서는 사후라도 움츠러드는 경우가 많다. 심지어 장기 기증이 필요한 친척에게 장기를 기증하는 경우에도 번복하는 사례가 꽤 있다. 인생에서 장기를 완전히 낯선 사람에게 기증하는 것은 매우 드문 행위다. 2009년부터 운영을 시작한 생명의 선물 협회는 프리슈만 뿐만 아니라 궁극적인 이타적 행위를 실천한 320여 명의 이스라엘인들의 도움으로 전혀 낯선 이스라엘 사람들에게 신장을 기증하는 데 성공했다.

이 협회는 초정통파 유대인이자 예루살렘에 있는 예시바(yeshiva)[24]의 대표인 랍비 예스하야후 하버(Yeshayahu Haber)에 의해 설립되었다. 그는 신장 기증을 기다리던 19세 소년이 사망해 충격을 받았다. 그 결과 그는 사람들이 신장을 기증하도록 장려하는 데 일생을 바치기로 결심했고, 이를 위해 협회를 설립했다. 프리슈만에 따르면, 이스라엘은 세계 최초로 살아있는 장기를 기증하는 "국가들의 빛"이 되었다. 거의 모든 기증자가 종교적이기 때문에 이는 믿음과 밀접한 관련이 있다.

국가 차원에서도 중요한 경제적 측면이 있다. 모든 신장 기증자는 투석부터 입원까지 한 명당 350만 셰켈에서 500만 셰켈을 절약한다. 320명이 넘는 기증자를 보유한 생명의 선물 협회는 이미 7년간의 활동을 통해 이스라엘 의료 시스템에서 12억 5천만 셰켈을 절약했다.

첫 번째 포옹: "정신적으로 힘든 일이에요. 간단하지 않습니다. 전혀 쉽지 않습니다. 모두가 감당할 수 있는 건 아니죠." 리나(Rina)가 눈물을 글썽이며 말한다. 리나는 수백 개의 회사로부터 부채 회수를 다루는 금융 회사의 깐깐한 운영 관리자다. 그녀가 일하는 회사의 대부분 직원들은 그녀의 봉사활동 이야기를 모른다. 그녀는 그 활동을 조심스럽게 한다. "아기를 안는 일은 세상에서 가장 놀라운 일이지만, 아기가 버림받았다고 생각하는 것은 참으로 어렵습니다."

매년 약 300명의 아기가 병원에 버려진다. 이 아기들은 일반적으로 부모의 헌신적인 보살핌을 받을 수 없기 때문에 병원에서 장기간 보살핌을 받는다. 아기가 있는 병실을 담당하는 의료진은 아기의 신체적 관리와 건강을 돌보지만 일상적인 부담 때문에 아기의 정서적인 필요를 충족시키지 못하는 경우가 많다.

'첫 번째 포옹'은 트랜스컴 글로벌(TransCom Global Ltd.)의 CEO이자 소유주인 미셸 코리앗(Michelle Koriat)에 의해 2004년 설립되었다. '첫 번째 포옹' 자원봉사자들은 아기와 함께 매일 몇 시간을 보내며 따뜻함, 사랑, 감동을 준다. 그들은 놀아주고, 노래하고, 이야기를 읽어준다. 이렇게 하면 아기가 너무 많은 개인에게 노출되지 않고 실제 가족처럼 자원봉사자를 식별할 수 있다. '첫 번째 포옹' 자원봉사자들은 아기들이 모빌, 그림책, 장난감 등을 포함하는 가정 환경을 가질 수 있도록 도와준다. 리나는 "자원봉사자가 부족하지 않습니다."라고 말한다. "좋은 일을 하고자 하는 여자들이 너무 많아요."

오파님: "저의 아버지는 건설 노동자였고, 어머니는 커뮤니티 센터에서 요리사로 일했습니다."라고 컴퓨터 과학 석사 학위와 박사 학위를 취득한 하이테크 기업가인 하임 다한(Haim Dahan) 박사는 말한다. 10대 때 그는 우연히 벤 구리온 대학의 버그만(Bergman) 교수를 만났고, 버그만 교수는 어린 소년을 컴퓨터 세계에 노출시키기로 결심했다. "그 만남 후에 저는 컴퓨터를 배워야 한다는 것을 깨달았습니다. 그것이 제가 원했던 전부였습니다."

"앞서 태어난 형제들은 나보다 똑똑했지만 기본 과목을 공부했습니다. 내 뒤에 태어난 형제들은 모두 석사 학위를 갖고 있습니다. 나이가 들면서 나와 비슷한 환경을 가진 아이들에게 힘을 주고 싶다는 생각이 들었어요."

오파님은 낡은 버스를 가져와 좌석을 모두 없애고 대신 컴퓨터 스탠드를 설치했다. 버스는 도시에서 멀리 떨어진 어린이들의 집까지 간다. 활동 참가자들은 보통 아랍 및 베두인족뿐만 아니라 낮은 사회 경제적 배경을 가진 사람들이다.

사회에 헌신하다

이스라엘의 사회적 책임의 발전을 검토한 다양한 연구자들은 그것이 북미와 유럽에서 발전한 방식과 달리 사회적이든 법적이든 강제의 결과가 아니라고 주장한다.[25] 2011년 여름 이스라엘에서 사회 정의 시위가 시작되었을 때[26] 기업의 사회적 책임은 이미 집단의식과 실행의 측면에서 잘 확립되어 있었다.

2011년 사회적 시위가 일어나기 전까지 기업과 경영진에게 세상은 단순했다. 사회공헌은 기업계에 있어서 좋은 일이자 중요한 것으로 인식되었다. 이 시위는 게임의 규칙을 완전히 바꿔 놓았다. 기업 리더들의 요구는 더 이상 기부나 자원봉사만을 요구하는 것이 아니라 훨씬 더 복잡한 것이었다. 새로운 요구에는 서로 다른, 때로는 모순되는 특성이 포함되었다. 직원에게 공정한 임금을 지급하는 동시에 제품 가격을 낮추는 것, 기관 투자자의 이익을 줄이지 않고 지역 사회에 기여하는 것, 이러한 추가 비용 때문에 가격을 인상하지 않고 직원을 위한 복지를 제공하는 것, 해고를 하지 않고 다른 불이익 없이 효율화하는 것. 패러다임이 바뀌었다.

스트라우스 이스라엘(Strauss Israel)의 CEO인 시온 발라스(Zion Balas)[27]는 "어느 날 아침에 일어났더니 갑자기 나는 나쁜 사람이 되었습니다."

라고 말했다. "저는 사회주의 정서를 지닌 중산층 가정 출신입니다. 나는 내가 나쁜 사람이라고 생각한 적이 없습니다. 모두에게 사랑받는 기업에서 미움받는 기업이 되었습니다. 심한 좌절감을 주는 변화였습니다. 받아들이는 데 며칠이 걸렸고, 현재 임금안을 마련하는 씨앗이 뿌려졌습니다. 돌이켜보면 사회적 시위의 장점 중 하나는 적어도 나에게는 사회적 책임 측면에서 CEO의 역할을 재정의했다는 점입니다."라고 발라스는 직원들의 임금을 인상하면서 말했다. "하지만 노동자들에게 이익을 주고자 하는 열망과 함께 나는 주주들에 대한 책임도 있는데, 이는 연간 수천만 셰켈의 비용이 소요될 것입니다. 제 임무는 회사의 재무적 안정성과 수익성을 해치지 않도록 하는 것입니다."

스트라우스의 사회적 지속가능성 보고서는 패러다임이 정말로 바뀌었음을 보여준다. 회사는 매년 증가하는 상당한 금액으로 지역 사회에 기여하고 있지만, 이는 매우 복잡한 보고서의 일부분일 뿐이다. 이는 회사가 운영하는 다양한 분야와의 전략적 파트너십을 포함하는 새로운 세계관을 나타낸다. 직원과 관련하여 보고서는 직원과 관리자의 다양성(아랍인, 초종교인, 여성 등), 직원 능력 개발, 그리고 직원의 안전 및 복지를 언급하고 있다.

소비자에 관한 한, 스트라우스는 적절한 영양 섭취와 건강한 생활 방식을 장려할 뿐만 아니라 소비자의 다양한 선호도를 이해하고 대응하려고 노력하고 있다. 환경과 지역 사회에 대한 스트라우스의 헌신에 대해 말하자면, 보고서는 '공급업체와의 관계를 심화하여 공급업체가 인권, 노동권 그리고 환경적 책임의 측면에서 책임 있는 기준을 이해하고 유지하게' 하려는 회사의 열망에 대해 설명하고 있다.

오늘날 이스라엘의 많은 기업들은 기부 이상의 사회적 헌신을 기술하는 사회 보고서를 발행한다. 예를 들어, 2005년에 최초로 사회 보고서를 발행한 은행인 이스라엘 할인 은행(Israel Discount Bank)은 그들의 사회 보고서는 기업의 주주들뿐만 아니라 사회와 환경에 대해 빚을 지고 있다는 인식에 기초하고 있다고 기술한다. 이러한 접근법의 채택은 보고 기업의 이해관계자들이 우려하는 사회적, 환경적, 경제적 문제를 다루기 위한 목적으로 광범위한 이슈를 참조하여 보고서의 범위를 확장시킨다(이해관계자는 할인 은행이 영향을 미치거나 영향을 받는 모든 사람을 의미한다: 고객, 직원, 공급자, 주주, 지역 사회 및 환경). 사회 보고서는 기업의 재무제표도 보완한다. 기업 제무재표가 기업의 경제적 성과를 나타낸다면, 사회 보고서는 기업의 경제적 성과가 수행되는 방식, 즉 기업이 이해관계자의 열망에 부여하는 중요성의 정도와 개선이 필요한 문제를 추진하기 위한 노력을 나타낸다.[28]

생명의 존엄성에 헌신하는 건강 시스템

생명의 존엄성은 유대교에서 의미가 있다. 미슈나(Mishnah)[29]에서 우리는 한 사람의 영혼을 유지하는 것이 온 세상을 유지하는 것과 같다는 것을 알게 된다. 휴머니즘은 유대교의 기본 가치이며, 유대인들은 생명을 구하기 위해 스스로의 길을 나섰다.

***

이스라엘 문화에 내재된 생명에 대한 존엄성은 아마도 이스라엘 의료 시스템의 성과를 이루는 주된 이유일 것이다. 국제적인 데이터와 평가를 통해 볼 때, 그 성과와 관련하여 명확한 모습이 드러난다. "이스라엘은 의료 시스템 품질 측면에서 세계 4위이다."라고 블룸버그

(Bloomberg L.P)[30]는 발표했다. "이스라엘은 OECD국가 중 가장 부러워할 만한 의료 시스템을 보유하고 있다."라고 OECD 비교 보고서는 말한다.[31]

전 세계의 의료 시스템을 검토한 마크 브리트넬(Mark Britnell) 박사는 2015년 말에 『*In Search of the Perfect Health System*』이라는 책을 출간하고 그의 연구를 다음과 같이 마무리했다:

> 만약 내가 세계 최고의 의료 시스템을 구축해야 한다면, 나는 영국의 보편적 의료 보장, 프랑스의 치료 대상 선택의 자유, 북유럽의 예방 의학, 미국의 R&D, 일본의 노인요양, 싱가포르의 정보 시스템, 호주의 정신 건강 시스템과 이스라엘의 건강 유지 기관(HMO)을 선택할 것입니다.

실제로 의학의 발전, 삶의 질 향상, 예방 의학의 적용, 적절한 영양과 신체 활동에 대한 교육, 많은 질병의 조기 진단, 의료 서비스 및 약물의 이용 가능성 향상 등이 이스라엘의 높은 기대수명으로 이어졌다.

이런 환경이 이스라엘의 응급 상황에 대비하여 인력을 자주 훈련시키는 응급의료 서비스를 가능하게 만들었다. 많은 경우 이스라엘 의사들은 세계 대부분이 이미 포기한 상황에서 사람들을 구하는 데 성공했다.

세계보건기구(WHO)에 따르면, 이스라엘의 기대수명은 남성이 80.6세로 세계 5위, 여성은 84.3세로 현재 9위다.

이스라엘 중앙 통계국(The Israeli Central Bureau of Statistics)은 일반적인 사망 원인인 암, 허혈성 심장병, 뇌혈관 질환에 대한 사망률을 비교[32]했는데, 이스라엘의 사망률이 대부분의 OECD 국가보다 낮다고 발표했다. 국제 암연구소(International Agency for Research on Cancer)의 데이터를 기반으로 한 분석[33]에 따르면 이스라엘은 암 환자 생존율에서 세계 1위를 차지했다.

이런 좋은 결과는 다른 의료 분야에서도 나타난다. 예를 들어, 제왕절개는 위험한 수술이고 가능한 한 피해야 하므로 이스라엘의 제왕절개율은 OECD 국가 중 두 번째로 낮고 전체 출생의 15%에 불과하다.[34]

이스라엘에는 의사가 부족하지 않다. 이스라엘의 평균 의사 비율은 주민 천 명당 3.3명으로 OECD 평균 3.1명보다 높다. 그러나 중심부와 주변부 사이의 의사 분포는 주변부 수요를 충족시키지 못하고 있다. 주변부는 전반적으로 간호사와 병상이 크게 부족하다. 간호사 수는 OECD 9.1명에 비해 주민 천 명당 4.8명이고, 일반 병상 수는 주민 천 명당 1.8개인데 반해 OECD는 3.3개이다.

이러한 문제가 있는 데이터에도 불구하고 이스라엘 의료 시스템은 높은 수준으로 작동한다. 어떻게 이것이 가능할까? 지역 보건 서비스는 입원이 필요한 환자와 아픈 날을 집에서 보낼 수 있는 환자를 조기에 선별함으로써 병원 부하를 크게 줄이고 있다.

챠난 메이단(Chanan Meydan) 박사[35]와 그의 동료들은 이스라엘 병원의 입원 일수의 변동을 조사한 연구(2000~2012)의 리더 중 하나였다. 조사된 데이터는 특히 노인과 관련된 입원에 관한 것이었는데 노인들의 기대 수명 증가로 노인 인구가 급격하게 증가하고 있음에도 불구하고, 의료 시스템이 입원 건수의 급격한 증가를 방지하는 데 성공했음을 보여줬다. 메이단 박사는 "이는 이스라엘에서 건강을 유지하는 조직인 지역 의료가 환자가 입원할 필요가 없도록 선제적인 치료를 제공하기 때문입니다."라고 말한다.

이스라엘의 입원 기간은 세계에서 가장 짧다. OECD 국가의 평균 6.5일에 비해 이스라엘의 환자들은 평균 4.3일을 병원에서 보낸다. 짧은 입원 기간에도 불구하고 재입원율은 가장 낮은 편에 속한다.

이스라엘의 지역 의료는 큰 병원에서 제공되며 다른 국가에 비해 자금 조달도 더 좋다. 결과적으로 의료 서비스는 당뇨병과 같은 만성 질환의 관리를 가능하게 한다. 당뇨병은 이스라엘에서 만연하고 있지만 입원율은 가장 낮은 축에 속한다. 병원의 효율성 또한 다른 선택의 여지가 없어서인지 상대적으로 높다. 병상 점유율은 OECD가 75%인 것에 비해 이스라엘의 수치는 98%다.

이스라엘 의료 시스템의 자산 중 하나는 의료 기관에 대한 장기 데이터베이스를 보유하고 있는 것이다. 세계 어느 나라도 이스라엘의 건강 관리 조직처럼 의료 범위, 질병률 및 행동 패턴에 대한 수십 년 간의 누적된 데이터를 제시할 수 없다. 이를 통해 이스라엘은 수년간 모든 이스라엘 거주자에게 보험을 제공해 왔다. 이를 바탕으로 의료 연구는 물론 경영 정보시스템 개발도 가능하다.

클래릿 건강 서비스(Clalit Health Services)의 사무총장이었던 엘리 데페스(Eli Defes)는 그곳에서 개발된 정보 시스템을 언급한다. 오펙(Ofek)이라고 불리는 이 시스템은 이스라엘 회사인 디비모션(DBMotion)이 개발하고 보건부가 국가 시스템으로 채택했다. 모든 병원과 동네 진료소를 연결해 부당하거나 불필요한 진료를 예방한다. 이는 세계에서 가장 진보된 시스템 중 하나로 여겨진다.

클래릿 건강 서비스 연구소 소장인 란 밸리서(Ran Balicer) 교수는 설명한다. "혁신과 디지털 의학은 오늘날 의료 기관에 실존적이고 필수적인 요구 사항입니다. 만성 질환의 지속적인 증가로 이것이 규범이 될 정도로 새로운 도전에 대처하기 위한 새로운 접근법이 필요합니다. 이런 종류의 새로운 접근법을 가능하게 하려면 의료 데이터를 현명하게 사용하는 것이 필요합니다."

밸리서 교수는 "퇴원 후 30일 이내에 돌아오는 노인들의 반복 입원이라는 공통적인 현상이 전 세계적으로 발생하고 있습니다."라고 말한다. "이 연구를 실시한 후 짧은 입원 기간에도 불구하고 반복 입원 횟수가 줄어든다는 사실을 발견하고 놀랐습니다. 이는 병원과 지역사회 사이의 독특한 통합 때문입니다. 우리는 데이터 알고리즘을 사용하여 누가 재입원으로 돌아올지 예측했습니다. 그러한 사람들을 위해 우리는 재입원의 필요성을 방지하기 위해 특별 프로그램을 만듭니다. 우리는 재입원 금액을 5% 줄이는 데 성공했습니다."

루밋 헬스 서비스(Leumit Health Services)의 CEO인 니심 아론(Nissim Alon)은 의료 시스템을 검토하기 위한 세 가지 주요 지표인 정의, 평등 그리고 효율성을 언급한다. "정의는 무엇보다도 보험 적용 수준을 의미합니다. 전체 인구를 포괄하는가, 아니면 그 해당 몫만 포괄하는가? 이스라엘에서 적용은 보편적이며, 이스라엘 국가의 모든 시민과 모든 영주권자는 국가 건강 보험의 적용을 받습니다." 이스라엘의 의료 보장 범위도 가장 광범위한 사례에 해당한다. "OECD에는 의약품을 보장하지 않는 국가도 있습니다." 그는 선택의 자유에 관해 "이스라엘인들도 자신이 선호하는 의료 기관과 의사를 선택하고 언제든지 변경할 수 있습니다. 이러한 선택권은 많은 국가에서 존재하지 않습니다."라고 말한다.

두 번째 주요 지표는 사회적 평등이다. "당신이 할 수 있는 만큼 지불하고 필요에 따라 의료 서비스를 받으십시오. 이는 부유하고 건강한 사람들이 가난하고 병든 사람들에게 보조금을 지급하는 메커니즘입니다." 세 번째 요소는 효율성이다. "이스라엘의 국가 의료 지출은 GDP의 7.6%로 평균이 9.4%인 OECD에서 가장 낮은 국가 중 하나입니다. 이는 매년 200억 셰켈의 예산을 절약한다는 것을 의미하며 우리는 여전히 세계 최고의 의료 시스템 중 하나로 간주됩니다."라고 아론은 강조한다.

다른 성공들은 의료 시스템과 문화적 특징들과 모두 관련이 있다. 자녀를 갖고 싶은 소망은 이스라엘 사람들에게 특히 중요하다. 이스라엘 아이들 중 약 4.1%가 불임 치료를 통해 태어난다는 것은 놀라운 일이 아니다. 이는 세계와 비교할 때 큰 격차가 있음을 알 수 있다.[36]

이스라엘로 오는 건강 관광 역시 우수한 의료 서비스의 결과로 인해 발전했다. 전세계로부터, 주로 제 3세계 국가에서 오는 부유한 관광객들이 수술과 복잡한 치료를 받기 위해 찾아온다. 물론 이러한 현상을 위해서는 균형을 유지하는 것이 필요하다. 그것이 가져오는 수입과 보건 자원, 의사, 병상 등을 공중 보건에 할당하는 범위와의 균형을 고려해야 한다.

마지막으로 주목해야 할 것은 이스라엘인의 높은 기대 수명은 의료 시스템의 역량과는 무관하며 추가적인 이유가 있다는 것이다. 지중해 식단 때문에 지중해 사람들이 더 건강하다는 이론이 있다. 이스라엘 외에도 스페인과 이탈리아도 남녀 모두 기대 수명이 가장 높은 상위 10개 국가에 속한다.

2016년 12월에 발표된 타웁 센터(Taub Center)의 연구에 따르면, 130개 이상의 국가를 대상으로 한 분석 결과, 다소 역설적이게도 군복무로 인해 이스라엘 남성의 기대 수명이 3년 이상 늘어난 것으로 나타났다. 각 국가의 기대 수명에 영향을 미치는 특성인 부와 교육 수준, 의료 시스템 특성, 전반적인 인구통계학적 프로필을 고려할 때 이스라엘의 이점은 더 크고 시간이 지남에 따라 확대된다. OECD 국가에서 여성은 남성보다 평균 5년 반 더 오래 산다. 반면 여성의 군복무 기간이 더 짧고 육체적 노력이 거의 필요하지 않은 이스라엘에서는 그 격차가 3년에 불과하다. 세계에서 가장 높은 기대수명을 누리는 4개국 중 3개국에서 남성은 의무적으로 군복무를 해야한다. OECD 지수 상위 5개 국가 중 단 한 곳(일본)만이 지난 30년 동안 병역 의무를 이행하지 않았다.

이스라엘의 아랍 남성들은 거의 모든 아랍 국가보다 높은 77세의 기대 수명을 누릴 수 있다. 아랍 국가에서 아랍 남성의 기대 수명은 부유한 카타르의 경우 79세, 똑같이 부유한 UAE에서 76세, 사우디아라비아에서 74세, 요르단에서 72세, 모로코와 이집트에서 69세, 이라크의 경우 66세다.

도로 위의 사망자 감소

이스라엘에서 도로사고 사망자 수는 스칸디나비아 국가, 네덜란드, 영국을 제외한 다른 모든 유럽 국가보다 낮다. 이스라엘의 1인당 교통사고 사망자 수는 세계에서 6번째로 낮다. 캐나다에서는 주민 10만 명당 사망자 수가 거의 두 배, 미국에서는 거의 4배 더 높다. 한 가지 주요 가설은 응급 상황에서 신속한 구조와 선진 의학 지식이 이 현상의 원인이라는 것이다.

인명 구조 기술 개발에 중독되다

영국 웹사이트인 'Information Is Beautiful'은 각 국가의 특징을 보여주는 매혹적인 새 세계 지도를 출판했다.[37] 통계 정보는 다양한 주제에 대한 온라인 정보, 세계 은행의 데이터, 심지어 기네스 세계 기록의 숫자까지 포함하는 심층 연구를 통해 수집되었다. 지도에는 일부는 놀랍고 일부는 이상한 데이터가 가득하다. 푸에르토리코는 럼 소비 1위, 그리스는 치즈 소비 1위, 나미비아는 도로 사고 1위, 아르헨티나는 식용 말고기 소비 1위다.

가끔은 고정관념이 현실과 일치하는 것으로 드러난다. 북한은 인구 규모에 비해 군인 인구가 1위이고, 페루는 실제로 코카인의 왕국이고, 온두라스는 살인의 여왕이다. 당연히 남아프리카 공화국은 백금에서, 칠레는 납 수출 분야에서 1위다. 200개 국가 중 단지 소수만이 호기심에 지나지 않지만, 인류에게는 정말로 중요한 것에서 1위를 차지한다. 특허 건수는 대만, 신장 이식은 크로아티아, 혁신은 스위스, 1인당 의사 수는 쿠바, 의학 연구에서는 이스라엘이 1위다.

생명을 구하는 것과 관련된 이스라엘의 모든 발전을 다루기에는 시간과 지면이 충분하지 않으므로 몇 가지만 소개한다. 우리는 의료 기술을 개발하는 이니셔티브의 경제적 가치보다는 동기적 측면의 가치와 관련 있다고 생각하고, 이로 인해 이스라엘은 이 분야에서 전문화된 세계적인 중심지 중 하나가 되었다고 판단한다.

다방면에서 발명가로 활동하는 란 폴리아킨(Ran Poliakine)은 생명을 구하는 데 전념하는 최소한 세 가지 특정 프로젝트에 참여하고 있다. 그중 하나는 현장에서 수혈을 위해 수액이 급속하게 가열될 필요가 있다는 중요한 의료 문제에 대한 독특한 솔루션을 제공하는 스타트 업인 퀸플로우(QinFlow)다. 이 장치는 지금까지 구급대원, 중환자실 및 외상 센터에서 사용되었으며 지진, 눈사태 및 사고 피해자를 구출하는 데 도움을 주었다.

폴리아킨의 또 다른 프로젝트는 웰센스(Wellsense)다. 이 회사는 입원 환자와 요양원 환자의 욕창을 예방하기 위해 최초의 지능형 섬유 기술을 사용하는 M.A.P라는 시스템을 개발했다. 이 시스템은 이미 여러 국가의 의료 기관에서 사용되고 있으며 미래에 이 끔찍한 문제를 해결할 수도 있다.

폴리아킨이 참여하는 세 번째 프로젝트는 'Years of Water'라고 불리고 깨끗한 물 부족으로부터 제 3세계를 구하기 위해 고안되었다. 이 제품은 회사에서 제작한 '물코끼리'로 알려진 휴대용 장치로 구성되며 약 5리터 용량의 컨테이너다. 16와트 자외선 발광 램프는 오염된 물에 닿은 지 8초 이내에 박테리아, 바이러스 및 원생동물을 제거한다. 전력은 화학 물질, 전기, 수돗물, 필터 또는 기타 값비싼 물건이 필요하지 않은 수동 윈치에 의해 생산된다. 물코끼리는 가정 수준에서 담수 문제를 해결하므로, 정부 기관이나 개인 기증자가 마을의 공동 우물 및 기타 솔루션을 유지 관리할 필요가 없다.

회사 얼리센스(EarlySense)는 병원의 예방 치료를 장려하고 환자의 건강 상태를 개선하는 것을 목표로 하는 선구적인 기술을 개발했다. 환자 침대 밑에 설치되는 제품은 맥박, 호흡수 및 움직임을 측정한다. 회사에 따르면 이 시스템은 현재 미국, 유럽, 아시아 등 약 50개 병원에 설치됐다. 2015년에 이 시스템은 환자의 증상을 조기에 식별하여 27,000일의 입원 일수를 절약하고 583명의 환자 사망과 415건의 소생술을 예방했다.

기븐 이미징(Given Imaging)은 펠렛(pellet) 내시경 기술을 개발한 세계 최초의 회사다. 회사는 인간의 소화기 계통의 육안 검사 방법의 개선에 관여한다. 이 기술은 골반 내시경 검사를 위해 삼킬 수 있는 캡슐 안에 위치한 작은 카메라를 기반으로 한다. 기븐 이미징은 식도, 소장 그리고 결장의 영상 촬영을 위한 알약이 있다. 여기에 이 회사는 이미징 알약이 막히는 원인이 될 수 있는 장폐색을 확인하는 RF 알약을 개발했다.

"인사이트텍(InSightec)은 수술 없는 수술실을 개발했습니다."라고 회사 CEO인 코비 보트만(Kobi Vortman) 박사는 말한다. "이 치료는 신체를 투명하고 초점을 맞춘 음파 빔으로 변화시키는 자기 영상에 기반을 두고 있으며, 이것은 환경을 해치지 않고 가열함으로써 병원균 성장을 파괴합니다." 인사이트텍은 이 기술의 사용에 대해 미국 식품의약국(FDA) 승인을 받은 세계 유일의 회사이며, 다보스에서 열린 세계경제포럼(World Economic Forum)이 이 회사의 기술을 "기술적 돌파구"로 선정하는 것을 포함하여 수많은 상과 표창을 받았다.

바이오센스 웹스터(BioSense Webster)는 심장 전문의가 설립하고 매각한 최초의 회사다. 실로모 벤하임(Shlomo Ben-Haim) 교수는 심장 안의 정확한 지점에 도달하기 위해 관상동맥 내에서 길을 찾고 심장 박동장애의 균형을 맞추는 방식으로 심장을 용접하는 방법을 개발했다. 심장을 용접하는 절차는 당시 개발 초기 단계에 있었고, 의사가 자신이 용접하는 위치를 정확히 알지 못하는 장벽으로 어려움을 겪었다. 2000년에 이 회사는 존슨앤존슨(Johnson & Johnson)에 4억 2,700만 달러($)에 인수되었으며 당시 이스라엘에서 최고의 금액으로 매각된 하이테크 기업이 되었다. 200명 이상의 직원을 고용하고 있던 회사는 나중에 존슨앤존슨의 카테터르(catheter) 부서와 합병되었다. 바이오센스 웹스터 사업부는 연간 10억 달러 이상의 매출을 기록하고 있으며 존슨앤존슨의 전반적인 심장학 전략 개발의 파트너로서 독립 부서로 존재한다.

암, 퇴행성 및 만성 질환과의 싸움에서 수년 동안 테바(Teva)에 수십억 달러의 수익을 가져다 준 것으로 알려진 코팍슨(Copaxone)이라는 약품은 뛰어난 개발품 중 하나다. 많은 이스라엘 기업들과 과학자들은 세계적인 리더다. 가장 눈에 띄는 것 중에는 마클로프(Machluf) 교수가 개발한 암세포 파괴를 위한 "나노 골격"과 테크이온(Technion) 출신의 유딤(Youdim) 교수와 핀버그(Finberg) 교수의 파킨슨병 치료제 아지렉트(Azilect)가 있다. 엑셀론(Exelon)은 치매 치료에 사용되며 바인스톡 로신(Weinstock-Rosin) 교수, 초레프(Chorev) 교수 및 타 슈마(Ta-Shma) 박사에 의해 만들어졌다. 암 치료를 위한 독실(Doxil)은 예루살렘 히브리 대학의 베른홀츠(Bernholz)와 가비존(Gabizon) 교수가 만들었다.

구강 호흡 샘플을 통해 암을 신속하게 검출하는 테크니온의 하이크(Haick) 교수가 개발한 "NaNose"와 같이 특이한 특허도 있다. 텔아비브 대학의 가짓(Gazit) 교수, 아들러-아브라모비치(Adler-Abramovich), 레빈(Levin) 및 아르논(Arnon) 박사가 진행한 퇴행성 질환의 원인이 되는 세포에 대한 이해와 기술적 활용, 예루살렘 히브리 대학의 에샤르(Eshhar) 교수가 암 치료를 위해 면역 세포를 활성화하는 새로운 방법 등의 연구 프로젝트가 진행 중이다.

CHAPTER **02 기회의 땅**

개인적, 경제적, 사회적 성공에 대한 이스라엘의 꿈은 아마도 아메리칸 드림에 기반을 두고 있겠지만 그것을 훨씬 뛰어넘었다. 이스라엘 사회는 평등을 요구한다. 아슈케나짐과 세파르딤 사이, 중심부와 주변 지역 주민들 사이, 여성과 남성 사이, 세속과 종교 사이. 이것은 이동성을 허용하는 가치 기반 사회를 뜻하며, 이스라엘 사회의 결속력에 기여한다.

JP 모건 체이스 앤 컴퍼니(J. P. Morgan Chase & Co)의 한 고위 투자 은행가는 "하이테크 기업과 기술 기업가 정신의 실현으로 이스라엘에서 새로 부자가 된 사람들의 수는 우리가 아는 모든 것을 고려하더라도 예외적입니다."라고 말한다. "12년 전 처음 이곳에 와서 고객을 찾았을 때, 당시 이스라엘 경제를 지배했던 약 20여 가문의 부자들을 만나보라는 말을 들었습니다. 이후 거의 모든 거물들이 사라지거나 권력이 약해졌고, 첨단기술 분야에서 부를 축적한 사람들이 대규모로 부유해져서 지금은 수백 가구의 부유한 가정과 개인들이 있고, 그중 일부는 매우 젊은 사람들입니다. 그들의 대부분은 이스라엘 중류층 가정 출신이었습니다."

그러나 하이테크 산업으로부터 자본을 축적하는 것은 전체 그림의 작은 부분일 뿐이다. 이스라엘의 꿈은 개인의 삶의 질을 높이고 사회적 지위를 높이는 것이다. 이러한 사회적 이동의 꿈과 그것이 실현된 많은 사례는 이스라엘인들이 출생 환경과 관계없이 자신의 재능과 개인적 능력을 실현하도록 동기를 부여한다.

사회경제적 사다리 오르기

이스라엘의 사회경제적 이동성을 위한 6가지 주요 요인은 다음과 같다. 하이테크 및 기술 기업가 정신, 비즈니스 기업가 정신 및 경영, 군대, 학계 및 의학, 정치 및 언론. 이러한 요인들이 부모와 가족의 사회경제적 조건을 훨씬 뛰어넘어 이를 적극적으로 활용하도록 사람들에게 동기를 부여한다.

이스라엘 방위군(IDF)의 전 소장 출신의 오르마 바비베이(Orna Barbivay) 장군은 람라(Ramla)에서 태어났다. 그녀의 부모는 어려운 경제 상황 속에서 8명의 자녀를 키웠다. "저는 아주 어릴 때부터 눈 먼 노인 여성의 바닥 청소부터 병원 의사 자녀들의 보모까지 다양한 일을 했습니다." 라고 그녀는 말한다. "저는 어머니에게 돈을 가져다 주기 위해, 어머니의 일을 편하게 해주기 위해 모든 것을 했습니다. 테이블이 없어서 바닥에 엎드려 숙제를 했습니다." 바닥에서 숙제를 하는 것에서부터 군에서 장군이 되기까지, 바비베이는 이스라엘의 꿈을 실현하며 사다리를 올랐다. 이스라엘만큼 사회적 이동이 가능한 나라는 드물다.

쉬로모 엘리아휴(Shlomo Eliahu)는 이라크 바그다드에서 태어났다. 그가 어렸을 때 부모님은 여덟 명의 아이들을 데리고 이스라엘로 이민을 왔다. 15세에 그는 처음에 금속 가공소의 견습생으로 일을 시작했고, 나중에는 미그달 인슈런스 컴퍼티(Migdal Insurance Company)의 배달원으로 일했다. 그가 어렸을 때 앓았던 소아마비 때문에 군 복무는 연기됐다. 미그달에서 성공하여 그는 이스라엘 최대의 보험 회사를 샀다. 2011년 포브스는 엘리아휴의 재산을 11억 달러로 추산했다.

제2차 세계대전 동안, 학교 교사였던 아브람 헤르슈코(Avram Hershko)의 아버지는 헝가리 군대의 강제 노동 수용소로 끌려갔고 소련에 의해 포로가 되었다. 그의 어머니, 형제, 그리고 그는 게토에 수감된 후 오스트리아의 강제 수용소로 이송되었다. 2004년, 아브람 헤르슈코 교수는 아론 치에차노버(Aaron Ciechanover) 교수, 어윈 로즈(Irwin Rose) 교수와 함께 노벨 화학상을 수상했다. 그들은 암 연구와 뇌의 신경 퇴행성 질환에 돌파구를 마련한 세포 내 단백질의 분해를 담당하는 유비퀴틴 시스템을 발견하여 학계에 발표했다.

이스라엘 군의 마지막 세 명의 참모총장은 아무런 재산도 없이 이스라엘로 도망친 이민자 가정 출신이다. 가디 아이센코트(Gadi Eisenkot) 중장은 마라케치 출신 메이어와 카사블랑카 출신 에스테르 사이에서 태어났다. 아이센코트는 에이랏(Eilat)에서 자랐고 낮에는 일하면서 야간 학교에서 공부했다. 그는 텔아비브 대학교에서 일반사 학사를, 하이파 대학교에서 정치학 석사를 받았다. 그는 펜실베이니아 주 칼라일에 있는 미 육군 전쟁 대학에서 군사 및 안보 연구를 마쳤다.

전 참모총장인 베니 간츠(Benny Gantz) 중장은 모샤브(Moshav)에서 태어나고 자랐다. 그의 어머니는 헝가리 출신의 홀로코스트 생존자였고, 아버지는 트란실바니아(Transylvania) 출신이었다. 그의 부모는 불법 이민선인 차임 알루소로프를 타고 이스라엘로 이주했지만 영국에 의해 키프로스의 난민 수용소로 추방되었다. 나중에 그들은 이스라엘로 돌아왔고 이스라엘 협동 정착촌 크파르 아힘(Kfar Ahim)의 설립자 중 한명이 되었다.

베니 간츠 전에 가비 아슈케나지(Gabi Ashkenazi) 중장이 참모총장을 역임했다. 그의 어머니는 팔마흐(Palmach)족의 비밀 작전으로 10살 때 시리아에서 도망쳤고, 그의 아버지는 불가리아에서 온 홀로코스트 생존자였다. 그들은 모두 무에서 시작했다.

아다 요나스(Ada Yonath)의 부모는 폴란드에서 이주하여 예루살렘에서 식료품점을 운영했다. 학창 시절 그녀는 가족 부양을 돕기 위해 일을 병행했다. 군 복무 후 그녀는 예루살렘 히브리 대학교에서 화학과 생화학을 공부했다. 그녀는 와이즈만 과학연구소(Weizmann Institute of Science)에서 우등으로 박사 학위를 받았고, 카네기 멜론과 MIT에서 박사후 연구원이었다. 와이즈만으로 돌아온 그녀는 현재 일하고 있는 리보솜 연구실을 설립했다. 리보솜의 구조 연구는 기존 항생제의 작용 원리를 더 잘 이해하고 신약을 개발하는 것을 가능하게 했다. 2009년에 아다 요나스 교수는 노벨 화학상을 수상했다.

한밤중에 IDF 장교로부터 받은 전화에 대해 나하리야(Nahariya)에 있는 갈릴리 의료 센터(Galilee Medical Center) 총책임자 마사드 바르훔(Masad Barhoum) 박사는 "이 전화가 내 인생을 바꾸었습니다."라고 말했다. 장교는 그에게 시리아로부터 부상자들이 있다고 말했다. 바르훔은 "'우리는 준비되었습니다'라고 나는 아무 생각 없이 대답했습니다."라며 회상한다. 갈릴리 의료 센터는 갈릴리의 인구를 구성하는 유대인, 기독교인, 무슬림, 드루즈족에게 의료 서비스를 제공하기로 되어 있다고 덧붙였다. 그런데 시리아인? 우리를 적으로 보는 사람들? 그 전화 이후로 병원은 200명이 넘는 시리아인을 치료했고, 이스라엘에서는

3,000명이 넘는 시리아인이 치료받았다. 전쟁 피해자들이 원수들과 함께 약을 구하는 모습이 멜로드라마의 전부였다. "당신이 병원 문을 넘을 때, 유대인은 더 이상 유대인이 아닙니다. 무슬림들은 더 이상 무슬림이 되지 않고, 나도 더 이상 아랍인이 되지 않습니다." 바르흠 박사는 워싱턴에서 열린 AIPAC 회의에서 감동적인 연설을 했다.

자디크 비노(Zadik Bino)는 이라크 바스라(Basra)에서 태어났다. 그가 여섯 살이었을 때 그의 가족은 이스라엘로 도망쳤다. 어렸을 때 그는 부모님이 운영하는 동네 식료품점에서 부모님을 도왔다. 공군에서 정비공으로 복무를 마치고 제대 후 입사한 하포알림(Hapoalim) 은행에서 하급직으로 승진하는 경험을 했다. 그는 은행 산업에 적응하며 빠르게 성장했다. 마침내 퍼스트 인터내셔널 은행(First International Bank)의 CEO가 되었고 이후 회장으로 임명되었다. 자디크 비노는 2년 동안 레미 은행(Leumi Bank)의 CEO로 재직했으며 이후 파즈 회사(Paz Company)의 주식을 매입하여 회사를 증권 거래소에 상장 시켰다. 나중에 그는 아스돗(Ashdod)에 있는 정유소를 샀다. 그는 한때 근무했던 퍼스트 인터내셔널 은행을 포함하여 FIBI의 모든 자회사와 함께 FIBI의 주인이 되었다.

이츠하크 츠바(Yitzhak Tshuva)는 트리폴리(Tripoli)에서 태어났다. 그가 6개월이 되었을 때 그의 부모와 여덟 명의 자녀는 이스라엘로 이주하여 네타냐(Netanya)의 임시 수용소에서 살았다. 열두 살 때 츠바는 가족 부양을 돕기 위해 일하기 시작했고 저녁에 공부했다. IDF에서 제대한 후, 그는 네타냐에서 건설 계약자로 사회 경력을 시작했다. 오늘날 츠바는 이스라엘과 해외의 여러 지역에서 직간접적으로 지분을 보유하고 있으며 그의 재산은 40억 달러 이상으로 추산된다.

암을 완치한 스물여덟 살의 승무원 힐라(Hilla)가 10년 전 제거한 난소 조직을 이식받아 첫 아들을 세상에 낳은 것은 혁신적인 기술로 시대를 앞서간 조셉(요시) 레싱(Joseph (Yossi) Lessing) 교수 덕분이었다. 레싱 교수는 오스트리아의 난민 캠프에서 폴란드 출신의 홀로코스트 생존자들 사이에서 태어났다. 그의 어머니 차바(Chava)는 바르샤바 게토(Warsaw Ghetto)에서 첫 남편과 두 딸을 잃었다. 전쟁이 끝난 후 그녀는 두 번째 남편이 된 요시의 아버지를 만났다. 가족은 이스라엘의 비어 야코프(Beer Yaakov) 임시 수용소에 수용되었다. 나중에 레싱 교수는 텔아비브에 있는 이칠로프(Ichilov) 병원에서 산부인과 과장을 역임했다. 레싱은 타이베(Taibeh) 태생의 이스라엘 아랍인 푸아드 아젬(Fouad Azem) 교수와 함께 집도한 제왕절개 수술을 잊지 못한다. 힐라의 자궁에서 나온 아기를 안아 올리면서 손이 살짝 떨렸다. 흥분한 목소리로 아기의 울음소리가 공간을 가득 메우기 직전 "집에 온 걸 환영해, 아가야."라고 말하며 수술실의 긴장된 침묵을 깨뜨렸다.

삶의 모든 영역에는 셀 수 없이 많은 다른 예들이 있다. 이스라엘은 그러한 예들로 가득하다. 유럽 국가의 죽음으로부터 그리고 중동의 무슬림 국가의 테러를 피해 이스라엘로 도망친 부모를 둔 이민자들의 후손들이 이뤄낸 정치, 문화, 예술에서 업적이 넘쳐난다. 임시 수용소, 키부츠, 도시 빈민가에서 성공의 정점에 이르는 길은 쉽지 않다. 여전히 쉽지는 않지만 수많은 성공이 존재하는 것이 사실이다. 이스라엘에서 꿈이란 이 이민자 나라에서 재능 있고, 부지런하며, 용기 있고, 비전이 있는 모든 사람의 손에 닿을 수 있는 것이다.

모든 이스라엘인에게는 "유대인 어머니"가 있고, 그들 중 일부에는 폴란드계 유대인 어머니가 있다. 미국의 유명 작가 댄 그린버그

(Dan Greeberg)는 이미 "유대인 어머니가 되기 위해 어머니도 유대인도 될 필요는 없다."라고 썼다. 유대인 어머니는 모든 아랍인 어머니, 유대인, 참전용사, 새로운 이민자, 초정통파, 종교인과 세속인, 미즈라히와 아쉬케나지, 에티오피아 이민자와 우크라이나인, 프랑스와 남미에서 온 사람들, 그리고 교육을 믿고 자녀를 밀어주는 모든 부모들일 수 있다.

이스라엘 인터넷 산업의 리더 중 한 명인 요시 바르디(Yossi Vardi)는 예루살렘에서 열린 대통령 회의 참석자들에게 구글 창업자를 소개하면서 유대인 어머니 이야기를 들려주었다. 세르게이 미하일로비치 브린(Sergey Mikhaylovich Brin)은 소련 태생의 미국 유대인으로 래리 페이지(Larry Page)와 함께 스탠포드 대학에서 박사 과정을 밟는 동안 구글을 개발했다. 구글이 설립되자 두 사람은 학업을 중단하고 회사를 발전시키기 위해 전념했다. 세르게이의 어머니만이 "세상에 구글이라고? 박사학위는 언제 받을꺼야?"라고 수년간 계속 한탄했다.

"유대인 어머니"는 때때로 드루즈인 아버지가 될 수 있다. 대령 출신으로 사페드(Safed)의 지브 의료 센터(Ziv Medical Center)장이 된 살만 자르카(Salman Zarka) 박사는 페키인 출신의 8명의 자녀를 둔 드루즈인 가정에서 태어났다. 그의 아버지는 도배, 바닥재 및 기타 힘든 육체노동을 했고 좋은 삶을 살기 위해서는 아들들이 좋은 교육을 받아야 한다는 것을 이해했다. 아버지는 "내 손을 봐. 이건 농부의 손이고, 힘든 일에 사용되는 거야. 내 손에 갈라진 틈을 봐. 너희들은 이런 손이 필요 없어."라고 말하며 아들에게 보여주기 위해 손을 내밀었다. 여름방학 때마다 아버지는 아들을 데리고 일하러 가면서 늘 이렇게 말했다. "너를 데리고 오는 이유는 네가 나와 같은 삶을 원하지 않는다는 것을 배우고 이해하기 위한 것이다. 너는 배워서 성공하고 싶을 것이다."

자르카 자매는 다르게 자랐다. 드루즈 지역의 관습은 여자아이들이 7학년이 되고 여성성이 처음으로 드러나기 시작하면 학업을 중단하고 남편을 찾을 때까지 봉제공장에서 일하는 것이었다. 살만이 이미 테크니온 의대에 재학 중이던 어느 날 집에 돌아와 여동생이 간호학을 배우겠다며 아버지와 말다툼 하는 것을 들었다. 아버지는 온 힘을 다해 반대했다, 하지만 살만이 여동생이 학교에 가는 것이 허용되지 않으면 자신도 의과대학을 그만두겠다고 협박하자 아버지는 자신의 뜻을 꺾었다.

***

이스라엘인들은 국제 비교 시험에서 이스라엘 학생들의 성적이 상대적으로 낮은 것을 인정하기 어려워 한다. 그것은 민족의 자부심과 자기인식, 학습문화가 손상되는 것을 의미한다. 학생들의 낮은 성취도는 미래 국가 번영에 연관될 수 있다는 우려로 연결된다.

그러한 상관성은 많은 연구에서 반박되었지만, 이스라엘은 이러한 현실에도 불구하고 우수성을 계속해서 증명하고 있다. 이스라엘은 1인당 등록된 특허 수에서 세계 최고의 국가 중 하나이며, 이는 국제 테스트에서 높은 점수를 얻은 국가보다 훨씬 앞서 있다. 이스라엘은 국제 비교에서 과학, 기술, 예술 및 기타 분야에서 최고 수준의 성과를 거두고 있다.

이스라엘 어린이들의 시험 결과와 첨단 기술 현실 사이의 괴리는 교육 시스템의 악화때문이라고 설명할 수 있을까? 과거 이스라엘 천재들을 배출했던 학습 시스템이 미래에도 천재들을 계속해서 만들어낼 수 있을까?

데이터에 따르면 이스라엘 교육 시스템이 그 자체로 더 좋아졌고 악화되지 않았음을 나타낸다. 최근 몇 년간 학생들의 성취도가 크게 향상되었다. 이스라엘은 성적 향상 비율에서 세계 8위를 차지했다. 전반적으로 대학 입학 허가 비율이 증가했다. 큰 발전은 아랍 부문에서 이루어졌는데, 특히 드루즈 부문이 두드러졌다.

뛰어난 이스라엘 아랍 학생들은 과거보다 더 높은 수준에 도달하기를 열망하고 있다. 그들 중 일부는 의학, 약학, 예비 의학 분야의 일류 직업에 합류하여 꾸준히 성장하고 있다. 이러한 추세는 컴퓨터 및 엔지니어링 분야에서도 확인할 수 있다. 마이크로소프트 이스라엘 CEO인 요람 야코비(Yoram Yaacobi)는 "테크니온 대학 컴퓨터 과학 전공 학생의 4분의 1은 아랍인입니다. 이는 인구 대비 높은 수치입니다." 라고 말한다.

국제 비교 시험에서 학생들의 성취도와 이스라엘에서 개발된 첨단기술, 연구 및 특허 사이의 격차는 이스라엘인의 특성 중 하나에 뿌리를 두고 있다고 우리는 생각한다. 그것은 규칙을 받아들이는 것을 거부하는 반항적인 성격 때문이다. 낙제했거나 평범한 학생이 고위 연구원이 되거나 기술 분야의 훌륭한 학생으로 거듭난 이야기는 꽤 많다. 이것은 실패하고 있던 평범한 학생을 성공적인 기업가나 과학 연구자로 만드는 반항심에 관련된 것이다. 물론 동아시아 국가처럼 어려서부터 선생님에 대한 복종의 가치를 신성시하는 나라의 학생들이 성취도 부문의 국제 비교표를 주도하고 있다.

그러나 가장 중요한 이유 중 하나는 교육 시스템에 대한 학생당 투자인 것 같다. 교육 시스템에 속한 학생의 비율이 높으면 최적의 학업 성취를 위한 재원 배분이 어려워진다. 이스라엘은 OECD 평균보다 교육에 더 높은 GNP를 지출하지만, 학생 수가 많기 때문에 학생당 투자는 평균보다 낮다. 여기서 이스라엘은 선진국 중 가장 젊은 국가라는 인구학적 이점이 단점으로 작용한다. 교실의 크기와 교사당 학생 수는 교육 시스템에 큰 영향을 미친다.

테스트 결과는 이스라엘에 존재하는 사회적 격차를 반영하기 때문에 충격적이다. 가장 좋은 결과는 히브리어를 사용하는 학교, 세속적인 교육 시스템 그리고 더 높은 사회경제적 지위의 학생들로부터 나왔다. 교육이 이스라엘이 자랑하는 사회적 이동성의 도구가 되기보다는 격차를 표현하고 있다. 이 문제는 관련 당국의 즉각적인 관심이 필요한 매우 중요한 영역이다.

***

태국의 공주 마하 차크리 시린드혼(Maha Chakri Sirindhorn)은 자신의 금으로 된 궁전의 황금 왕좌에 앉아 2009년 아시아 물리학 올림피아드 우승자들에게 메달을 수여했다. 나중에 멕시코에서 열린 국제 올림픽 게임에서 금메달을 획득한 은메달 수상자 이타마르 하손(Itamar Hasson)은 "시상식 전에 우리는 올바르게 걷는 방법과 공주에게 올바르게 인사하는 방법에 대해 2시간 동안 훈련해야 했습니다."라고 회상했다.

수학, 물리학, 화학, 로봇 공학, 컴퓨터 분야의 국제 과학 올림피아드에 참가하는 이스라엘 청소년 대표단은 거의 매년 메달을 가지고 돌아온다. 2013년 여름, 이스라엘 대표단은 19명이 올림픽 메달을 받는 전례 없는 성과를 거두었다. 3년 뒤 2016년에는 이스라엘 고등학생 대표단이 국제 수학 올림피아드에서 6개의 메달을 획득했다. 그해 여름 국제 물리학 올림피아드에서 이스라엘 고등학생들은 5개의 올림픽 메달을 땄다.

***

이스라엘의 교육에 대한 민간 지출은 OECD 평균보다 훨씬 높다. 교육에 대한 민간 투자의 대부분은 학술 연구에 쓰인다. 이스라엘 성인 인구의 거의 절반이 학위 교육을 받았다. 따라서 이스라엘은 러시아와 캐나다에 이어 세계 3위를 차지하며 OECD 평균을 훨씬 상회했다. 이 수치는 구소련 출신의 고학력 이민자들로 인해 노년층에서 특히 두드러지며, 이로 인해 이스라엘의 고등교육 비율이 OECD 평균보다 두 배 높았다. 어린 연령층에서조차 이스라엘의 고등 교육을 공부하는 학생 비율이 국제 평균보다 높다고 하지만 룩셈부르크, 리투아니아, 아일랜드, 캐나다, 러시아 및 한국과 같이 이스라엘보다 고등교육학생 비율이 더 높은 국가와 경쟁할 필요가 있다.

과거에는 고등 세속 교육에 통합되지 않았던 초정통파 사이에서도 분위기가 바뀌고 있다. 테크니온 산업공학 및 경영학부 4학년 학생인 예후다 모겐스턴(Yehuda Morgenstern)은 고등 예시바(yeshiva)를 졸업한 사람들이 수학과 영어에 대한 지식이 거의 없다고 말한다. 상위 예시바 졸업생들은 지적으로 뛰어나지만 업무와 관련된 어떤 분야에서도 충분한 지식이 없다.

하지만 이런 상황들이 바뀌고 있다. 보건부 장관이자 야하두 하토라(Yahadut HaTorah)의 회원이며 크네세트(Knesset) 전 재무위원회 의장인 랍비 야코브 리츠만(Yaakov Litzman)은 공공연하게 다음과 같이 말한다. "예시바에서 공부할 수 없는 사람은 누구나 일하러 갈 것이고, 이것은 직장 생활과 관련된 공부에 자신을 준비시키는 것을 포함합니다." 이스라엘 정부는 국가 교육과정으로부터 면제를 요구하는 초정통파의 요구에 계속해서 굴복하고 있다. "아이러니하게도 지식과 기술의 격차를 영속화함으로써 이러한 격차를 줄이기 위해 고안된 프로그램의 미래 예산 비용을 증가시키는 것은 국가입니다."

　　그러나 이 주제에 대해서는 다른 의견도 있다. "초정통주의 세계를 이해하는 사람이라면 누구나 핵심 커리큘럼을 강요하는 것이 잘못된 방식이라는 것을 알고 있습니다. 적대감을 조성하는 것 외에는 아무것도 할 수 없으며, 사람들을 다치게 하면 사람들이 모두 모여서 벽을 만들고 가시를 제거하지 않습니다. 나는 강압을 믿지 않지만, 학계와 대학에서 초정통파가 선택할 수 있는 여지를 주고, 자극을 줄 수 있는 창구를 마련해서 프로세스가 제 역할을 하도록 엄청난 지원을 하고 있습니다."라고 샤페드(Safed) 예시바 출신의 슈물릭 헤스(Smulik Hess) 박사는 말한다. 헤스 박사는 군대에 입대하여 나중에 약리학 분야에서 뛰어난 학생이 되었으며 하버드와 MIT에서 박사후 과정을 밟은 후 발린 테크놀로지(Valin Technologies)라는 생명공학 회사를 설립했다. 이 회사는 중국에 수천만 달러의 인슐린 지식을 판매했다. 이러한 변화에도 불구하고 초정통파 교인의 수는 지속적으로 증가하고 있다. "토라 학자들은 늘 존재하겠지만, 대다수의 대중은 초정통파 지원으로 품위 있는 생활이 중단되는 것을 원치 않습니다."

***

베이트 얀(Beit Jann)은 북쪽 갈릴리(Galilee)에 있는 드루즈족 마을이다. 드루즈는 11세기에 시아파와 분리된 독특한 종교를 유지하고 있다. 드루즈족은 약 150만 명으로 구성되어 있다. 거의 모든 드루즈인은 시리아, 레바논, 이스라엘 북부를 포함하는 지역에 살고 있다.

이스라엘 내에 있는 드루즈 공동체는 약 150,000명인데 국가와 기관에 충성하며 군대에서 복무한다(이스라엘의 아랍인들은 대부분 그렇지 않다).

베이트 얀은 이스라엘 안에서 사회 경제적 순위가 매우 낮다. 마을의 낮은 사회경제적 지위로 인해, 몇 년 동안 예상대로 학생들은 전국 비교 시험에서 최하위에 머물렀다. 놀랍게도 2013년에 베이트 얀은 입학 증명서를 받은 학생 수에서 3위를 차지했다. 1년 후, 마을 학생 100%가 입학 자격을 얻었다. 2014년에는 이 마을은 94.3%로 상위 3위

안에 들었다.

베이트 얀뿐만 아니라 드루즈족, 아랍인, 기독교인, 무슬림 주민이 있는 마그하르(Maghar)도 2014년 81%에 이르렀고, 아랍 무슬림 마을인 데이르 알아사드(Deir al‑Asad)는 76.2%, 남부의 베두인 마을 라키야(Lakiya)는 81%의 입학 자격을 얻었다. 이유가 무얼까? 라시 재단(Rashi Foundation)의 예호롯(Yeholot) 이사인 니심 코헨(Nissim Cohen)이 개발하고 교육부, 자선가 및 체크 포인트(Check Point)와 같은 회사들의 기부금이 지원되는 15개 학교에 구현된 특별 프로젝트 덕분이다.

이 프로젝트의 특징은 학교가 교육 시스템에서 탈락할 위험이 있는 최악의 학생들을 육성하는 것이다. 그들은 10학년에 재학 중이며 교육 격차를 해소하고 자신의 능력에 대한 자신감과 성취에 대한 자부심을 제공하기 위해 마련된 가속화 프로그램을 시작한다. 그들은 밤과 방학을 포함하여 오랜 시간 동안 공부하고 수시로 시험을 치르며 교사들의 긴밀한 개인적 지원을 받는다. 교육 지표들도 통합하여 측정하는데, 여기에는 학생의 자기 효능감, 집중력과 내부 통제력, 소속감, 학업 교육에 대한 열망, 행동 문제 극복 등이 포함된다. 이 모든 지표에서 프로그램에 참여한 학생들 사이에 상당한 향상이 있었다. 이 프로그램을 이수한 남자 드루즈파 졸업생들의 IDF 입대가 늘어났고, 1기 졸업생들은 고등 교육 기관에서 공부하기 시작했다.

**

교육의 가치와 함께 우리와 다른 '타인에 대한 수용'을 포함한 또 다른 교육의 가치를 주목하는 것도 중요하다. "10년 전에는 휠체어를 탄 어린이가 접근성 문제로 인해 학교에 올 수 없다면 그들은 미안하다고 말했습니다. 그러나 우리는 접근성 문제를 해결할 돈이 없었습니다. 다른 우선순위가 많았기 때문입니다."라고 거의 30년 동안 이 문제를 연구해 온 아치바 아카데믹 칼리지(Achva Academic College)의 특수교육 책임자인 에란 우질리(Eran Uziely) 박사는 말한다. "오늘날 학생들의 요구에 대한 인식이 높아졌고, 이제는 누구도 그렇게 말할 생각을 하지 않습니다. 특별한 도움이 필요한 아이들을 통합하고 치료하는 분야에서 많은 변화가 있었습니다. 오늘날 이스라엘은 통합에 있어서 매우 발전했습니다." 이것은 충분하지는 않지만 올바른 방향으로 움직이고 있다는 것을 의미한다. 이는 국가 DNA에 존재하는 상호 보장의 일부다. 이 주제는 훨씬 더 많은 예산과 시스템에 대한 이해로 국가가 관심을 갖는 분야가 되었다.

***

교육 시스템이 많은 노력을 기울이는 또 다른 교육적 가치는 '폭력에 대한 무관용'이다. 일반적인 폭력과 특히 학교에서의 폭력은 높은 대중적 관심을 받는다. 교육 시스템은 이 문제를 해결하기 위해 지속적이고 집중적인 노력을 기울이고 있다. 일부는 더 성공적이고 일부는 덜 성공적이지만 결과는 개선되고 있는 것으로 나타났다. 이스라엘 경찰에 따르면, 학교에서 미성년자들이 저지르는 폭력이 급격히 감소했다. 지난 몇 년간 주로 초등학생과 중학생을 중심으로 다양한 형태의 폭력에 대한 신고율이 감소하는 추세를 보였다. 교육부가 선포한 폭력과의 전쟁은 왕성하게 인내심을 가지고 계속되어야 한다는 점에는 의심의 여지가 없다.

학계와 연구

엘론 린덴스트라우스(Elon Lindenstrauss)는 수학의 노벨상이라고 불리는 필즈상(Fields Medal)을 수상한 최초의 이스라엘인이다. 린덴스트라우스는 예루살렘에서 태어나 예루살렘 대학 부속 고등학교에서 공부했으며, 18세에 국제 수학 올림피아드에서 동메달을 수상했다. 그는 IDF의 엘리트 프로그램인 탈피옷(Talpiot)에 합류했으며 히브리 대학교(Hebrew University)에서 수학과 물리학 분야에서 첫 학위를 받았다. 그는 클레이 수학 연구소(Clay Mathematics Institute)와 프린스턴 대학교에서 박사후 연구를 했으며, 2009년부터 예루살렘 히브리 대학교와 프린스턴 대학교를 오가며 시간을 보내고 있다.

21세기 초부터 8명의 이스라엘인이 노벨상을 수상해서 이스라엘은 인구 1인당 노벨상 수상자 수에서 세계 1위를 차지하고 있으며, 이는 세계 인구 대비 50배가 넘는 비율이다. 이스라엘 건국 이후 노벨상 수상자의 22% 이상이 유대인이거나 반(半)유대인이었고, 21세기에는 그 비율이 31%로 증가했으며, 노벨상 수상자의 41%가 유대인 과학자다. 유대인은 세계 인구의 0.2%에 불과하며 노벨에 따르면 유대인의 과학적 기여는 세계 인구에서 차지하는 비중의 200배에 달한다.

"그들은 왜 유대인들 사이에 천재의 비율이 그렇게 높은지 묻습니다."라고 행복의 지형도(The Geography of Bliss)[38] 저자 에릭 와이너(Erik Weiner)는 웃으며 말한다. "그 이유는 복잡합니다. 저는 그것이 유전적인 문제라고 생각하지 않습니다. 저는 유대교의 읽고 쓰는 문화에 비결이 있다고 생각합니다. 많은 유럽인들이 아직 문맹이었을 때 유럽의 유대인들은 탈무드[39]를 공부했습니다. 더욱이 유대인들이 이방인이라는 사실이 결정적인 역할을 했습니다. 소외감을 느끼고 아웃사이더가 된다는 것은 사람을 무언가로 밀어 넣는 촉매제 역할을 합니다. 유대인은 선택받은 민족일 뿐만 아니라 도전받는 민족이기도 합니다."

엑스타인(Eckstein) 교수와 보티치니(Botticini) 교수의 저서, 선택받은 소수(The Chosen Few)[40]에서 유대교의 읽고 쓰는 능력의 발전과 그 결과를 설명했다. 서기 70년에 대부분의 유대인들은 문맹인 농부들이었다. 카스티야의 이사벨 1세와 아라곤의 페르난도 2세에 의해 스페인에서 추방된 1492년 당시 유대인들은 대부분 도시에서 교육을 받았고 의학, 상업 그리고 자금 관리에 전문화되어 있었다. 문맹에서 교육으로의 급격한 변화는 반유대주의, 유대인 박해 및 제한의 결과가 아니라 유대인 사람들 자체의 변화에 의한 결과였다.

이 기간 동안 모든 유대인 남성은 토라를 읽고 공부하며 아들을 학교에 보내야 한다는 새로운 규범의 시행이 시작되었다. 유럽에서 이슬람이 쇠퇴하면서 도시화, 무역의 증가가 이루어졌고, 글을 읽고 쓰는 능력이 필요한 직업에 대한 수요가 증가했다. 읽고 쓰는 법을 아는 사람이 극소수에 불과했던 시대에 교육받은 유대인의 명성은 높아졌다.

유대인들의 연구와 학문적 성과는 탈무드에 있는 기존 텍스트와 논쟁하는 문화, 주어진 현실과 관습적 현실에 반항하고 유산을 보존하고자 하는 종교적 소수에게 필수적인 관습에 의문을 제기하는 교육, 더 나은 세상을 만들기 위한 열망 그리고 개인적 발전을 향한 열망에 기여했다. 이러한 특성들은 사람들이 온갖 역경을 딛고 성공하기 위해 자신의 능력을 극대화하도록 부름을 받은 현대 이스라엘에서 더욱 강화되었다.

이유가 무엇이든 간에, 우리는 모든 중요한 국제적 상들의 경쟁자들과 수상자들 가운데 유대인과 이스라엘인을 발견한다. 노벨상은 컴퓨터 과학 분야에서는 수여되지 않는다. 이 분야에서 가장 중요한 상은 튜링상(Turing Award)이다. 2017년 현재 이스라엘은 수상자 수에서 세계 3위를 차지하고 있다. 괴델상(Gödel Prize)은 컴퓨터 과학 분야에서 두 번째로 중요한 상인데, 수상자 중 3분의 1 이상이 이스라엘인이다.

이스라엘 학술원(Israeli Academy)의 과학자들은 다음의 큰 아이디어를 연구하고 있다. 일부 분야에 대해서 언급하자면 혁신적인 암 치료법, 인간 뇌 지도, 거대 행성의 개발, 수면 장애, 폭발성 분자 식별, 석유 및 가스 시추 규제, 심장 패치 개발, 재생 가능 에너지 등에서 적극적인 연구를 하고 있다.

이스라엘은 수학 분야의 1인당 출판물 수에서 세계 선두를 달리고 있으며, 이스라엘 출판물 중 약 4분의 1이 임상 의학 분야이고, 물리학, 화학, 공학이 그 뒤를 따른다. 이스라엘은 1인당 과학 출판물 수에서 세계 14위이며, 프랑스, 독일, 미국이 다음을 차지한다.[41]

비교적 최근에 이스라엘에 이민 온 물리학자 제프 스타인하우어(Jeff Steinhauer) 교수는 로스앤젤레스 출신으로 캘리포니아 대학교(UCLA)에서 박사 학위를 취득한 후 두 번의 박사후 연구 과정을 마쳤다. 스타인하우어 교수는 2016년 8월 네이처 물리학(Nature Physics) 저널에 발표된 연구에서 우주의 블랙홀에서 소리 입자가 어떻게 방출되는지 보여준다. 이 연구는 40여 년 전에 제안된 호킹 방사선 이론을 뒷받침하는 새로운 발견을 제시하며, 블랙홀이 "흡수체"가 아니라 전자기 방사선을 방출한다는 주장에 초점을 맞추고 있다. 스타인하우어 교수는 테크니온 연구소에서 CNN에 기고를 통해 "이것은 블랙홀의 열역학에 대한 호킹의 예측을 실험적으로 확인한 것이다."라고 말했다.

전문가들은 이번 연구가 스티븐 호킹에게 노벨상 수상을 위한 길을 열수 있을 것으로 추정하고 있다.

CERN은 오늘날 세계에서 가장 크고 아마도 가장 중요한 과학 프로젝트이다. 그것은 새로운 아원자 입자, 특히 유명한 "신의 입자"의 발견을 다루고 있다. "그곳에는 수천 명의 과학자들이 있지만, CERN에 이스라엘인의 참여는 이스라엘의 상대적 비중을 훨씬 뛰어넘고 있습니다."라고 일반 대중을 위한 과학 주제를 다루는 하야단(Hayadan) 웹사이트를 설립한 지 30년된 과학 기자 아비 블리조브스키(Avi Blizovsky)는 말한다.

이스라엘 과학 출판물의 질은 출판물 1건당 평균 인용 횟수로 정의되며 수년에 걸쳐 지속적으로 향상되었다. 21세기 초부터 그 수치는 OECD 평균보다 높다.

남녀 평등?

이 책의 저자들은 공동의 책을 집필하는 이 프로젝트에서 남녀평등이 가장 심각한 논쟁거리가 될 수 있다는 것을 모두 알고 있었다.

그는 이렇게 표현했다.

"우리는 이스라엘 여자들이 완전한 평등을 얻었다고 이야기할 수 있습니다."

그녀는 "평등은 아직 멀었습니다. 확실히 완전한 평등은 아직 없습니다."라고 정정했다.

그는 "병역의 의무가 우리가 완전한 평등을 실현하고 있다는 증거가 될 수 있습니다."라고 말했다.

그녀는 이렇게 반론을 제기했다. "최고경영자 중 여성은 6%, 의장은 4%, 임금 격차는 30% 이상, 크네세트 회원은 소수이고 정부 장관도 적습니다."

그는 "이스라엘 은행 총재, 대형 은행 3곳의 최고경영자, 전 총리, 전 재무부 국장과 대법원장이 여성입니다."라고 주장했다.

그녀는 다음과 같이 정정했다. "그리고 여성 대표가 없는 파티, 성희롱, 가족 내 여성 살해 등이 아직 존재합니다."

하지만 우리는 조사와 토론을 거쳐 이스라엘 여성 평등 부분에 대해 어떤 합의점에 도달할 수 있었다.

세계은행(World Bank) 수치에 따르면 크네세트(Knesset)에서 여성 비율은 꾸준히 증가하고 있다. 여성이 의회에서 차지하는 의석 비율로 볼 때, 이스라엘은 세계에서 상대적으로 좋은 위치에 있지만 OECD 국가에 비해 개선이 필요하다.

특히 여성의 대표성이 거의 없거나 전혀 없는 초정통파와 아랍 정당이 좋은 결과를 훼손한다는 것은 의심의 여지가 없다. 이스라엘의 초정통파는 종종 종교적, 민족적, 성별에 따른 차별적 입장으로 비난을 받는다. 그러나 초정통파 사이에서도 우리는 새로운 접근법의 시작을 본다. 초정통파 여성들은 초정통파 여성 정당을 설립했고, 다른 이들은 여성에 대한 대표성 거부에 반대하는 단체를 설립했다.

이스라엘의 아랍 부문의 경우, 아랍 정당의 소수 여성들이 남성을 통치자로 보는 이슬람 문화 출신이기 때문이라고 주장할 수 있지만, 여전히 이스라엘 의회에서 아랍 여성의 대표성은 그 지역 국가들의 아랍 의회의 평균보다 낮다. 2015년 아랍 여성 크네세트 구성원들이 인구 대비 대표하는 비율은 아랍 국가들이 17.9%인 것에 비해 9.3%로 낮았다. 아랍 여성들도 "남녀 평등을 실현하지 못한 정당은 말이 안 된다."라며 크네세트에서 대표성을 높이기 위해 노력하고 있다.

우리는 이스라엘에서 모든 주요 직위에 여성을 제대로 대표할 수 있도록 보장하는 법안이 나오기를 바란다. 그러한 입법만이 모든 분야에서 변화를 심어 주는 데 큰 역할을 할 것이다. 성평등과 인간의 존엄, 자유를 보장하는 독립선언에 기초한 국가에서 이것은 결코 순진한 생각이 아니다.

극단적인 초정통파와 아랍 정당을 제외한다면, 크네세트에서 여성 의석 비율은 OECD 평균보다 높고, 심지어 고소득 OECD 국가 평균보다 높다. 여성 의원과 남성 의원의 비율은 1995년 12%에서 2017년 27%로 지속적으로 개선되고 있으며, 이는 세계의 추세와 일치한다.

이스라엘은 지방자치단체의 의원으로 활동하는 여성의 비율이 44%로 유럽 국가들과 비교했을 때 노르웨이, 스웨덴에 이어 3위를 차지한다. 연구에 참여한 모든 국가와 마찬가지로 이스라엘에서도 하위 사회경제적 자치단체에서는 의원직을 수행하는 여성의 수가 적다.

이스라엘 경제의 고위 여성들은 성공에 대한 강한 인상을 남긴다. 그들은 경제 공공 부문의 리더들이다. 이스라엘 은행 총재, 카르닛 플루그(Karnit Flug) 박사; 자본 시장, 저축 및 보험 감독관, 도릿 세린거(Dorit Salinger); 은행 시스템 감독관, 헤드바 바(Hedva Bar) 박사; 이스라엘 은행 부총재, 나딘 바우도−트라첸버그(Nadine Baudot−Trajtenberg) 박사 외 다수. 강한 여성들은 비즈니스 부문의 리더들이지만, 이스라엘 대기업의 여성 이사 비율은 상대적으로 낮고 조사 대상 국가 중 13위에 해당한다. 공기업법 개정 이후, 공기업 이사회의 여성 비율은 42%로 늘어났지만, 아직까지 50%에 도달한 적은 없다.

IDF 최초의 여성 소장인 오르나 바르비베이(Orna Barbivay)는 "독립기념일 행사에서 획기적인 여성의 상징으로 횃불을 밝히도록 선택되었을 때 나는 의심으로 가득 차 있었습니다."라고 말한다. "왜 여성들은 자신의 성취에 전적으로 헌신하는 기념식이 필요한가요? 하지만 선택된 여성들과 그들의 인상적인 업적을 만났을 때, 나는 그 선택을 환영했습니다. 저는 우리가 어디에서나, 모든 수준에서 성평등이 실현되는 상황이 되기를 바랍니다. 우리는 아직 수정안을 완료하지 않았으며, 거기에 도달할 때까지, 이스라엘의 개인과 사회에 대한 중요한 이 수정안을 위한 투쟁에 동참하는 것이 우리 남성과 여성 모두의 의무입니다."

최근 수십 년 동안 여성의 노동 시장 참여율이 크게 높아졌지만, 남성과 여성의 임금 격차는 매우 크다. 에드바 센터(Adva Center)에 따르면, "노동력에서 남성과 여성 사이의 임금 격차는 월 임금과 시간당 임금 측면에서 볼 때 보편적인 현상이며, 가정과 노동력 모두에서 성별 노동 분배의 불평등 측면을 반영합니다." 2014년 이스라엘 여성의 월 평균 임금은 남성 임금의 67%였다.

최근 수십 년 동안 우리는 남성보다 학사 학위를 가진 여성이 더 많다는 것을 봐왔다. 이는 의심할 여지 없이 인상적인 성과다. 그러나 교수진의 최고위직에서 여성의 승진이 의제에 오르면 여성의 대표성은 급격하게 떨어져 최고 직위인 정교수에서는 약 20%만이 여성이다.

고등 교육 기관의 저명한 여성 중에는 생화학자이자 2009년 노벨 화학상 수상자인 와이즈만 과학 연구소(Weizmann Institute of Science)의 아다 요나트(Ada Yonath) 교수, 코팍손(Copaxone)을 발명한 루스 아르논(Ruth Arnon) 교수, 이스라엘 과학 및 인문학 아카데미 회장 리브카 카르미(Rivka Carmi) 교수, 벤 구리온 대학교(Ben-Gurion University) 총장이자 정보 마이닝 분야의 뛰어난 연구원으로 기술 과학계에 파장을 일으킨 키라 라딘스키(Kira Radinsky) 박사 그리고 두 명의 병원장인 오르나 블론드하임(Orna Blondheim) 박사와 첸 샤피라(Chen Shapira) 박사가 있다.

그러나 여성들은 이스라엘의 국가와 사회에 중요한 다른 분야에서도 극적인 존재감을 보이고 있다. 대법원장, 에스더 하유트(Esther Hayut); 교도소 국장, 오프라 클링거(Ofra Klinger); 이스라엘 경찰 인사부장, 길라 가지엘(Gila Gaziel); 이스라엘 경찰 제1지구 사령관, 바르 지브(Bar Zvi); 주요 언론인, TV 발표자, 전 및 현 크네세트 회원, 가수, 작가, 시인, 예술가 등이 있다. 우리는 그들과 같은 여성들이 지속적으로 배출되기를 바란다.

실존적 불안

데이비드 파시그(David Passig) 교수는 유대인과 이스라엘인을 지배하는 세 가지 실존적 두려움을 제시한다. 첫 번째는 이슬람교도와 팔레스타인인에 의한 유대인의 기원, 정체성, 미래에 대한 두려움이다. 이슬람교도들은 자신들을 유대 민족의 조상인 아브라함과 동일시하며, 팔레스타인인들은 스스로를 태고부터 이스라엘 땅에 살았던 민족으로 여기지만, 역사적 기준으로 봤을 때 이들은 이 땅에 사는 비교적 새로운 존재다.

유대인과 이스라엘인들의 두 번째 실존적 두려움은 멸망에 대한 두려움이다. 유대인의 실존적 불안은 "모든 세대에서 그들은 우리를 파괴하기 위해 우리에게 맞서고 있습니다."라는 하가딕(Haggadic) 구절42에서 찾을 수 있다.

세 번째 불안은 국경에 대한 두려움이다. 파시그는 물리적 경계에 대한 불안만을 언급하였지만, 우리는 여기에 다음과 같은 형이상학적 경계에 대한 불안을 추가하고 싶다. 누가 유대인인가? 할라카(Halacha)가 정의한 것처럼 어머니가 유대인인 사람들만인가, 아니면 유대인 출신인 모든 사람들인가? 누가 이스라엘 사람인가? 누가 국민에 속하고, 누가 국민이 아닌가?

이 세 가지 두려움을 바탕으로 우리는 이스라엘 사회를 박해하는 인구학적 악마화, 아랍인이나 초정통파 다수가 국가와 그 성격에 파괴를 가져올지도 모른다는 두려움을 이해할 수 있다. 그러나 2000년 이후 출생 추이를 보면 세속적인 유대인과 전통적인 유대인 부문의 출생률은 과거보다 약 10% 더 높았고, 초정통파 유대인과 아랍 유대인의 출생률은 각각 15%와 16% 정도 더 낮은 것으로 나타났다. 이에 대한 주된 원인은 구소련 이민자들의 여성 출산율이 급격히 증가한 것과 중산층 특히 이스라엘에서 가장 높은 소수민족들의 출산율이 눈에 띄게 증가한 것, 미혼모와 동성의 부모 수가 증가한 것으로 설명될 수 있다.

아랍의 인구통계학적 위협은 없다

이스라엘 건국 이래 이스라엘 사회를 위협해 온 인구통계학적 악마는 "아랍인들이 더 많은 자녀를 낳고 있으며 결국 다수를 차지하게 될 것"이라고 말한다. 이 인구통계학적인 악마에 대한 두려움으로 인해 초대 총리인 다비드 벤구리온(David Ben–Gurion)은 10명 이상의 자녀를 낳은 어머니에게 "출산 상금", 즉 100이스라엘 파운드(당시 통화)의 보조금을 수여하여 유대인들의 출산을 장려했다.

나중에 이스라엘 중앙 통계청(ICBS)을 설립한 로베르토 베키(Roberto Becky) 교수가 쓴 비망록에는 다음과 같은 시나리오가 나온다. "유대인의 출산율은 여성 1인당 3명으로 증가하고 아랍인의 출산율은 여성 1인당 7명에서 6명으로 감소할 것입니다. 따라서 낙관적인 시나리오에 따르면 2001년에는 230만 명의 유대인이 있을 것이고 그 외에 440만 명의 아랍인이 있을 것이며 이는 34%의 소수 유대인이 존재함을 의미합니다." 물론 예측에는 뭔가 문제가 있었다.

이스라엘 건국 이후에도 이스라엘 중앙 통계청은 2000년에 유대계 출산율이 여성 1인당 2명으로 떨어지고, 2015년에는 무슬림계 출산율이 4.3명이 될 것이라고 계속해서 잘못된 예측을 발표했다. 실제로는 추세가 반전되었다. 2017년 유대인과 아랍 인구의 출산율은 여성 1명당 3.2명으로 동등했다.

이스라엘에서 유대인과 아랍 여성의 출산율 격차가 완전히 해소된 것은 '무슬림 현상'과 관련이 있다. 데이터에 따르면 중동 전역에서 무슬림 여성 1인당 출생아 수가 급격히 줄었지만 이스라엘에서는 그렇지 않았다. 모든 무슬림 국가에서 여성 1인당 출생아 수는 전 세계 출산율 감소율의 두 배, 심지어 세 배까지 떨어졌다.

이러한 맥락에서 UN 인구국장 하니아 즐로트니크(Hania Zlotnik)의 말을 인용할 가치가 있다(2009). "세계에서 무슬림 출산율의 감소를 따라가는 것은 놀라운 일입니다." 미국의 대표적인 인구통계학자인 니콜라스 에버슈타트(Nicholas Eberstadt) 박사는 2012년 6월에 "무슬림 국가의 출산율 붕괴는 이 시대의 가장 강력한 인구통계학적 현상입니다… 세계에서 출산율이 급격히 감소한 10개국 중 6개가 무슬림 국가였습니다."라고 말했다. 워싱턴 DC에 있는 인구 조회국(Population Reference Bureau)의 연구에 따르면 임신을 피하려는 무슬림 여성의 비율이 높은 것으로 나타났다.

인구통계학자들은 이러한 현상을 무엇보다 아랍 국가의 과거 교육 시스템 확장과 학위를 취득하려는 열망 그리고 도시화, 10대 임신의 감소, 초산은 늦어지고 노산은 당겨진 출산 과정, 최고 이혼율, 노동 시장에서의 여성의 통합, 가족 계획, 특히 여성의 읽고 쓰는 능력에 기인한다고 생각한다. 이스라엘의 아랍계 여성 출산율은 1인당 3.2명으로 수단, 예멘, 이라크를 제외한 모든 아랍 국가보다 여전히 높지만 급격한 감소세를 보이고 있다는 것을 부정할 수 없다. 이스라엘에서는 드루즈파와 기독교 여성의 출산율이 유대인보다 낮다.

이 모든 것은 이스라엘 아랍인들이 현재는 물론 미래에도 이스라엘 내 다수 유대인들에게 위협이 되지 않는다는 것을 나타낸다. 이와는 반대로 이 책의 뒷부분에서 살펴보겠지만, 교육과 노동력 분야로 그들에 대한 통합이 증가하는 것은 이스라엘 경제의 상대적 이점 중 하나다.

초정통파의 인구통계학적 위협은 없다

아래에서 살펴보겠지만, 초정통파 유대인 하레디(Haredi)[43]는 이스라엘 경제가 통합의 첫걸음을 떼려 할 때 엄청난 기회로 작용할 수 있다. 지난 10년간 초정통파 여성의 노동 시장 참여율은 40%에서 72%로 증가했다. 초정통파 남성의 경우 그 증가율은 당시 32%에서 50%로 증가했으며 이러한 추세는 지속되고 있다. 고등교육 시스템에서 공부하는 초정통파 남성과 여성의 수도 눈에 띄게 증가했다. 그들 중 극히 일부는 IDF에서 봉사하기 시작했다. 어떤 면에서 많은 이스라엘인들은 초정통주의를 문화적 위협, 특히 국가의 온건한 세속주의나 종교적인 국가의 성격에 대한 위협으로 여긴다. 하지만 과연 어느 정도까지 문화적 위협이 될까?

초정통파는 점점 더 빠른 속도로 변화하고 있다. 21세기 초에는 초정통파 중 인터넷 사용자의 비율은 미미했다. "인터넷은 초정통 사회에 가장 큰 위협입니다."라고 그들은 노골적으로 말했다. 위협이 너무 커서 2010년에 랍비들은 온라인 서핑을 금지했다. 그러나 그것은 전혀 도움이 되지 않았다. 2017년 1월 이스라엘 인터넷 협회가 실시한 조사에 따르면 초정통파의 49%가 인터넷을 사용하는 것으로 나타났다.

초정통파의 수가 나머지 인구에 비해 극적으로 증가할 것이라는 가정도 틀렸다. 금세기 초부터 특히 2003년 아동수당 삭감 이후, 앞서 언급한 바와 같이 출산율이 감소하고 있다. 최근 몇 년 동안 초정통파 분야에서 거대한 세속화 물결이 일어나고 있으며, 이는 젊은 세대의 10% 이상을 기존 사회로 합류시켰다. 초정통파의 세속적 성격을 지닌 2세대들에 관해서는 그 수가 이미 30% 이상으로 뛰어오르고 있다. 채널10의 아비샤이 벤하임(Avishai Ben-Haim) 기자가 진행한 일련의 TV 인터뷰에서 유대인 공동체에서 가장 저명한 종교인 중 한 명인 랍비 요셉 미즈라히(Yosef (Yossi) Mizrahi)는 다음과 같이 말한다. "세계에서 종교인의 수는 증가하지 않습니다. 많은 초정통파들 또한 그 길을 떠나고 있습니다."

초정통파 도시인 엘라드(Elad)는 IDF의 전투 부대에 합류하는 젊은이들의 비율이 가장 높은 도시 목록에 있다. 엘라드에서는 56.6%가 전투 부대에 입대한다. 초정통파 소녀들이 아예 입대하지 않는다는 점을 고려하면 이는 상당히 높은 비율이다.

직업 취득을 장려하는 초정통파 협회는 노동력 참여 증가를 주도하고 있다. 10년이 넘도록 초정통파 공동체 구성원들을 위해 학문적 연구를 위한 특별한 훈련 체계와 특별한 트랙을 만들 필요성에 대한 인식이 증가했다. 또한, 대부분의 젊은 초정통파가 전문적이거나 학술적인 연구를 하기 위해 재정적 지원을 할 필요성이 분명해졌다. 정부 기관 및 자선 단체들과 협력하여 다양한 기관과 트랙을 설립하고, 직업이나 학위를 취득한 수천 명의 초정통파 학생들에게 경제적 지원이 제공되고 있다. 많은 가정의 경제적 어려움은 직업 세계에 대한 정보, 노동 세계를 위한 도구, 초정통파 구직자와 고용주 간의 직접적인 중재에 대한 정보를 제공함으로써 고용을 장려하는 다양한 프로그램이 만들어졌다.

최근 몇 년 동안 초정통파 공동체의 하이테크 기업가들이 격려를 받았으며, 그들은 해당 분야에서 이스라엘 국가의 큰 성공을 위한 파트너로 성장했다. 2010년부터 공동체가 직면한 문제를 체계적으로 처리하고 적절한 대응을 제공할 비전과 폭넓은 세계관을 갖춘 하레디 내 공공 리더십을 개발하기 위한 독특한 프로그램이 시행되고 있다. 이 활동은 시대적 과제를 해결할 수 있는 우수한 내부 리더십의 힘을 믿는 비전있는 자선가들을 기반으로 한다. 이러한 새로운 활동의 공통분모는 하레디 공동체의 경제적, 사회적 상황을 개선하고 그들이 직면한 과제에 대처할 수 있도록 역량 강화를 다루는 것이다. 결론적으로 하레디 부문은 전반적으로 변화하고 통합되기 시작했다. 여기에도 인구통계학적 악마는 존재하지 않는다.

OECD에서 가장 젊은 국가인 이스라엘의 인구통계는 평균 연령이 30세인데 비해 OECD 평균 연령이 42세라는 점은 사회적으로나 경제적으로 이스라엘에 유리하다. 국가의 지혜와 다양한 부문의 지도자들의 지혜는 이스라엘인들이 서로 통합하고 포용할 수 있는 능력과 함께 공동선에 대한 장기적인 비전에 도움이 될 것이다. 상호 억제 과정은 본질적으로 극단적인 수사와 행동을 불러일으킬 뿐만 아니라 깊은 사회적 통합의 흐름도 초래한다. 중요한 것은 전자를 구체적이고 단호하게 처리하고 후자는 적극적으로 육성하는 것이다.

CHAPTER 04 승리하는 민주주의

흔히 이스라엘을 중동의 유일한 민주주의 국가라고 부르지만, 이
는 오해의 소지가 있는 발언이다. 이스라엘은 중동의 관점에서 볼 때뿐
만 아니라 다른 지역의 국가와 비교했을 때도 인상적인 민주주의를 실
현하고 있다. 중동의 체제는 기껏해야 안정적인 민주주의 형태의 독재
또는 혼란스러운 독재나 부족 전쟁 사이에서 규정될 수 있다. 따라서
중동은 민주주의 측면에서 이스라엘 국가와 관련된 비교 지점이 아니다.

세계의 자유 보고서는 세계 여러 국가와 영토의 민주주의와 정치
적 자유의 수준을 정량적으로 측정한 것이다. 이 보고서에서는 이스라
엘을 높은 평가를 받는 자유 선거 민주주의 국가로 정의한다.[44]

"오늘날의 이스라엘은 짧은 기간에 활기찬 정치 문화, 활발한 미
디어, 인상적인 대중 참여를 구축한 인상적인 민주주의 국가입니다."
라고 노아 에프론(Noah Efron), 나즈르 마자리(Nazir Majali)와 아미타이
샤하릿(Amitai Shaharit)은 기술했다.[45] 니콜라스 에버슈타트(Nicholas Eberstadt)
박사는 이스라엘에는 인구 규모에 비해 어느 나라보다 더 많은 비영리
단체가 있으며, 이들 중 대부분은 정치적 변화와 활동에 앞장서고 있
다고 덧붙였다.

이러한 평가는 역사적인 근거에 기반한다고 말할 수 없다. 왜냐하

면 오늘날의 이스라엘인 중 다수는 민주주의 정치 체제에서 태어나지 않았으며, 두 세대를 거슬러 가면 그들의 조부모 중 소수만이 민주주의 체제에서 살았다. 이러한 역사적 환경에도 불구하고 이스라엘이 자국민들 사이에서 민주적 가치를 동화시키는 데 성공한 것은 인상적이라고 연구자들은 말한다.

이와 대조적으로, 하이파 대학의 새미 스무하(Sammy Smooha) 교수는 이스라엘을 "민족 민주주의"로 정의하고 결함이 있는 민주주의로 간주한다. 스무하 교수는 네 개의 "합법적인" 민주주의를 정의한다. 자유 민주주의는 앵글로색슨 및 스칸디나비아 국가에서 볼 수 있듯이 국가를 인종 및 문화적 소속과 관계없이 절대적인 평등을 유지하는 사람들의 시민 "집단"으로 간주한다. 공화 민주주의는 프랑스처럼 모든 시민에게 완전한 평등을 주려고 노력하면서 국민을 보호하고 문화를 지키는 데 깊이 관여한다. 스위스나 벨기에의 연방 민주주의는 다양한 문화 집단을 인정하고 평등한 대우를 보장하며 각 문화 집단의 자율성을 증진한다. 영국과 네덜란드와 같은 다문화 민주주의는 시민의 다양성 및 문화적 다양성을 수용하고 한 문화를 다른 문화에 강요하는 것을 자제한다. 그러나 스무하 교수의 사상을 잘 보여주는 이러한 유럽 민주주의 국가들은 불과 70년 전에 유대인 시민을 살해하거나 이에 협력하면서 실패했다. 여기에는 프랑스, 독일, 벨기에, 네덜란드 등이 포함된다. 유대인 시민의 살해는 민주주의의 모델이 될 수 있는 그들의 능력에 대한 의심을 불러일으킬 뿐만 아니라, 오늘날 그들의 문화적, 국가적, 민주적 존재에 무슬림의 위협이 가해지면서 그들의 민주주의에 또 한번 어려움을 주고 있다.

무슬림 난민들의 유럽 이주와 그들의 문화적 인식을 새로운 나라에서 보존하며 심지어 민주주의 환경에 강요하려는 그들의 결의는 아직 완성되지 않은 채 어려운 과정에 있다. 무슬림은 유럽에 샤리아 (Sharia)를 세우는 데 성공할 것인가? 테러 공격 이후 프랑스에는 풍자 잡지 샤를리 에브도(Charlie Hebdo)에도 실려있는 표현의 자유에 대한 가치가 존재하는가?[46] 프랑스에서는 종교적 상징을 학교에 전시하는 것을 금지하는 "베일 법"으로 알려진 법안이 합법적인가? 스위스에서는 모스크의 첨탑 건설이 전복적인 정치적 성명이라는 이유로 이를 금지하는 국민투표에서 과반수를 차지한 우익의 계획이 지속될 것인가? 그리고 모스크의 이맘들에게 현지 언어로 설교하도록 강요하는 독일의 요구는 어떤가?

일반적으로 인권을 존중하지 않고 특히 여성의 평등을 존중하지 않으며, 무슬림이든 아니든 이단자에 대해 폭력적으로 행동하는 비민주적 이슬람교는 서구 민주주의에 대한 도전이 된다. 이스라엘은 일찍부터 무슬림의 도전을 억제하는 방법을 배웠으며 다문화에 대한 인식이 가장 앞서 있다.

렉서스와 지하드

2001년 9월 11일 화요일 아침, 뉴욕의 쌍둥이 빌딩이 무너지고 워싱턴의 국방부가 공격을 당하면서 세상의 사고방식을 정의하던 패러다임도 붕괴되었다. 미국 유대인 경제학자 토마스 프리드만(Thomas Friedman)이 그의 책 "렉서스와 올리브 나무"(The Lexus and the Olive Tree)[47]에서 그리고 우리 램(Uri Ram)이 그의 저서 "텔아비브의 맥월드, 예루살렘의 지하드"(The Globalization of Israel: McWorld in Tel Aviv, Jihad in Jerusalem)**48**에서 창안한 이 패러다임은 글로벌 추세 사이에 이분법이 있다고 주장했다. 여기에는 '렉서스'에 해당하는 시민적, 자본주의적, 현대적, 민주적 경향과 '맥월드'에 해당하는 세속적 경향이 있다. 그리고 '올리브 나무'에 해당하는 지역적, 전투적 경향과 '지하드'의 특성인 종교적 민족주의적 경향에 대해 언급했다.

이런 상황에 대한 이스라엘의 해석은 세계적인 텔아비브를 지역 주변부와, 세계적인 첨단기술을 지역 종교와, 좌파를 우파와, 그리고 "세계화의 승자"를 희생자들과 대결하도록 한다. 이 패러다임에 따르면 사회적 격차와 정치적 차이가 모두 설명된다. 세계화와 지역주의는 둘 중 하나를 선택해야 하는 상충되는 경향으로 인식되었다. 이스라엘 정부에 대한 반대 주장은 그들이 선택하지 않고 "원을 정사각형으로 만들려고 시도하며... 결국에는 어떤 식으로든 결정을 내려야 할 것입니다."였다. 그러나 결국에는 이러한 트렌드 사이에서 선택하지 않기로 한 이스라엘의 결정이 옳은 선택인 것으로 보인다. 다른 많은 경우와 마찬가지로 현실과 세상을 흑백으로 그리는 '제로섬' 게임으로 정의하는 것은 가능성을 전면적으로 차단하는 단순하고 포퓰리즘적인 접근 방식이라는 것이 밝혀졌다.

9월 11일 사건으로 발표된 새로운 패러다임은 "제3의 길"을 만들어냈는데, 이에 따르면 전 서방 세계는 동일한 "원형 사각형"을 통해 이슬람 무장세력에 맞서 자신의 존재를 유지하고 명확하게 한 가지 길을 선택하지 않는 데 전념하고 있다. 이슬람 지하드는 국지적이면서도 동시에 세계적으로 광범위하게 활동하고 있다. 따라서 서구적 의미에서 민주주의를 보존하려면 한편으로는 국가와 지역의 필요를 유지하면서 동시에 세계화라는 통합적인 접근 방식의 구현이 필요하다.

민주 국민 국가

아사 카셔(Asa Kasher) 교수49에 따르면 민주적 국민 국가는 문제가 있는 것도 아니고 특별하지도 않다. "스페인에는 바스크인이 있고, 네덜란드에는 파리인이 있고, 프랑스에는 코르시카인이 있습니다... 이런 점에서 이스라엘에 약 20%의 다른 민족이 있다고 예외적이지 않습니다." 유럽에서 이슬람 위협이 발생하기 전인 2000년에 발표된 이러한 진술은 오늘날 더욱 유효하다. 이스라엘 민주주의는 "결함 있는 민주주의"가 아니라 오히려 다른 민주주의의 모델이다. 이스라엘에서는 모스크의 첨탑 건설, 여성의 두건 착용, 모스크에서의 아랍어 사용에 대한 금지가 없다. 이스라엘 민주주의는 이 모든 것을 가까스로 담아 지금까지 왔다.

이스라엘 민주주의에서 지속적으로 구축되고 있는 현상은 유대인과 비유대인 시민을 위한 광범위한 문화적 자율성이다. 그것은 초정통, 종교, 전통 및 세속, LGBT와 이성애자, 아랍 무슬림, 기독교인, 드루즈족, 서커시아인, 베두인을 아우른다. 이스라엘의 개인에 대한 문화적 정당성의 범위는 매우 넓다. 다른 나라와 마찬가지로 자신들의 입장과 선호, 그리고 이념을 강요하려는 다른 이들로부터 지속적인 도전을 받고 있지만, 지금까지 이스라엘 민주주의는 성공적이었다. 이에 대한 가장 눈에 띄는 증거로는 자신이나 자신의 마을을 PA50에게 통치권을 넘기지 않고 이스라엘에 머물고자 하는 아랍 시민들의 압도적인 열망이 있다.

유대인들 사이의 민간인 결혼, 민간인 장례, 대중교통, 안식일과 공휴일의 상업 활동을 둘러싼 대립 노선은 그들로 하여금 끊임없이 신생 국가의 본질에 대한 대화를 나누게 한다. 그러나 이스라엘에서는 종교적 자유주의가 승리하고 있다고 말할 수 있다. 연례 종교 및 국가 지수[51]에 따르면, 이스라엘인의 84%가 종교의 자유를 지지하지만, 절반 이상이 할라차에 따른 결혼을 선호한다. 66%는 통곡의 벽에서의 타협을 선호하지만, 대부분은 남성과 여성이 분리된 전통적인 광장에서 기도하는 것을 선호할 것이다. 이 지수는 대부분의 이스라엘 시민들이 자유롭게 생각하지만 전통적인 삶도 중요하게 생각한다는 것을 보여준다. 법으로 일요일에 모든 상점이 문을 닫는 오스트리아와 기독교 휴일을 지키는 프랑스는 그것 때문에 덜 민주적일까? 그렇다면 이스라엘은?

반항 세력의 나라

민주주의 환경에서 성장하지 않은 사람들이 모여 만든 나라인 이스라엘에서 민주주의를 뿌리내리는 데 성공한 것은 권위에 대한 저항, 다원주의, 기존 관념에 대한 반항이라는 민족적 특성의 결과로 보인다.

성경 전체를 보면 시나이산에서 하나님을 영접한 초기에 세워진 신상에서부터 성경 전체에 걸쳐 이어지는 우상숭배에 이르기까지 하나님에 대적하는 민족의 이야기가 나와 있다. 이방 신들은 왕과 평민, 남자와 여자, 변방과 중앙에 있는 모든 사람들에 의해 숭배받았다. 선지자들은 그들을 모독하고 왕국의 상실, 자유의 거부 그리고 죽음이라는 최대의 형벌로 거듭 위협했지만 모두 허사였다. 이 성경 본문을 읽고 그 목적이 이방 신 숭배를 경고하는 것이라고 생각하는 경향이 있는데, 어쩌면 성경 필자의 목적은 그 반대일지 모른다. 아마도 그의 목표는 반항심을 가치로 교육하는 것일 것이다. 따르지 않고, 논쟁하고, 논

쟁의 입장에서 끊임없는 배움을 의심하는 것, 이 모든 것이 유대교의
DNA다.

시몬 페레스(Simon Peres)는 유대인들이 세상에 가져온 위대한 발
명품은 유일신교나 유일신이 아니라 받아들여지는 모든 것에 대한 끊
임없는 논쟁을 반영하는 탈무드라고 말했다. 그리하여 근대에 자본가
들의 아버지들과 함께 가장 위대한 공산주의자들을 배출하는 국가가
만들어졌다. 철학, 문학, 예술 분야의 지도자들뿐만 아니라 선도적인
과학자들, 발명가들과 금융가들, 그리고 기술자들과 과학자들. 이러한
특성을 가진 것이 반항적인 민족의 나라 이스라엘이다.

"이것이 우리가 존재하는 방식입니다. 두 명의 유대인은 세 가지
의견을 가지고 있습니다."라고 가비 바르질라이(Gabi Barzilai) 박사는
자신의 페이스북에 썼다.

모든 사람들은 거의 모든 주제에 대해 의견을 갖고 있으며,
자신들의 의견이 절대적이고 논쟁의 여지가 없는 진실이라고 확
신한다. 동네 찻잔에 새로운 폭풍이 몰아칠 때마다 그것은 그렇게
보인다... 한편으로 나 또한 거의 모든 주제에 대해서 나 자신의
의견이 있다... 반면 성경 공부에서 나는 신이 토라에서 무엇을 의
미하는지 더 잘 안다고 생각하는 사람들에 대한 비판을 매우 잘
이해하고 있고, 그것에 대해 꽤 많이 쓰고 있다. 따라서 우리는
어떤 명령을 내려야 할지도 모른다... 유대교의 영혼은 논쟁이다.
유대교는 성경과 마찬가지로 절대적인 진리를 추구하는 것이 아
니라 선택의 자유와 개인적인 의견에 대한 권리를 옹호한다. 성경
은 거의 모든 문제에 대해 다양한 가능성과 다양한 의견을 제시

한다. 권력, 명예, 돈의 축적이 아니라 진실성과 일관성에서 그를 위한 올바른 길을 찾는 것과 그것을 따르는 것은 각자의 책임이다. "이단"이라는 용어는 유대인의 개념이 아니다. "이것들과 이 것들은 살아계신 하나님의 말씀이니라."[52]

이에 덧붙여 바르질라이 박사는 유대교를 건설한 차이점의 예를 들고 있다. 힐렐(Hillel)과 샤마이(Shammai), 랍비 유다와 랍비 시몬, 랍비 요차난과 레쉬 라키쉬(Resh Lakish), 랍비 예후다 할레비와 람밤, 루바비처 리브와 랍비 솔로비치크. 이들은 모두 서로 의견이 다르다.

가드 야르(Gad Yair) 교수는 그의 저서 『The Code of Israeliness』[53]에서 "이스라엘인이 되는 것"에 대한 십계명을 제시하고 있다. 우리가 여기서 말하는 목적은 여섯 번째 계명인 "나는 그러므로 할례에 대한 싸움과 그 의견 전쟁에 대해 말한다."와 여덟 번째 계명 "그들은 너희를 결정하지 않을 것이다. 즉 위계질서에 반대하고 평등을 위하기 때문이다." 이러한 상황에서는 모든 사람이 자신의 의견을 표명하고 자신의 길을 위해 투쟁할 수 있는 민주주의 체제만이 존재할 수 있다.

유대 민족의 기원이 성경에서 증명하는 이집트의 노예 반란에 있는지, 아니면 역사가들이 주장하는 권력과 권위를 지닌 가나안 하층민의 사회경제적 계층의 반란에 있는지는 분명하지 않다. 그러나 이집트 주인들에게 반항한 노예 집단의 신화를 대대로 거룩하게 만든 나라는 왕국에 대한 반란과 권위의 불수용을 거룩하게 여기는 나라다. 바로 오늘날까지도 이러한 특성은 일반적으로 유대인들에게 그리고 특히 이스라엘 민주주의 주체들에게 존재한다.

하지만 개인의 표현의 자유와 반항적인 성격의 특성은 민주주의의 한 면일 뿐이다. 기디언 드로르(Gideon Dror)54교수는 외부 및 내부의 위협으로부터 보호하는 것을 포함하여 그것을 보존하기 위해 존재하는 노력이 다른 측면이라고 주장한다. 국가를 위해 자신의 생명, 가족, 그리고 그들의 안전을 기꺼이 희생하려는 이스라엘인의 의지는 세상에 유례가 없을 것이다. 베스트셀러 책『Tribe』55의 저자인 세바스티안 융어(Sebastian Junger)는 예전에 다음과 같이 표현했다.

사람들은 잠을 포함하여 모든 것을 그룹으로 하곤 했다. 왜냐하면 그것이 더 안전하기 때문이다. 우리의 심리적 욕구는 이러한 상황에서 진화했으며, 다른 사람들과 함께 있을 때 긴장이 생길지라도 단체 안에 있는 것이 가장 좋다고 느낀다. 현대 사회는 서로를 필요치 않고, 기본적인 생계를 위해 서로 의존하지도 않고, 필요하지도 않고 서로를 알지도 못하는 사람들을 식탁에 초대하거나 안전을 위해 모은다.

"혼자 살아야 하는 민족"56과 "적들로 둘러싸인 국가"라는 감정도 아마 이스라엘 부족의 강한 소속감을 설명하는 일부일 것이다.

파트너와 영향력 행사자들

최근 몇 년간 이스라엘의 대의 민주주의는 그 성격을 바꿨다.57 주로 정당 활동과 선거 과정 참여를 특징으로 하는 시민 참여에서 지속적인 협력이라는 측면으로 변화했다. 대의 민주주의는 의사결정 과정에 시민의 참여가 필요하지 않은 것처럼 보인다. 왜냐하면 다양한 위원회를 갖춘 의회가 존재하고, 정당과 자유 언론이 존재하며, 파업과 시위의 자유, 그리고 "모든 것이 정의롭다"고 전제하는 법원이 존재하기 때문에 추가적인 시민 협력의 필요성은 불필요해 보인다. 그러나 실제로 우리는 정부 의사결정 과정에 시민이 참여하는 근본적인 변화를 겪고 있다. 모든 선진국의 시민들은 정부에 더 많은 투명성과 책임성을 요구하고 자신들의 삶에 영향을 미치는 정책 설계에 적극적으로 참여할 기회를 모색한다. 결과적으로 OECD 국가의 정부들은 정책 결정 과정에 시민과 시민 단체를 포함하는 새로운 방법을 모색하고 있다.

이에 따라 정부 기관과 통치 기구들은 과거의 의사 결정 방식을 바꾸고 있다. '국민을 배려하는 국가' 모델이 계속되는 곳마다 구조적 실패가 있고 정부는 공공의 정당성을 얻지 못한다. 서구 세계 전체에서 대중의 지혜가 커지고, 수집하고 분석할 수 있는 기술적 능력이 향상되면서 시민 협력 체계가 탄생하게 되었다.

이런 관계에서 정부는 표면적으로는 통제권을 포기하지만 때로는 유례없는 성과를 거둘 수도 있다. 민간 부문은 권력, 공공의 정당성, 경제적 지원, 지속성 등의 부족한 부분을 정부기관에 제공할 수 있다. 이것은 정부가 교체되는 경우에도 계속된다.

의회 위원회의 거의 모든 논의에서 의장은 정부 관리들에게 관련 시민 단체와 협의했는지 묻는다. 정부 사이트에서는 향후 입법 계획을 발표하고 법안을 상정하기 전에 대중의 의견을 구한다. 정부 관료와 시민 간 토론은 정부 위원회에 시민 대표가 참여하는 라운드 테이블 등을 통해 진행된다. 그 결과 행정부는 현대 민주주의에서 일어난 변화를 이해하고 지속적인 협력의 공간을 마련한다.

민주주의의 수호자

이스라엘 민주주의 연구소(Israel Democracy Institute)의 보고서58는 다음과 같이 주장한다. "국제 기준에 따르면 이스라엘 언론의 자유는 중간 수준입니다." 그러나 미디어에 대한 대중의 신뢰 수준은 다른 선진국과 마찬가지로 낮고 심지어 해마다 감소하고 있다. "이스라엘 국민들 사이의 언론에 대한 신뢰는 낮은 수준의 신뢰를 받은 의회와 최고 랍비네이트(Rabbinate)를 포함한 조사에서 다른 기관들보다 높습니다." 이스라엘 민주주의 연구소는 이러한 모순을 다음과 같이 설명한다. "언론은 특정 정치적 입장이나 이익 집단에 편향된 것으로 보입니다."

이러한 언론에 대한 대중의 불신 현상은 의심할 여지 없이 민주주의를 훼손하고 있지만 일시적이지도 않고 지역적인 현상도 아니다. 거품 속에 닫힌 언론은 스스로를 과신하고, 객관성에 헌신하지 않으며, 대중의 감정에 공감하지 않는다. 따라서 언론은 세계 각국이 개별적으로 관찰해 온 것처럼 민주적 과정을 예측하거나 이해할 수 없다. 언론이 사실 전달 의무를 포기하고 의견을 뒤섞는 순간, 언론보다 빠른 소셜 네트워크가 등장한 상황에서 대중이 신문이나 라디오와 함께 일어나거나, 텔레비전 뉴스와 함께 잠들려는 욕구는 줄어들 수밖에 없다.

언론이 진실에 대한 윤리적 헌신 대신 영향력을 행사하려는 의지의 제단에 희생하는 순간 대중의 신뢰는 사라진다. 유발 노아 하라리(Yuval Noah Harari) 교수는 과학 연구의 윤리59를 설명하면서 "무엇이 중요한가?"(주관적인 의견에 따라 과학자들이 선택하는 것)과 "진실은 무엇인가?"(기자들이 전념함에 따라, 원래의 입장과 가설과도 모순되는 진실)라는 두 가지 질문을 구별해야 한다고 말했다. 여러분은 언론이 이와 같은 방향으로 갈 것으로 예상할 수 있다. 모든 언론인은 자신이 다루는 문제를 원하는 만큼 선택할 수 있지만, 자신의 개인적인 견해와 모순되는 사실들을 무시하거나, 우회하거나, 은폐해서는 안 된다.

따라서 누군가를 지지하는 언론인은 자신의 실수를 발견할 수 있다. 이것은 마치 일반인이 자신을 반대하는 언론인이 언론인 본인이 한 좋은 일은 쉽게 부각시킬 것이라고 예상하는 것과 같다. "사회적" 언론인은 자본가들의 업적 중 일부를 칭찬할 것으로 예상할 수 있으며, 그 반대의 경우도 마찬가지다. 일반적으로 우리는 용기 있는 언론인은 권력의 입장을 공격하는 사람이 아니라, 사실을 직시하고 자신의 입장과 모순되는 경우에도 사실을 발표하는 것을 두려워하지 않는 사람이라고 생각한다.

또한 언론은 자신의 거품을 버리고, 내재된 엘리트주의적 힘을 줄이고, 대중의 지혜를 받아들여야 한다. 이것은 항상 사실이지만, 특히 대중이 궁극적으로 리더십을 선택하는 민주주의 사회에서는 분명한 진실이다. 하지만 민주주의를 가장 필요로 하는 시기에 민주주의의 감시자는 아쉽게도 자만심과 오만함에 빠진 것 같다.

***

다른 서구 민주주의와 마찬가지로 이스라엘 민주주의도 민주주의 원칙과 안보적 요구 사이에서 갈등을 겪고 있다. 예를 들어, 대부분의 이스라엘 대중은 국가에 대한 가혹하고 공개적인 비판을 금지하는 표현의 자유 제한에 반대한다. 반면 중앙이나 우파보다 좌파에서 모든 정치 진영을 넘나들고 있다고 느껴진다. 표현의 자유와 대조적으로 상황은 바뀌고 있는데, 대부분의 국민들은 국가가 시민들이 인터넷에 쓰고 발표하는 내용을 감시할 수 있어야 하며, 자살 폭탄 테러범이 범죄를 저지르기 전에 체포될 수 있어야 한다고 생각한다.

이스라엘의 민주적 접근 방식에 대해서는 대법원이 누리는 높은 신뢰에도 불구하고 이스라엘 국민들이 대법원이 크네세트 법률을 무효화할 수 있는 것을 불편해한다는 보고서에서 알 수 있다. 크네세트는 선출된 기관이나 국민을 대표하는 기관을 넘어서는 대법원보다 더 기본적인 민주주의 기관으로 간주된다.

이코노미스트(Economist)의 "민주주의 지수" 보고서는 다른 연구들 중에서도 유권자 투표율, 투표권, 소수자를 위한 조직화, 의회 내 여성 비율, 정당 가입, 국가에 대한 관심 표현 등의 시민의 정치적 참여를 포함한다. 시민들은 합법적인 시위에 참여해야 하고 당국의 정치적 참여를 장려해야 한다. 이 점에서 이스라엘은 대부분의 기존 서구 민주주의 국가들보다 앞서 있다. 이스라엘의 민주주의는 그 성공에도 불구하고 지속적인 발전을 필요로 한다. 시민들의 민주적 의식은 충분히 검증되지 않았다. 서두에서 이미 말했듯이 이스라엘인들은 민주주의의 1세대 또는 2세대다.

05 미래 구축하기

팔레스타인은 오스만 제국의 외딴 지역이자 버려진 지역이었다. 사막의 황량함이 모든 것을 지배했다. 그곳은 물도 없고 덮개도 없는 악성 습지가 산재해 있는 방치된 나라였다. 그 주민들은 소수의 아랍인 펠라힌(Fellahin), 대부분 소작농과 유목민이었던 베두인(Bedouins), 그리고 정착 전초기지들에 사는 소수였다.

미국 작가 마크 트웨인(Mark Twain)은 1867년 이곳을 방문하여 그가 느낀 인상을 우울한 색채로 묘사했다. 그는 예루살렘이 황폐하고 생기가 없는 것을 발견했다. "우리는 여행 내내 한 영혼도 보지 못했습니다."라고 그는 썼다.[60] 영국 영사 제임스 핀(James Finn)은 이렇게 증언했다. "이 나라에는 주민들이 없으며, 가장 긴급하게 필요한 것은 그곳에 살 사람들입니다."[61] 하버드 대학교 총장 찰스 윌리엄 엘리엇(Charles William Eliot)은 1867년에 다음과 같이 썼다. "이 땅에는 인구가 매우 희박합니다."[62] 사무엘 매닝(Samuel Manning) 목사는 1890년 자신의 저서에서 "하지만 주민들은 어디에 있습니까? 막대한 인구를 지탱할 수 있는 이 비옥한 땅은 거의 사람이 없습니다."[63]라고 썼다.

독일 여행가 A. G. 슐츠(Schultz)는 19세기 중반 이곳의 풍경을 다음과 같이 묘사했다.

성지는 거의 사막이 되었다. 제3의 밭은 제대로 경작되지 않았고, 형편도 좋지 않으며, 잡초가 가득하고, 묘목은 작고 다양하다. 목초지는 말랐고, 숲은 파괴되었으며, 몇 그루의 나무조차 대부분 잘려 나갔고, 여행 중에 우리는 종종 몇 시간 동안 그늘진 곳을 찾아야 했다. 많은 샘이 말라버렸고, 수도시설과 고대의 웅덩이는 무너졌고, 그 폐허만이 남아 있었다. 이스라엘 땅은 황무지가 되어 모든 투르크만, 쿠르드, 베두인 아랍인들의 양떼와 검은 천막이 이곳저곳을 떠돌며 목초지를 이용하고 영주권자들을 짓밟는 것이 보였다...이스라엘 땅은 거대한 쓰레기더미와 폐허더미에 지나지 않았다.**64**

강도 중 가장 유명한 사람은 아부 질다(Abu Jilda)였다. 그는 1902년 제닌(Jenin) 근처 마을에서 태어났고, 아흐마드 하마드 마흐무드(Ahmad Hamad Mahmoud)라고 이름 지어졌다. 나중에 그의 이름은 사라진 눈을 가린 조각 때문에 아부 질다로 바뀌었다. 그는 특히 시골의 아랍인들을 희생자로 삼아 잔인하게 학살한 잔혹한 도적이었다. 그는 자신의 강도 행위를 '관세 징수'라고 부르곤 했다.

1933년 5월, 예루살렘 언덕 계곡에서 아부 질다와 그의 일당이 시장에서 돌아온 아랍 마을 사람들의 호송대를 매복 공격했다. 그들은 아랍인들을 동굴에 가두었고 재산을 빼앗았다. 그러나 그들은 거기서 멈추지 않았다. 아부 질다는 현장을 목격한 영국 경찰로 복무한 아랍인 후세인 알 아살리(Hussein al-Asali)를 잔인하게 학대하고 살해했다. 영국의 통치가 흔들리게 되었다. 아부 질다와 그의 조력자인 알 아르미트(al-Armit)로 알려진 살라 아흐메드 무스타파(Salah Ahmed Mustafa)

를 찾기 위한 광범위한 수색이 진행되었다.

어떤 사람들은 아부 질다의 은신처가 그의 갱단원이 그를 배신한 후에 발견되었다고 말하고, 어떤 사람들은 그의 여자들 중 한 명에 의해 제거됐다고 말한다. 어쨌든 아부 질다와 그의 조력자는 항복하고 예루살렘에 있는 영국 감옥에서 재판을 받고 처형되었다. 아랍인 변호사가 그를 변호했고, 그에게 선고를 내린 판사 중에는 두 명의 아랍인이 있었지만, 그는 마치 아랍인들을 주요 피해자로 삼은 폭력 도둑이 아니라 자유 투사인 것처럼 이스라엘 아랍인들 사이에서 신화가 되었다.

도적들에 대한 두려움은 엄청났다. 당시 대부분의 땅은 들판이거나 방목지로 사용되고 있었다. 전통적인 농업은 원시적이었고 사람과 짐승의 노동을 기반으로 했다. 그 시기에 있어서 토지의 경작은 고대적인 방법으로 이루어졌다. 넓은 지역은 늪지대가 되었고, 그 근처 지역은 말라리아의 위험으로 인해 비옥함에도 불구하고 경작되지 않았다. 숲과 방목지는 버려졌고, 지속적으로 통제되지 않는 방목 떼와 소들은 감독 없이 광범위한 지역을 파괴했다.

최초의 유대인 이민과 함께 토지 재건 과정이 시작되었다. 여기에는 늪지 건조화, 도로포장, 황무지를 푸르게 만들고 꽃을 피우는 것을 목표로 한 대규모 조림이 포함되었다. 황폐했던 곳이 사람이 살 수 있는 곳으로 변했고, 황무지 개간은 시온주의의 상징이 되었다.

사막 한가운데에 있는 녹색 국가

이스라엘은 20세기 동안 영토 내 나무의 수가 증가한 몇 안 되는 국가 중 하나다.

수학자 즈비 헤르만 샤피라(Zvi Hermann Schapira) 교수는 1884년 시온주의 회의 마지막 날 무대에 올라 전 세계의 모든 유대인으로부터 돈을 모아 설립하고 싶은 독특한 기금의 목적을 청중들에게 발표했다. 자금의 3분의 2는 토지 매입에 배정되었고, 3분의 1은 보존과 개발에 할애되었다. 19세기 리투아니아의 학자이자 랍비이며 수학자였던 그는 상상 속에서 이스라엘의 불모지를 녹색으로 칠한 사람이다. KKL-JNF(Keren Kayemeth LeIsrael-Jewish National Fund)는 이스라엘 건국 41년 전에 설립되어 나무 심기라는 거대한 프로젝트를 수행했다. 이 프로젝트는 불과 3,500에이커의 숲에서 2017년에는 250,000에이커, 1억 2천만 그루 이상의 나무를 심는 것으로 성장했다.

나무를 심는 이유는 매우 다양했다. 토지 보존과 침식 방지, 황무지 점령, 새로운 이민자 고용, 안보상의 필요성, 나무의 경제적 이용, 유럽의 숲을 이스라엘 땅으로 가져오려는 낭만적인 시도 그리고 녹색 경관을 만드는 것이었다.

나무와 숲은 먼지를 흡수하고 그늘을 만들어 방사선을 줄임으로써 대기의 질에 크게 기여한다. KKL-JNF 숲은 매년 약 50만 톤의 온실가스를 배출하는데, 이는 개인용 자동차 약 7만 5천 대의 연간 탄소 배출량에 해당한다. 농업 지역 가까이에 심으면 비료와 살충제에서 나오는 과도한 화학 물질을 흡수하는 자연적인 장벽이 된다. 수년 동안 조림 프로젝트는 매우 성공적이어서 이스라엘은 삼림 벌채의 세계적인 추세에 역행하는 국제적인 본보기가 되었다.

이스라엘 건국과 함께 강화된 '안보 산림'은 아랍인들의 직접적인 포격으로부터 집과 도로를 은폐할 장벽을 만들 필요성에서 비롯됐다. 이 식목 명령은 초대 총리가 내린 것으로 그때부터 '벤구리온 대로'라고 불리게 됐다고 한다. 현재까지도 팔레스타인 테러 조직이 가자지구에서 총격을 가한 지역에는 사람들을 살해하고 삶을 파괴하지 못하도록 나무를 심고 있다.

독립 전쟁 이후 이스라엘이 이웃 국가들과 맺은 휴전선은 녹색 연필로 그려져 있어 그린 라인이라는 이름이 붙여졌다. 이 사실 때문에 많은 사람들이 그 이름이 이웃 국가들의 사막과 접해 있는 이스라엘의 숲 경계선을 가리킨다고 생각하지는 않는다. 이 믿음은 실제로 지리적 현실과 크게 다르지 않다. 구글 어스 지도는 이스라엘과 이집트의 국경을 경계선을 따라 보여준다. 이스라엘 쪽에서는 녹색이 초목으로 덮여 있고, 이집트 쪽에서는 과도한 방목과 사막화를 막지 못해 땅이 그대로 드러나고 있다. 또한 요르단 사람들의 손에 있던 옛 이스라엘(6일 전쟁 이전)과 유대와 사마리아 사이의 경계선은 녹색과 노란색으로 색상에 따라 쉽게 구분될 수 있다.

"불모지 선"은 한쪽에서 연간 200밀리미터의 비가 내리고 다른 쪽에서는 그보다 적은 강수량을 구분하는 들판으로 정의된다. 불모지 선은 사막과의 경계선 역할도 한다. 불모지 선이 비옥한 땅을 향해 이동하는 것은 사막화의 과정이다. 세계 사막화 위험 지역 지도에서 이스라엘 전체가 빨간색으로 표시되어 있다. 빨간색 표시는 가장 높은 위험을 상징한다.

10년 넘게 이스라엘 남부 사막 경계선(네게브)은 감귤류를 사막 환경에 적응시킨 볼케이노 연구소의 라베(Raveh) 박사의 개발에 따라 감귤류 숲을 대량으로 만들며 투쟁해왔다. 또 다른 방법은 하천에 조성된 인공 흙 제방을 통해 만들어진 홍수를 포착하는 시스템이었다.

숲에 대한 이스라엘인의 감상적인 태도는 자연의 행위이든 인간의 행동이든, 부주의든 고의든, 숲에서 발생하는 맹렬한 화재에 대한 반응에서 표현된다. 숲은 이 땅을 사랑하는 이들의 승리다.

흐르는 시냇물

흐르는 시냇물만이 시온주의자들의 숲과 비교된다. 이 사막 국가에서 흐르는 물은 생명 그 자체일 뿐만 아니라 사람들의 영혼이기도 하다. 최초의 시온주의 개척자들이 늪을 말리고 바다로 흘러가는 하천의 출구를 청소하기 위해 노력하던 시대부터 영웅적인 이야기가 많이 있다. 늪이 마르고 강바닥이 깨끗해지면서 물이 바다로 흘러갔다.

그러나 늘어난 인구 밀도와 엄청난 수요의 증가로 인해 강이 다시 파괴되었다. 생활용수는 식수와 관개 목적으로 하천으로 퍼져 나갔다. 하수와 산업 폐기물이 개울을 따라 흘러갔다. 동식물이 사라지고, 독이 유입되어 생태계를 훼손하는 일이 발생했다. 마카비아(Maccabiah) 참사[65]와 키슨(Kishon) 수중 특공대에 진단된 질병[66]은 균열의 정점이었고 수정의 시작으로 이어졌다.

일반적으로 해안 지역과 특히 알렉산더(Alexander) 강의 하천을 복구하는 가장 어려운 문제는 PA 영토에서 하천이 출발하는 것과 사람들이 하천을 하수의 공급원으로 사용한다는 것이다. 이스라엘 국가가 강을 복구하려고 노력하는 만큼, 그 노력은 팔레스타인 사람들의 선의에도 크게 좌우된다.

그러나 2003년 호주 리버 페스티벌의 일환으로 이스라엘 – 팔레스타인의 알렉산더강 복원 프로젝트가 티에스 국제 강 상(Thiess International River Prize)에서 1위를 차지했다. 이스라엘과 팔레스타인은 성공적으로 협력하여 팔레스타인 도시 나블루스(Nablus)의 수계에서 흘러나오는 하수를 정화했다. 계속되는 정치적 안보 갈등에도 불구하고 당사자들은 협력 협정을 체결했으며 이후에도 계속되었다. 이 계획은 나블루스시의 하수 처리 시스템 계획, 강의 둑 강화, 생태계 복원 지원, 그리고 그곳에 서식하는 희귀 거북이 보호 등으로 이어졌다.

1993년에는 이스라엘 국립하천관리청(National Rivers Administration)이 설립되었다. 이후 본류의 오염물질 양이 60~70% 감소하였고, 대부분의 하천을 복원하기 위한 기본계획이 마련되었으며, 물 관련 법규는 목마른 땅에서 자연이 합법적인 물의 소비자 역할을 하는가에 맞춰 개정되었다.

자연에서 물의 양과 질은 생태계와 생물 종 다양성 보존에 있어서 뗄 수 없는 부분이다. 담수화 플랜트(이 책의 뒷부분에서 설명)의 설립은 수원에 대한 압력을 더욱 감소시켰다.

이스라엘 자연보호협회의 환경 보존 부서의 물과 하천 조정자인 오릿 스쿠텔스키(Orit Skutelsky) 박사는 강에 흐르는 시냇물을 보고 흥분하는 사람들 중 한 명이다. 훌라(Hula) 호수에 멸종된 개구리 종이 다시 돌아왔다는 이야기는 그녀를 눈물짓게 만든다.

스쿠텔스키 박사는 "20세기 동안 전 세계적으로 농업과 개발은 자연 하천과 습지를 희생하면서 이루어졌습니다."라고 말한다. "이스라엘에서도 마찬가지로 습한 서식지와 하천이 마르고 물이 빠지고 하수로 오염되었습니다. 하지만 트라우마는 기회를 만들기도 합니다. 훌라 호수와 그 옆에 있는 늪지가 말라버린 것은 이스라엘 자연보호협회(SPNI)의 설립과 자연의 가치를 보존하고 확립하는 것을 목표로 하는 법률의 추진으로 이어진 중요한 사건이었습니다. 자연 보호를 위한 정부 기관. 이는 또한 이스라엘 최초의 자연보호구역인 훌라 자연보호구역이 설립되는 결과를 가져왔습니다."

훌라 재건 사업의 목표는 상부 갈릴리 키부침(Kibbutzim)과 협동마을의 농업 면적을 늘리고, 물의 증발을 줄여 갈릴리 바다에 도달하는 물을 늘리고, 늪지의 토탄 토양을 화학산업과 유기 폐기물의 원료로 활용하는 것이었다.

15,500에이커의 면적이 건조된 이 대규모 엔지니어링 프로젝트는 8년 동안 지속되었다. 이 프로젝트는 이를 반대하는 시리아인들의 공격을 받았다. 건조가 시리아인들에게 어떠한 피해를 끼치지 않았음에도 불구하고, 폭격으로 인해 이스라엘인 40명이 사망하고 약 100명이 부상을 입었다. 건조의 결과로 추가된 농업 지역에서는 사람들이 땅콩, 옥수수, 목화, 알파파를 재배했다.

수년에 걸쳐 건조 피해가 그 유용성을 초과하는 것이 분명해졌다. 이탄의 토양은 종종 불을 붙였고 몇 주 동안 탔다. 동풍은 다량의 이탄 먼지를 운반했고 다른 곳에 남겼다. 토양의 질산염 화합물이 갈릴리 바다로 유입되어 조류가 증가하고 어류와 수질이 손상되었다. 토양의 질산염은 가뭄 기간 동안 증가하여 농작물에 흡수되어 알파파를 먹인 소들의 죽음을 초래했다.

따라서 1990년대에 약 300에이커의 이탄지를 범람시키고 약 1,200에이커의 공원을 준비하는 프로젝트가 시작되었다. 관광과 보존 가치뿐만 아니라, 홍수는 겨울에 지하수를 배수하고 여름에 이탄 토양의 탈수와 대규모 화재를 방지하는 방식으로 지하수 수준을 제어할 수 있게 해주었다. 범람 지역은 질소가 풍부한 물이 갈릴리 바다로 흘러가는 것을 막아 바다의 파괴를 방지하는 역할도 한다.

홍수 프로젝트는 훌라를 건조시키기 위한 1950년대 프로젝트의 중요성을 손상시키지 않았다. 왜냐하면 약 14,000에이커에 달하는 넓은 늪지대와 고대 호수가 북쪽의 키부침과 모샤빔(Moshavim)에 의해 계속 경작되고 있기 때문이다.

2009년에 아가몬 훌라(Agamon Hula)는 영국 잡지 BBC Wildlife에 의해 세계에서 가장 중요한 10대 동물 관찰 장소 중 하나로 선정되었으며, 스쿠텔스키는 훌라에 의해 개구리(Latonia nigriventer)가 다시 출현한 것에 대해 신나게 이야기했다. 스쿠텔스키 박사는 "잃어버린 종의 귀환은 큰 약속입니다."라고 말했다. "순환의 약속은 우리가 물의 질을 개선하고 습한 서식지와 하천에서 흐름의 안정성을 개선한다면, 하천에서 사라졌던 자연의 가치들이 다시 나타나 복원될 수 있다는 것을 의미합니다."

스쿠텔스키는 아라바(Arava)에서 뱀을 추적하고 보름달 밤에 전갈의 행동을 조사했으며 이제 그녀의 마음과 정신은 하천과 자연 습지 복원 문제에 집중되어 있다. 2015년, 그녀는 이스라엘 자연보호협회의 이름과 이스라엘의 강을 기리는 독립기념일 중앙 기념식에서 성화를 점화했다.

글로벌 생물다양성

네이처(Nature)지에 따르면, 이스라엘은 세계 생물 다양성 보존을 위한 25개의 가장 중요한 지역 중 하나다. 2만 2천 평방 킬로미터에 불과한 작은 면적에도 불구하고, 세계 육지 면적의 2%도 채 되지 않는 자연 보호의 중요한 지역에 포함되어 있다.

이스라엘은 지리적 위치, 세 대륙의 교차점, 그리고 토지 크기에 따른 지형적, 지질학적, 기후적 특성 덕분에 풍부한 다양성을 누리고 있다. 예를 들어, 이스라엘의 야생 식물의 양은 영토가 이스라엘보다 9배 큰 영국보다 1.5배나 많다.

이와 더불어 세계 최대의 조류 이동이 이스라엘 상공에서 이루어지며, 약 5억 마리의 다른 종의 새들이 이동 경로 동안 일 년에 두 번 이스라엘 상공을 통과한다. 그들 중 일부에게는, 전 개체 수가 이스라엘을 통과하는 흰 펠리컨의 경우처럼 이스라엘은 전 세계 개체수의 안전한 통행에 중요한 병목 지점이다. 이건 정말 장관이다!

죽은 언어에서 생생한 예술로

오늘날 이스라엘에서 가장 흔한 표현 중 하나는 사바바(sababa)다. 어떤 사람들은 이 표현의 근원이 북아프리카의 프랑스어를 사용하는 유대인들의 이주에서 왔다고 말한다. 사실은 프랑스인들의 ça va bien 이라는 표현이 사바바가 되었다. 어떤 사람들은 실제 출처가 아랍어라고 말한다. 사바바는 구어체로서 해석하자면 갈망, 열정적인 사랑을 의미한다. 발라간(balagan)이라는 단어는 이쉬푸즈(ishpuz)와 마찬가지로 파르시(Farsi)에서 유래되었다. 키비니마트(kibinimat)와 카츄샤(katyusha)는 러시아에서 왔다. 키오스크(Kiosk)는 터키어의 단어다. 아발(Ahbal), 아흘라(ahla), 바사(Bassa)는 아랍어 단어다. 이처럼 다양한 언어가 혼재해 사용되는 히브리어는 이민자 국가의 살아있는 언어다.

그러나 이 언어들은 오랫동안 사용되지 않았다. 그것은 일상생활에 있어서는 세상에서 거의 자취를 감추었던 성스러운 토라의 언어였기 때문이다. 히브리어는 문자로 보존되어 거의 80세대 동안 주로 기도와 토라 연구에 사용되었다. 여러 나라의 유대인들은 그 지역 언어를 사용했다.

엘리저 벤 예후다(Eliezer Ben-Yehuda)는 독특한 움직임으로 조상의 땅으로 돌아온 유대인들에게 공통 언어로 돌아갈 필요성을 심어주는 데 성공했다. 기념비적인 생애의 작품에서 그는 고대 언어를 새롭게 하고 현대에 맞게 성경에 쓰인 것들과 비슷하거나 그에 기반한 수백 개의 새로운 단어를 창안했다. 1919년에 벤 예후다는 영국 고등판무관 허버트 사무엘(Herbert Samuel)을 설득하여 히브리어를 이스라엘 땅에서 영국 위임통치령의 세 가지 공식 언어 중 하나로 선언하게 하였다. 당연히 히브리어는 신생 국가의 첫 번째 공식 언어가 되었다. 히브리어는 이스라엘의 집단적 권리를 강화하는 강력한 기반이다.[67]

세계화는 오랫동안 세계 대부분의 언어가 사라지는 과정을 주도해 왔다. 민족학자들은 금세기 말까지 세계에 현존하는 언어의 거의 절반이 사라질 것이라는 데 동의한다. 히브리어는 조류에 역행하여 헤엄치는 현상이다.

말하기, 읽기, 쓰기—이스라엘은 1인당 출판 도서 수에 있어 세계 최고의 국가 중 하나다. 이스라엘의 유명 서적 대부분은 원래 히브리어로 출판되어 있어서 독창적인 문학을 생산하는 데 세계 1위를 차지하고 있다.[68]

말하기와 창의성의 언어로서 히브리어가 부활하면서 광범위한 연극 무대를 동반했는데, 대부분의 공연이 이스라엘 원작이었고, 매년 3분의 1 이상의 연극이 새로운 것이었다. 매년 약 500만 명이 이스라엘 극장을 방문한다.[69] 이는 예외적인 숫자다.

세계에서 평가받는 것과 달리, 이스라엘의 극장들과 음악 콘서트들은 대도시의 관객뿐만 아니라 이스라엘 국가의 지리적, 문화적 측면에서도 헌신하는 것으로 보인다. 성인을 위한 연극의 약 절반은 텔아비브와 그 주변 지역들 밖에서 공연되었고, 그들 중 3분의 1은 사회경제적 지위가 낮은 지역에서 열렸다.[70] 이스라엘 극장은 국제적인 임무도 맡았다. 극장들은 정기적으로 해외로 여행을 떠나 수천 명의 외국인 관객을 위한 공연을 선보인다.[71]

이스라엘에는 약 200개의 운영 중인 박물관이 있어 1인당 박물관수에서 높은 순위를 차지하고 있다. 어떤 경우에는 이들은 크고 기념비적인 박물관이며 그중 일부는 세계적으로 중요한 위치를 갖는다. 예루살렘에 있는 야드 바셈(Yad Vashem) 박물관, 이스라엘 박물관, 바이블 랜즈(Bible Lands) 박물관 등 3개 박물관과 텔아비브의 디아스포라박물관이 그것이다.

이스라엘은 예술과 창의성의 많은 분야에서 인상적인 성과를 냈다. 그중 하나가 텔레비전 프로그램을 만드는 것이다. 이 산업은 세계에서 가장 큰 산업 중 하나다. 이 분야의 플레이어는 거대한 회사들이다. 이 산업은 지속적인 통합 과정에 있고, 대기업이 훨씬 더 크게 성장한다. 따라서 작은 회사들은 살아남기 힘든 산업이다.

우리는 소규모 이스라엘 회사인 도리 미디어 그룹(Dori Media Group Ltd.)이 이러한 거대한 시장, 특히 포맷 판매 부문에서 거둔 성공에 깊은 인상을 받지 않을 수 없다. 첫 번째로 성공적으로 배급된 형식은 In Treatment 시리즈였고, 이어서 Traffic Light는 큰 성공을 거두며 미국 에미상을 수상했다. 다른 것들로는 BBC One에서 구입한 The A Word, Who's Still Standing? 등이 있다. 게임쇼, Shtissel, The Game of Chefs, Prime Minister's Children, Touch Away, Heroes 그리고 The Greenhouse가 성공을 거두었다. 이것들은 모두 국제 엔터테인먼트 산업에 판매되는 이스라엘 작품들이다.

도리 미디어 그룹의 CEO인 나다브 팔티(Nadav Palti)는 "우리는 칸에서 열리는 세계 회의와 가장 중요한 회의를 순회하는 잠 못 이루는 사람들이었습니다. 갑자기 다른 사람들을 위한 칵테일을 만드는 사람이 바로 우리가 되었습니다. 그 길은 길고 보람 있었습니다."라고 그는 말한다. "이스라엘 창작자들이 돈을 벌 수 있는 유일한 방법은 세계에서 판매하는 것입니다. 그들은 다른 선택의 여지가 없습니다. 여기 시장은 너무 작아요."

소니가 도리 미디어 그룹의 회사 일부를 인수했을 때, 대형 미디어 회사가 이스라엘에서 비즈니스와 창의성의 존재를 인식한 것은 처음이었다. 그 이후로 다른 이스라엘 회사들은 텔레비전, 컴퓨터 및 게임 세계에서 창작물을 제작하고 판매하는 분야에서 활동하고 있다.

사막에서 승리하기

네게브에서 군사 훈련을 마치고 돌아오는 길에 다비드 벤 구리온 총리는 오두막과 몇 개의 텐트를 보았다. 때는 1952년이었고 이들은 키부츠 스데 보커(Sde Boker)의 첫 번째 개척자들이었다. 그들 중에는 독립 전쟁에 참전한 미국 자원봉사자와 그의 친구들도 있었다. 그들은 그들의 이데올로기를 실현할 텍사스 가축 목장을 상상했다. 네게브를 위해 싸우는 것만으로는 충분하지 않지만 멀리 떨어져 있고, 해는 뜨겁고, 사람이 살지 않는 사막 지역에 정착지를 유지하는 것은 가능하고 필요한 것이었다.

벤 구리온 총리는 바로 다음 날 그들에게 다음과 같이 썼다. "스데 보커와 같은 선구적인 사업을 본 적이 없다고 말하면... 나는 재산이나 사람의 자질이나 속성이 아니라 그 어떤 것도, 누구도 부러워한 적이 없습니다… 제 마음속에는 질투심이 듭니다. 왜 저는 그런 행위에 참여하지 못했을까요?" 벤구리온은 키부츠에 가입했고 총리직에서 사임한 후 죽을 때까지 그곳의 나무 오두막에서 살았다.

수년에 걸쳐 벤구리온은 네게브의 번영을 촉구했으며 이 임무를 가장 중요한 것으로 여겼다. 그는 행동을 촉구했지만 성공을 보지는 못했다. 약 15년 전, 이스라엘 정부는 벤 구리온의 비전 정신에 따라 매우 중요한 전략적 결정을 내렸다. IDF 기지의 대부분을 국가 중심부의 수요 지역에서 네게브로 이전하기로 한 것이다. 이 결정은 양쪽 모두에서 중대한 경제적 의미를 갖고 있다. 국가 중심부의 수요가 높은 지역으로부터 이주한 IDF 기지는 도시 및 주거 지역 건설에 사용될 수 있으며, 네게브는 모든 사회경제적 영향과 함께 많은 새로운 주민을 흡수할 수 있다. 이는 주로 국가 중심부에 있는 IDF의 값비싼 부동산 매각으로 가능했다. 수요가 가장 많은 지역에 새로운 지역을 건설함으로써 수백억 셰켈의 GDP가 일시적으로 증가하는 결과로 이어졌다.

IDF의 네게브로의 이전은 국가 전체뿐만 아니라 이 지역에서도 극적인 변화를 가져왔다. 2030년의 네게브는 예전과 같지 않을 것이다. 공군 기지를 네바팀(Nevatim)으로 이전하는 것으로 프로세스의 첫 번째 단계가 이미 완료되었다. 이 틀에서 긴 활주로를 포장하고, 추가 관제탑을 건설하고, 유지 관리 및 주거용 건물을 건설했으며, 배우자를 위한 직장과 자녀들을 위한 교육 시설을 준비함으로써 남쪽으로 이주한 직업군인을 위한 주택 수요에 필요한 모든 것이 마련되었다.

새 공군기지 개장식에서 조종사들은 "비전을 현실로 바꾸는 일에 참여하게 돼 자랑스럽고, 사막에 꽃을 피우고 네게브로부터 이스라엘 국가를 보호할 것을 다짐합니다."라고 말했다. 당시 공군 사령관 이도 네후슈탄(Ido Nehushtan)은 "믿기 어렵지만 비전이 현실이 됐습니다. 황야는 첨단 작전 인프라가 되었고 사막은 사람으로 가득 찼습니다."라고 축사를 했다.

2단계는 아리엘 샤론 훈련소(Ariel Sharon Training School)라고 불리는 IDF 훈련 센터의 개관으로 완성되었다, 여기에는 식당, 편안한 막사, 시뮬레이터, 스포츠 센터, 연회장 등이 포함되었다. 캠프는 또한 직업군인과 그 가족을 위한 5천 채의 주택, 기술 대학, 상업 지역, 방문객을 위한 모텔, 학교 등의 시설을 갖추었다. 훈련 센터는 훈련의 질을 향상시키고, 가장 혁신적인 기술과 학습 방법론을 흡수하는 동시에 모든 IDF 전투 지원자들의 훈련을 위해 설계되었다.

교육센터는 기업체들과 혁신적인 협력 개념을 바탕으로 건립되었다. 입찰에는 25년 동안 훈련 기지의 계획, 자금 조달, 건설, 운영 및 유지 관리의 내용을 담았다. 입찰은 마밧 네게브(Mabat Negev) 그룹을 설립하여 입찰에 참여한 민라브(Minrav) 회사, 일렉트라(Electra) 및 라드 바이넷(Rad—Bynet) 그룹의 컨소시엄이 수주했다. 민간 기업들은 매우 빡빡한 일정을 유지하면서도 효율적이고 비용 효율적인 경쟁력을 제시할 수 있는 파트너 역할을 했다.

인근 예루함(Yeruham) 시의 시장인 마이클 비톤(Michael Biton)은 훈련 기지가 자신의 도시에 기여한 바를 이렇게 요약했다. "사람들은 제대로 이해하지 못했지만 이것은 엄청난 의미를 갖습니다. 우리는 상업 면적을 4배로 늘릴 입찰서를 발표했습니다." 이는 그 지역에서 유례없는 성장이었다.

벤 구리온 대학과 민간 첨단 기술 단지 가까운 곳에 있는 원격 처리 캠퍼스는 IDF가 네게브로 전환하는 세 번째 단계다. 학계, 군사 기술 단위, 첨단 민간 산업 단지라는 강력한 삼각형을 만들어 각 정점에 가치를 가져다 줄 것이다. 위에서 설명한 고용 이점 외에도 이 프로젝트가 네게브와 베르셰바(Beer Sheva)에서 일반 교육 및 기술 교육 수준을 높일 것이라는 기대는 의심할 여지가 없다.

마지막이자 가장 크고 가장 복잡한 단계는 베르셰바 동쪽에 정보 기지를 설립하는 것이다. 이 기지는 유명한 8200부대를 포함하여 1만 명의 군인과 장교를 수용할 계획이다. 국방부는 IDF 기지가 이전되면 운용 구조상 정보부대와 연계되기 때문에 지역 중심부로 상당한 수의 기술 산업이 유입될 것이라고 언급했다.

IDF는 이스라엘 남쪽으로 이동했는데 이는 미국의 사례를 배운 것으로, 미국의 경우 전국의 대규모 군사 기지들이 메릴랜드 주에 있는 5개 기지로 이전했다. 미군의 목표는 연간 약 70억 달러의 군비를 절약하는 것이었다. 이전 비용은 210억 달러로 추산됐지만 실제로는 350억 달러에 달했다.

이스라엘 국방부, 재무부, 네게브 및 갈릴리 개발부를 위해 컨설팅 회사인 트리거 포어사이트(Trigger Foresight)가 실시한 연구를 통해 2만 7천여 명의 군인들의 남부 이송 계획에 대한 타당성을 검토하였다. 또한 이스라엘은 미군 기지가 메릴랜드로 이주한 경험을 참조하여 주로 소규모 지역 기업들을 군과 같은 규모의 고객사와 연결하는 조정 기관의 모델을 배웠다.

재무부 예산과는 주로 서비스 민영화와 정규직 재배치로 인해 33,000개가 넘는 새로운 일자리가 생겨 네게브 지역의 고용이 크게 늘어날 것으로 예상했다. 이전 사업의 목표 중 하나는 네게브 정착지에서 상대적으로 높은 실업률을 줄이고 남부 주변 지역의 교육 수준과 삶의 질을 높이는 것이다. 벤구리온은 네게브의 번영과 정착을 예언했다. 시간이 걸렸지만 이제 이스라엘 국가는 그의 비전을 실현하고 있다.

기도와 꿈이 가득한 공기

UN과 그 기관들의 투표 결과에 따라 유대인들이 예루살렘과 그 성지에 대해 갖는 친밀감이 결정되지는 않을 것이다. 예루살렘이라는 이름은 성경에 667번이나 등장한다(무슬림 코란에는 단 한 번도 나오지 않는다). 예루살렘에는 정부 기관뿐만 아니라 성지들로 가득하다. 세 가지 유일신교가 서로를 껴안고 질식시키며 서로에게 달라붙어 신성화되고 우상화되는 곳이다. 예루살렘과 그 주변 지역에서는 모든 사람의 노출된 신경 말단이 고통과 손길에 노출되어 있다.

예루살렘에 관한 많은 이야기가 있지만 우리는 중요하지 않고, 신성하지 않으며, 그리 오래되지도 않은 장소에 관한 이야기를 여기에서 하기로 정했다. 예루살렘의 줄리안 스트리트(Julian Street)는 나중에 킹 데이비드 스트리트(King David Street)로 이름이 바뀌었다.

1926년 이후 7년 동안 유대인들은 킹 데이비드 호텔을, 기독교인들은 YMCA를, 무슬림들은 팰리스 호텔(오늘날의 월도프 아스토리아)을 지었다. 이 세 기관은 서로 멀지 않은 곳에 위치하고 있으며 우리는 세 기관의 특별하면서도 공통된 역사와 그 물리적, 경제적 발현에 대해 이야기하고자 한다.

첫 번째는 임기 동안 그곳에 있던 많은 영국군에게 서비스를 제공하기 위해 예루살렘에 YMCA 기독교 센터를 만든 이야기다. YMCA는 앨런비(Allenby) 장군이 이곳을 방문했을 때 문을 열었다. 전 세계적으로 가장 아름다운 YMCA 건물 중 하나로 꼽히는 이 건물은 뉴욕 엠파이어 스테이트 빌딩의 기획자 중 한 명인 아서 루미스 하몬(Arthur Loomis Harmon)이 설계했다. 이 건물은 알비나(Albina), 카틴카(Katinka) 및 두냐(Dunya)에 의해 디자인 되었다. 이들은 하이파 출신의 기독교 아랍인 사업가 조셉 파스칼 알비나(Joseph Pascal Albina)와 매력적인 파트너십을 갖고 있었다. 예루살렘에 살기 위해 온 유대인 건축 엔지니어 바루흐 카틴카(Baruch Katinka), 그리고 리투아니아에서 이스라엘로 이주하여 하이파에 살았던 유대인 투비아 두냐(Tuvia Dunya)가 주도했다. 그들은 YMCA뿐만 아니라 무슬림 팰리스 호텔과 무티 하즈 아민 알 후세인(Mufti Haj Amin al-Husseini)의 집을 포함하여 영국인, 유대인 및 아랍인에 의해 시작된 많은 다른 건물들을 건축했다. YMCA 건물 건설에 고용된 장인 중에는 브잘렐(Bezalel) 예술 디자인 아카데미 출신의 유대인들도 있었다.

그래서 이러한 국가적, 민족적, 종교적인 연관으로 인해 건물은 기독교 모티프와 유대교 및 이슬람교 모티프를 결합하였다. 여기에는 쉐마(Shema) 기도문에 나오는 유대인의 문구인 "우리 하나님은 오직 하나이시니"와 무슬림의 "알라 외에는 신이 없다"가 새겨져 있다. 마당에는 이스라엘 12지파, 예수의 사도 12명, 무함마드의 추종자 12명 등을 상징하는 편백나무 12그루가 있다. 이 건물은 주거용, 위원회, 회의, 문화행사, 스포츠 등의 용도로 사용되었다.

두 번째 기관은 유대인 킹 데이비드 호텔(Jewish King David Hotel)이다. 모세리(Mosseri) 가족은 이집트 사업가 출신의 부유한 유대인 가족이었다. 1929년에 그들은 예루살렘에 고급 호텔을 건설하는 데 파트너와 친구들을 동참시켰다. 그들은 모두 유대인 회중의 지도자들이었다. 이집트 재무장관이자 피티오토 가문의 조셉 드 피치오토 베이(Joseph de Picciotto Bey), 알프레드 남작과 펠릭스 드 메나스(Felix de Menasce) 등이 주요 참여자였다. 이스라엘 땅에 막 적용되었던 영국의 위임통치 아래에서 시온주의 운동과 부유한 기독교 순례자들의 활발한 활동은 모두 호텔의 잠재적인 고객을 의미했다.

그들은 함께 팔레스타인 호텔 주식회사(Palestine Hotels Ltd.)를 설립하여 이집트 증권 거래소에서 주식을 발행했으며, 개인 재산을 투자하고 호텔을 위해 많은 부지를 매입했다. 추가로 필요한 자금은 나중에 이집트 당국에 의해 국유화된 두 개의 이집트 은행에서 가져왔다.

킹 데이비드 호텔은 1930년에 개관했다. 카이로에서 매일 식량을 공급하고 이탈리아 출신 셰프, 수단 웨이터, 스위스 관리 직원을 통해 운영되었다. 유대인 공동체에 대한 일련의 폭동과 아랍 테러 행위, 경제 불황, 아랍 반란은 호텔에 막대한 경제적 피해를 가져왔다. 개장한 지 약 10년 후, 영국 위임통치 당국이 호텔의 남쪽 건물을 임대하였고 비로소 호텔은 손실에서 흑자로 전환할 수 있었다.

1946년 7월, 호텔의 영국 정부 건물은 영국군에게 폭발 의도를 경고하고 대피를 요구했던 이르군(Irgun)[72]에 의해 폭파되었다. 한 증언에 따르면, 영국 행정부의 수장인 존 쇼(John Shaw) 경은 이 사건에 대해 "나는 유대인들의 명령을 받으러 온 것이 아니다."라고 말하고, 사무실에 남아 있던 많은 노동자들에게 메시지를 보내지 말라고 지시했다.

폭격당한 건물은 복구되지 않았고 영국군은 호텔 전체를 점령해 폐쇄된 군사구역으로 만들었다. 영국군이 팔레스타인을 떠났을 때 버려진 호텔은 이스라엘군 진지와 요르단군 진지 사이의 경계선이 되었다. 처음에는 적십자가 여기에 거처를 마련했고 나중에는 좀 더 안전한 YMCA 건물로 이주했다. UN 깃발은 계속되는 요르단 총격을 막지 못했고 UN 요원이 떠나자 하기나(Haganah)73는 호텔을 장악하고 구시가지 성벽 맞은편에 가판대를 세웠다. 전투가 끝난 후 국경선은 호텔과 구시가지 성벽 사이에서 몇 미터 이동했다.

1958년 단(Dan) 호텔 체인의 소유주인 페더만(Federman) 가족은 이스라엘 호텔 회사의 주식 절반을 매입하고 현대적인 요소를 도입하여 호텔을 개조했다. 그러면서 그들은 원래의 스타일과 디자인을 보존하기 위해 주의를 기울였다. 킹 데이비드 호텔은 원래 건축업자들이 계획한 대로 정부 서비스를 위한 고급 호텔이 될 예정이었다. 이스라엘 정부의 공식 손님들이 묵었고, 이스라엘과 예루살렘의 대표 호텔로서의 자리를 지킬 수 있었다.

***

이러한 움직임에 아랍인들은 분노했다. 예루살렘의 무프티(mufti)는 거룩한 이슬람의 이름으로 개인적 모욕을 당했다고 생각했다. 그들은 YMCA 건물 건축의 시작을 보았고, 고급 호텔을 짓겠다는 유대인들의 의도를 들었다. 하지만 그들에게 결코 뒤처지지 않겠다고 다짐했다. 무프티 알 후세이니(Mufti al-Husseini)가 이끄는 최고 무슬림 위원회는 경쟁적인 고급 호텔 건립을 위한 입찰을 발표했다.

유대인 계약 회사인 알비나, 두냐, 카틴카는 아랍 기독교 감독을

아와드(Awad)라는 아랍 무슬림 감독으로 교체한 후 입찰에서 승리했다. 알 후세이니가 설정한 목표는 빠른 속도로 건설을 완료하고 유대인이 차지하고 있는 주도권을 앞지르는 것이었다.

건설 현장에는 약 400명의 무슬림 노동자와 약 100명의 유대인 노동자가 고용됐고, 유대인 예술가 슈무엘 멜닉(Shmuel Melnik)이 벽화와 천장을 그렸다. 그 땅은 와크프(waqf, 종교적 목적을 위한 이슬람 성역)였지만 이슬람 세계에서 돈을 모은 알-후세이니에게는 이것이 문제가 되지 않았다. 건물은 유대인 킹 데이비드 호텔이 개장하기 1년 전에 완공되었다.

호텔은 아름다웠다. 홀에는 둥근 계단과 대리석 기둥이 있었다. 건물 전체는 조각된 아라베스크로 장식되었으며 고대와 현대의 다양한 해석이 담긴 아랍어 비문이 새겨져 있었다. "우리는 그들이 했던 것처럼 건설할 것입니다." 이 행사에는 아랍인, 유대인, 영국 고위 인사들이 참석했다. 하지 아민 알-후세이니는 작업 속도와 품질에 대해 유대인 계약자들을 칭찬했다. 호텔 운영을 위해 아랍 고등 위원회는 유대인 호텔 사업가 지브(Zeev, 이후 George) 바르스키(Barsky)를 내정했다. 호텔은 킹 데이비드 호텔과의 치열한 경쟁으로 개장한 지 얼마 되지 않아 문을 닫았고, 영국인들이 임대해 관저로 사용했다. 그들은 아름다운 활 조각상을 막고 처마에 철조망을 감아 건물의 웅장함을 지워버렸다.

이스라엘 국가가 설립되면서 이 건물은 이스라엘 정부 소유가 되어 그 안에는 다양한 사무실이 자리하게 되었다. 오랜 세월 동안 산업통상자원부가 위치했고, 지금은 경제부가 한때 처참하게 방치되었던 건물에 자리를 잡았다. 2006년에 유대인계 캐나다인 라이히만 형제(Reichmann

Brothers)가 이 호텔을 구매했고 건물 외관, 거대한 아치 및 석재 조각을 보존하는 데 중점을 둔 대대적인 개조 후 월도프 아스토리아 예루살렘 (Waldorf Astoria Jerusalem)이라는 이름으로 다시 문을 열었다.

***

결국 유대인, 기독교인, 무슬림 중 누가 승리했나? 모든 사람이 세 개의 인상적인 건물의 로비에 앉아 지상의 예루살렘의 화려함을 즐기도록 초대되었다. 객실에서 보이는 전망은 조명이 켜진 구시가지의 벽을 내려다볼 수 있다. 그들은 통곡의 벽까지 걸어가서 기도할 수도 있고, 알 아크사 모스크나 예수 탄생 교회에 갈 수도 있고, 토요일에 운행하지 않는 경전철 노선에서 자전거를 탈 수도 있다. 그곳은 단지 세 가지 종교가 통하는 성스러운 도시의 거리일 뿐이다.

이게 정치에 관한 이야기인가? 아니면 경제? 전쟁? 평화에 관한 이야기인가? 이스라엘로 들어오는 대부분의 관광은 예루살렘에 집중되어 있다. 이스라엘 관광객 수가 가장 많은 도시가 에일라트(Eilat)라면, 외국인 관광객의 여왕은 예루살렘이다.

텔아비브, 글로벌 도시

"텔아비브는 이스라엘의 뉴욕이 될 것입니다." 이것이 도시 창립자 중 한 명인 아키바 아리에 바이스(Akiva Aryeh Weiss)가 비전이라며 1909년 아후잣 바잇(Ahuzat Bayit) 창립 회의에서 한 연설이다.74 그들은 꿈꾸는 자들의 무리로 거기에 서서 모래 언덕을 다니며 최초의 히브리 도시 건설을 꿈꿨다. 그로부터 100여 년이 지난 지금, 나(Noga Kainan, 저자)는 텔아비브 시장인 론 훌다이(Ron Huldai)의 사무실에 앉아 있고, 우리는 이 비전의 실현과 테오도르 헤르츨(Theodor Herzl)의 비전에 대해 논의하고 있다. "텔아비브는 헤르츨의 유대 국가 비전에 가장 가까운 모델입니다."라고 홀다이는 말한다. "텔아비브는 이스라엘 민주주의와 합리적 사고의 보루이며, 모든 소수자를 위한 보금자리이자 세계 누구에게나 열려 있는 곳입니다. 세계에서 가장 아름다운 해변 중 하나이자 세계적 수준의 건축학적 매력을 지닌 곳입니다. 트래블러 다이제스트(Traveler's Digest)에 따르면 텔아비브는 가장 아름다운 여성과 남성이 있는 10대 도시 중 하나이며, 동성애자 친화적이며 모든 이스라엘 사람들을 위한 집입니다. 이곳은 이스라엘의 문화와 삶의 질의 원천이자 중심입니다. 거품이라고 불리기도 하는 이 도시는 모두를 위한 도시입니다. 도시는 주민들이 즐길 수 있을 만큼 많은 것을 제공하기 때문에 그곳에 살 수 있는 한 밀도, 소음, 생활비 등의 모든 불이익을 기꺼이 감수할 것입니다."

시장실에서 이야기를 나누던 그날 보안군은 도시 어딘가에 숨어 있는 테러리스트를 쫓느라 분주했다. 그렇다고 해서 도시 사람들이 돌아다니는 것을, 아이들이 유치원과 학교에 가는 것을, 시장이 밤낮으로 걸을 수 있는 텔아비브 거리의 안전에 대해 이야기하는 것을 막지는 못했다. 그는 "테러 사건은 세계 모든 대도시에서 오늘날 생활의 일부입니다. 하지만 이스라엘 전체와 마찬가지로 텔아비브에도 테러리스트를 상대하는 데 능숙하고 경험이 풍부한 주민들이 있습니다."라고 말했다.

비가 내리는 거리와 수정처럼 반짝이는 불빛을 보면서 나는 시장의 경력을 떠올렸다. 그는 이스라엘 공군의 전투 조종사와 지휘관에서부터 히브리 헤르츨리야 체육관의 관리와 최초의 히브리 도시인 이스라엘의 뉴욕 시장으로서의 장기적인 성공을 거둔 전형적인 이스라엘인이다.

텔아비브는 '글로벌 도시'다. 이 용어는 사회학자이자 경제학자인 사스키아 사센(Saskia Sassen)에 의해 만들어졌으며 특정 국가 및 지역의 물리적 위치를 넘어 경제적, 사회적, 문화적 그리고 정치적 영향력을 가진 도시를 설명하기 위해 고안되었다.

글로벌 도시 순위를 매기는 컨설팅 회사인 GaWC(Globalization and World Cities Research Network)는 텔아비브를 코펜하겐, 베를린, 스톡홀름, 로마, 프라하와 함께 베타 플러스 그룹에 포함시켰다. 예루살렘과 하이파는 적절한 수준으로 평가되었다. 이스라엘의 이 세 도시를 순위에서 보는 것은 우리에게는 쉽게 상상되지 않는 일이다. GaWC의 글로벌 순위에는 오사카, 리우데자네이루, 라스베이거스, 뮌헨과 같이 더 크고 강력한 도시들이 전혀 포함되지 않았다.

그럼에도 불구하고 텔아비브에는 글로벌 도시의 특성이 많이 부족한 것이 현실이다. 뉴욕의 UN이나 비엔나의 원자력위원회 같은 세계적 수준의 정부 기관도 없고, 뉴욕, 런던 또는 프랑크푸르트의 증권거래소 같은 세계적 수준의 금융기관도 없다. 글로벌 기업의 해외 본사가 집중되어 있지는 않지만 그래도 무언가들이 있기는 하다.

2012년 10월, 국제 컨설팅 회사인 BAV는 국제 브랜드 등급을 발표했다. 뮤지컬 밴드부터 자동차, 신문에서부터 기술 아이콘에 이르기까지 많은 사람들을 휩쓸 수 있는 브랜드의 눈부심을 이끌어내기 위해 많은 것들이 반영되었다. 텔아비브는 미국에서 가장 인기 있는 브랜드의 90%보다 더 매력적인 것으로 나타났다. 텔아비브 브랜드는 트위터나 롤링 스톤즈보다 더 흥미롭고, 미국에서 월스트리트저널과 아우디 차량 등을 포함한 인기 브랜드들의 75%보다 더 혁신적인 것으로 인식되었다. 애플, 유튜브, 내셔널지오그래픽처럼 독특하고 대담하며 독립적인 것으로 브랜드로 평가받았다.

2015년 10월, 잡지 '리빙 360'은 텔아비브를 암스테르담, 베를린, 리우데자네이루 등과 함께 세계 10대 쾌락주의 휴가지 중 하나로 묘사했다. "텔아비브는 젊은이들의 관심을 끌고 있으며, 이 젊은이들은 도시의 문화, 밤의 유흥, 패션을 즐기고 있다."라고 썼다. 텔아비브는 "중동의 마이애미"로 알려져 있으며, 아름다운 해변과 섹시한 연예인들을 보고 나면 그 이유를 이해하기 어렵지 않다고 잡지는 결론지었다.

월스트리트 저널은 2012년에 텔아비브가 세계에서 가장 혁신적인 25개 도시 중 하나라고 발표했다. 론리 플래닛(Lonely Planet)은 텔아비브를 항상 축하행사가 있는 도시 중 하나로 설정했다. 최고의 여행 잡지인 콘데 나스트(Conde Nast)는 건축 애호가를 위한 상위 10개 도시에 텔아비브를 선정했으며, 유네스코는 바우하우스 건물의 건축과 관련된 4천 개 이상의 구조물이 있는 "백색 도시" 지역 때문에 텔아비브의 일부 지역을 세계 문화 유산으로 지정했다.

글로벌 스타트업 생태계(Global Startup Ecosystem)는 텔아비브를 성과, 재무, 인재, 시장, 스타트업 경험이라는 5가지 주요 구성요소를 기준으로 전 세계 상위 20 스타트업 생태계로 선정했다.[75] 텔아비브는 미국 외 국가에서 세계 1위 스타트업 도시로 꼽혔고, 전 세계 순위로는 5위를 기록했다. 이어 런던이 6위, 베를린이 9위, 싱가포르가 10위를 차지했다.

텔아비브가 성공의 깃발을 들고 있는 두 가지 주제는 한편으로는 엔터테인먼트이고, 다른 한편으로는 기술 혁신의 도시라는 것이다. 어떤 이들은 둘 중 하나를 선택해서 하나의 정체성을 가져야 한다고 주장한다. 아니면 아마도 둘 사이의 연결을 유지해야 할지도 모른다. 어쩌면 스타트업, 기술 그리고 혁신이 요즘에는 섹시하고 쿨할 수도 있다. 그리고 어쩌면 낮의 괴짜들이 밤에는 삶을 즐기는지도 모른다.

Part 02

사회경제적 요소로서 안보의 필요성

CHAPTER | **06 군사 및 민간의 힘**

　이스라엘의 국방 수요(연간 GDP의 약 5%)에 막대한 예산 지출로 인해 교육, 복지, 보건에 투입될 수 있는 상당한 자원이 소요되고 있다. 그러나 군대는 전문 지식을 전수하고, 리더십과 우수성의 자질을 개발하며, 숙련된 인력을 양성하고, GDP 성장과 수출 성장의 원천인 기술 개발과 방위산업에 기여하고, 사회통합 / 교육 / 의료 / 고용 / 정착 등 경제와 사회에 간접적으로 상당한 기여를 하고 있다.

　히브리어로 "피"는 피와 돈, 인간의 삶과 부(富)라는 두 가지 의미를 담고 있다. 우리는 이 책에서 안보의 필요성과 관련된 군사적 측면을 다루지 않을 것이다. 이스라엘은 오로지 자기 방어만을 목적으로 하는 군사 강국이지만, 안보상 필요성과 그에 따른 비용에 대해서는 해결책을 찾아야 한다. 테러와 사이버 위험을 방지하기 위한 항공, 지상 및 해상 방어를 위한 군사 솔루션 산업은 이스라엘에 높은 보안 수준을 제공하는 것 외에도 광범위한 수출을 통해 수익을 가져다 준다. 이는 이스라엘에서 열린 제4차 국토 안보 및 사이버 테러 국제 회의에서 여실히 드러났다. 150개 이상의 이스라엘 기업이 현장에 참석했고, 해외에서 온 약 1,500명의 내빈과 바이어 및 전문가들이 방문했다.

　이스라엘의 군사력 덕분에 전투나 테러 공격 중에도 이스라엘 경제는 평소와 같이 운영될 수 있다. 2차 인티파다 동안 460건의 살인 테러가 거리에서 발생했다. 이스라엘 자본 시장에 대한 주요 테러 공격의 영향을 조사한 흥미로운 연구76에서는 공격 후 주가가 어느 정도 하락했고 그 직후에는 비율이 조정되었다. 공격에 대응한 표적 살해에도 주가는 영향을 받지 않았다.

이 주제에 대해 수행된 또 다른 연구77에서는 이 기간 동안 각 공격에 대한 민감도가 증가했지만 특별한 변화는 발견되지 않았다고 말한다. 시장은 테러와 함께하는 삶에 적응했고, 투자자들은 계속해서 이스라엘 시장을 신뢰했다. 예를 들어, 프로텍티브 에지(Protective Edge) 작전은 50일 동안 지속되었으며 그 기간 동안 일부 이스라엘인이 징집되었지만, 이스라엘 경제는 그해에 2.3%의 실질 성장을 했다. 프로텍티브 엣지 기간 동안 자본 시장의 행동은 이스라엘과 해외에서 온 경제 공동체의 안전을 이스라엘 국가와 경제 차원에서 입증한다.

오늘날 이스라엘은 자국 영토 내에서 테러 현상이 발생하고 있는 서구 세계와 비교했을 때 예외적이지 않다. 우리는 전 세계적으로 선진국과 후진국, 부유한 국가와 가난한 국가, 중동 분쟁에 연루된 국가와 그로부터 단절된 국가에서도 테러리스트 활동을 목격하고 있다. 이러한 테러리즘의 배치는 이스라엘을 전 세계가 직면한 문제에 성공적으로 대처하는 "정상적인" 국가로 만들었다. 이스라엘 경제는 테러와 전쟁을 억제하는 방법을 알고 있기 때문에 군사력에 대한 투자는 사상자와 경제적 위험을 줄이는 투자로 볼 수 있다.

정글 내부

지난 수십 년 동안 아랍 세계는 국가뿐만 아니라 씨족, 부족, 민족, 종교 등 충성심과 소속 집단 기준으로 나뉘어 있었다는 것을 보여준다. 현대 아랍 국가들의 지역 민족주의는 '시리아 민족', '이라크 민족', '리비아 민족', '예멘 민족' 등을 만드는 데 실패했다.

아랍 세계도 인구통계학적 분야에서 중요한 과정을 경험하고 있다. 월스트리트의 고위직 분석가이자 포브스 매거진의 칼럼니스트이고 유명한 스펭글러 칼럼니스트인 데이비드 골드만(David Goldman)의 글은 정치 지도자, 투자자, 정보기관들이 읽는다. 그의 저서 『문명은 어떻게 죽어가는가(How Civilizations Die)』[78]에서 골드만은 문명의 종말을 초래하는 분위기를 분석하고 이슬람 세계의 위협에 대비할 수 있는 새로운 방법을 자유세계에 제시한다. 골드만은 아랍 세계에 만연한 인구통계학적 추세를 주의 깊게 분석했는데, 무엇보다도 대부분의 아랍 국가 특히 이란의 급격한 출산율 감소를 무엇보다 중요하게 보았다. 그는 아랍의 봄과 다아쉬(이슬람국가)의 부상 이전에, 많은 아랍 국가들이 출산율의 급격한 감소와 아랍 문화가 현대 세계와 조화를 이루는 데 겪는 어려움으로 인해 문화적, 경제적 붕괴를 향해 나아가고 있다고 결론 내렸다.

골드만은 국가의 진정한 힘은 현대 시대, 세계화, 그리고 개방적이고 변화하는 일련의 인식과 아이디어에 직면할 때 드러난다고 믿는다. 이슬람의 위계적이고 경직된 사회 구조는 교육, 도시화, 여성의 지위 변화, 전통 약화 등의 사회 변화 과정에 적응하기가 어렵다. 이슬람은 타협을 알지 못한다. 이슬람의 인식은 총체적이다. 전부 아니면 전무, 믿음 또는 이단, 완전한 항복 또는 절대 승리의 이분법적 사고다.

이슬람교도와 급진 이슬람주의자 사이의 구별은 서양의 사고와 그 결과에 의해 요구되는 인간의 개방성과 수용 사이를 조화시킬 수 있는가에 따라 결정되는데, 이는 이슬람과 서구 사이의 증가하는 갈등 요인이다. 이러한 기준은 서구가 이슬람교도들을 비난하지 않고도 급진 이슬람주의자들을 박해할 수 있도록 허용하기 위한 것이다. 그러나 이러한 구별이 실제로는 반드시 존재하는 것은 아니다. 이슬람교도들은 이방인에게 이질적인 서구의 문화 관습과 전통을 강요한다. 이에 따라 다양한 문화로 존재하고자 했던 것이 문화전쟁으로 발전하고 있다.

블라디미르 푸틴 러시아 대통령은 러시아 내부의 이슬람 위협과 관련하여 확고하고 분명한 입장을 견지하고 있다. 푸틴 대통령은 2015년 8월 러시아 의회 두마 연설에서 다음과 같이 강조했다.

러시아에 사는 사람들은 러시아인처럼 살아야 합니다. 모든 러시아 소수민족이 러시아에서 살고 싶고, 러시아에서 일하고 먹고 싶다면, 러시아어를 말하고 러시아 법을 존중해야 합니다. 그들이 법보다 샤리아를 선호하고 무슬림의 규칙에 따라 생활한다면, 우리는 이것이 법인 나라로 가라고 조언합니다. 러시아에는 무슬림 소수 민족이 필요하지 않습니다. 소수 민족에게는 러시아가 필요합니다. 그들이 아무리 '차별'을 외쳐도 우리는 그들에게 특별한 권리를 부여하지 않을 것이며 그들의 뜻에 맞게 법을 바꾸려고 하지도 않을 것입니다.

서구, 특히 유럽은 한편으로 인간-세계-민주주의적 인식과 민족주의-분리주의적 인식의 부상 사이에서 양극화되고 있다. 테러 활동을 하고 서구사회 내에서 통합을 꺼리는 공격적 이슬람 행위는 무슬림에 대한 민족주의적 인식을 강화하고 무슬림 자신들에게 해를 끼친다.

앙겔라 메르켈 총리는 2017년 연설에서 이슬람 테러가 독일의 가장 큰 위험이라고 말하며 "우리나라에서 보호를 구한다고 주장하는 사람들이 테러 행위를 자행하는 것은 특히 역겹습니다."라고 혐오감을 표명했다. 서구사회의 결단력 부족과 사실에 대한 부정은 발효를 거쳐 폭발을 일으키고 있다.

어쨌든 이스라엘은 더 이상 이슬람과 접해 있는 서방 세계의 유일한 "전선 전초기지"가 아니다. 투쟁의 노선은 이스라엘을 우회하여 현재 프랑스, 벨기에, 독일, 미국 및 기타 서방 국가에서 전개되고 있다.

이스라엘은 더 이상 중동에서 유일무이한 이슬람 지역의 "살 속의 가시"가 아니다. 시아파 아랍인과 수니파 아랍인 사이의, 페르시아인, 쿠르드인, 투르크인, 투르코만인, 알라위인, 후티족 사이에 벌어진 악랄한 전쟁은 이루 말할 수 없는 잔인함과 셀 수 없이 많은 죽음으로 무슬림에 의해 무슬림의 피를 흘리고 있으며, 이는 이스라엘과의 모든 전쟁에서 죽은 사람들의 30배에 달하고 있다. 이에 따라 아이러니하게도 오늘날 이스라엘은 중동에서 가장 강력하고 안정적인 존재가 되어가고 있다.

이집트와 요르단은 모두 이스라엘과 평화 협정을 맺었으며, 이 협정은 그곳의 정부가 바뀌었음에도 유지되고 있다. 이러한 평화 협정은 현재의 중동 혼란을 고려할 때 전략적 협력이 되었고, 어떤 면에서는 사우디아라비아 및 걸프 지역 국가들과의 암묵적인 이해로까지 확대되었다.

이슬람 전쟁들은 종식을 서두르지 않고 있으며 이러한 이슬람 내부 갈등은 이스라엘에 대한 위험을 감소시키고 있다. 지정학 평론가인 가이 베초르(Guy Bechor) 박사는 "한때 우리의 가장 큰 단점으로 인식되었던 '외국인'이 이제는 우리의 가장 큰 장점이 되었습니다. 우리는 수니파도 시아파도 아니며, 급진적인 이슬람교도도 아니고, 흔들리는 아랍 정권들도 아닙니다."79

2017년 현재 '지평선 너머' 위협으로 불리는 이란의 위협과는 별개로 또 다른 위협이 존재한다. 바로 '비대칭 전쟁'이라는 전술적, 비전략적 위협이다. 이는 한 나라의 조직화된 군대가 게릴라전에 맞서는 상황을 의미한다. 테러리스트 게릴라전의 특징은 민간인을 살해하고 민간인에게 피해를 주어 승리하려는 욕망이다. 이러한 테러 게릴라 조직은 민간인 사상자를 최소화하려는 이스라엘 국가의 인도주의적 방어군인 IDF와 대결한다. IDF는 이러한 상황에 대비해 훈련되어 있지만, 이것은 다시 생각하기가 필요한 또 다른 종류의 전쟁이다.

이스라엘에서 사는 것은 위험한가요?

버락 오바마 전 미국 대통령은 2015년 6월 21일 트위터에 이렇게 썼다. "인구 기준으로 우리(미국인)는 일본의 297배, 프랑스의 49배, 이스라엘의 33배의 비율로 총으로 서로를 죽입니다." 오바마 전 대통령은 이스라엘과 관련한 데이터에는 테러 공격으로 사망한 사람들도 포함되어 있다고 언급했다.

팔레스타인 테러리스트들의 거듭된 테러 행위에도 불구하고 이스라엘의 거리에서 살해될 확률은 미국의 거리에서 살해될 확률의 3%에 불과하다.

팔레스타인 테러의 새로운 물결이 시작된 지 약 6개월 뒤인 2016년 3월 예루살렘에서 국제 마라톤이 열렸다. 예루살렘 시장인 니르 바르카트(Nir Barkat)는 64개국에서 온 2,615명의 해외 주자들을 언급하며 이렇게 말했다. "예루살렘이 테러의 물결을 겪는 해에 열리는 마라톤 대회에서 해외 참가자들의 숫자가 기록을 경신했습니다. 이는 예루살렘의 힘과 이스라엘 수도에 대한 세계의 신뢰를 보여주는 증거입니다."

이스라엘 시민들에게 끊임없이 일상과 실존의 위협감을 불러일으키는 무기로 이스라엘인을 공격한다는 팔레스타인인에 대한 언론 발표에 의해 만들어진 인식과 비교적 평온한 현장의 현실 사이에는 큰 차이가 있다.

미국에서는 9·11 테러를 제외하면 대부분의 살인과 공격이 테러리스트에서 비롯된 것이 아니다. 유럽은 다르다. 자살폭탄 테러는 니스, 브뤼셀, 베를린, 이스탄불, 런던, 바르셀로나, 마드리드 등 기타 잘 알려진 여러 도시에서 발생했다. 글로벌 테러 지수(Global Terrorism Index)[80]에 따르면 주요 테러 피해자들은 많은 수의 무슬림 난민을 흡수한 국가들이다.

이스라엘에 살고 있는 대규모 무슬림 소수민족은 거의 존재하지 않는 미미한 수의 공격에 연루되어 있다. 이스라엘 안보국 보고서[81]는 "테러 공격에 이스라엘 아랍인이 개입하는 일이 올해 증가세를 보이고 있지만 계속해서 미미한 수준"이라고 지적한다. 사실 이스라엘은 건국 이후 가장 평온한 시기를 겪고 있다. 최근 몇 년간 전쟁, 적대 행위, 테러로 인한 사망자, 군인, 민간인의 수는 주민 10만 명당 평균 2명꼴로 발생하고 있다.

전쟁이나 테러로 사랑하는 사람을 잃은 가족에게는 통계적으로 위로가 되지 않지만, 국가의 힘과 안정의 차원에서 볼 때 인구 대비 사망자 비율은 매우 중요하다. 중동에서는 상황이 변하고 모든 것이 유동적이지만 이스라엘의 지정학적 상황은 이보다 더 좋았던 적이 없는 것 같다.

팔레스타인 문제

우리는 모든 집단이 스스로를 정의할 권리가 있다고 믿으며, 이를 방해하거나 조장하는 것은 이스라엘인으로서 우리의 역할이 아니다. 팔레스타인의 미래는 그들에게 달려있다. 그러나 서구 세계를 마주하면서 그들은 스스로를 독립 국가를 가질 자격이 있는 자유 투사 국가인 고대 가나안 민족의 후손으로 내세운다. 이에 반해 무슬림 세계와는 달리 그들은 자신들을 최근 세대에 팔레스타인으로 이주한 아랍 국가 출신이며, 성지에서 유대인 이교도들에 맞서 범이슬람 전쟁을 계속하는 지하드 전사들로 보고 있다. 팔레스타인 사람들은 두 가지 서사를 동시에 진행하는 것처럼 보인다.

7세기 이래로 이스라엘 땅에는 무슬림 아랍인들이 있었다. 하지만 오늘날 존재하는 인구나 인식적인 측면과는 달랐다. 현재 팔레스타인 인구의 대부분은 유대인 공동체가 설립되는 동안 많은 일자리가 창출되었던 시온주의 초기에 이스라엘에 도착한 이주 노동자들로부터 유래한다.

가자지구의 하마스 내무장관인 파티 하마드(Fathi Hamad)는 알자지라 생방송에서 그의 형제들과 깊은 감동을 나누며 "모든 팔레스타인인은 이집트, 사우디아라비아, 예멘 또는 다른 곳에서 왔든 자신의 아랍 뿌리를 증명할 수 있습니다."라고 말했다. "몇몇은 사우디아라비아나 예멘, 또는 다른 나라 출신입니다... 저는 반 이집트인입니다. 알−마사리(al−Massari)라는 이름으로 30개의 씨족이 있습니다... 그들은 이집트, 알렉산드리아, 카이로, 마사완, 데이르 시드에서 온 아랍인들입니다. 그들은 모두 지하드 전쟁을 위해 왔습니다."[82]

테러 파타(Fatah) 운동가였던 왈리드 슈바트(Walid Shoebat)는 텔레비전 인터뷰에서 다음과 같이 말했다.[83] "팔레스타인에서 내가 아는 모든 사람들은 자신의 뿌리를 증조부가 왔던 나라까지 추적하는 방법을 알고 있었고, 비록 그들이 우리에게 가르치려고 했지만 우리의 기원이 가나안인이 아니라는 것을 잘 알고 있었습니다."

시온주의자들이 이스라엘 땅에 가져온 경제적 번영으로 인해 그 지역의 아랍인들이 이스라엘 땅으로 대규모로 이주하게 되었다. 1930년에 영국 희망 심슨 위원회(the British Hope Simpson Commission)[84]는 아랍인의 팔레스타인으로의 대규모 이민을 중단할 것을 권고했다. "이민국 최고 책임자는 시리아와 팔레스타인 북부 국경을 통과하는 불법 이민이 중요하다는 점을 지적했습니다. 이 질문은 이미 논의되었습니다. 이러한 불법 이민을 막는 것이 어려운 문제일 수 있지만, 제안된 정책이 채택된다면 이를 위한 조치를 취해야 하며 또한 요르단 횡단 이민자들로 인해 실업자 명단이 늘어나는 것을 방지해야 합니다."[85] 1939년 이스라엘 땅을 담당한 영국 식민지 비서였던 윈스턴 처칠(Winston Churchill)과 하우란 지방의 주지사였던 타우픽 베이 알 후라니(Tawfik Bey Al−Hourani) 등도 비슷한 증언을 했다.

이슬람 시대가 시작된 이래로 이스라엘 땅에 아랍인들이 있었다는 것은 의심의 여지가 없다. 그들 중에는 이슬람으로 개종한 유대인, 아라비아에서 온 유목민, 일부는 19세기 초 튀르키예인들로부터 이 땅을 정복했을 때 건너온 이집트인들이 있었다. 그러나 그 수가 적었고, 5장에서 제시한 증거에 따르면 시온주의 사업이 시작되기 전까지 그 땅은 대체로 황폐한 상태였다.

팔레스타인과 평화를 이루거나 심지어 영구적인 협정을 맺을 가능성은 그 어느 때보다 더 멀어 보이지만 희망은 있다. 양측의 정치인들이 더 이상 해결책을 찾을 수 없는 곳에서는 경제가 양측의 분명한 이해관계를 연결해주는 다리 역할을 하는 것 같다. 경제성장은 종종 어떤 정치적 해결책보다 더 효과적이며 현실적인 해결책이다.

멜라녹스(Mellanox)의 CEO인 에얄 왈드만(Eyal Waldman)에 따르면 정치인들이 해결할 수 없는 문제를 민간 부문이 더 잘 해결할 수 있을 것이다. 이는 공동의 이익을 창출함으로써 발생할 수 있다. 왈드만은 말뿐만 아니라 실제로 행동한다. 멜라녹스는 라말라(Ramallah)와 나블루스(Nablus)에서 60명의 팔레스타인 하이테크 전문가를 고용하고 있다. 또한 가자지구에 있는 개발 센터에 첨단 기술인력을 채용하기 시작했다. "가자지구에서 우리를 위해 모집하는 사람들은 라말라와 나블루스 출신의 사람들입니다. 그들은 연결고리를 만들고, 인터뷰하고, 직원들을 배치합니다."라고 왈드만은 설명한다. 그는 다른 하이테크 이스라엘 기업들도 뒤따르기를 바라고 있다. "그것이 평화를 가져올 것입니다... 멜라녹스의 팔레스타인 노동자들은 가자지구 작전 중에도 일했습니다... 그들은 우리를 좋아하지 않지만 우리는 잘 지냅니다. 사실, 문화적 문제가 있고 격차를 해소해야 하지만 해결 가능합니다. 앞으로는 그들이 우리와 함께 얻은 경험을 실행하고, 그들만의 스타트업과 첨단 기술 회사를 세울 수 있기를 바랍니다."

유대와 사마리아의 전략적 요충지에는 팔레스타인 정착촌이 많이 있다. 젊은 중산층을 위해 라말라 옆에 새로운 팔레스타인 도시인 라와비(Rawabi)가 건설되어 번영과 지속적인 평화의 삶에 대한 희망을 보여주었다. 희망을 가져보자.

07 국민의 군대의 사회적 가치

삶의 학교

이 장을 여는 데는 본토 사령부 장교가 아닌 전투 장교 과정을 밟고 싶어하는 젊은 여군 리아 타미르(Lia Tamir)가 쓴 편지보다 더 적합한 방법은 없을 것 같다. "우리의 미래는 우리의 행동, 믿음 그리고 국가에 소속되어 있는 모든 사람들을 성장시키고 발전시키려는 열망에 있습니다."라고 19세 소녀는 썼다. "우리 삶의 대부분의 상황에서 우리는 주변 환경에만 영향을 미칠 수 있지만, 우리 자신보다 더 큰 일을 할 수 있는 때와 장소가 있습니다. 나는 IDF가 이런 곳이라고 생각합니다. IDF는 아침에 일어나서 당신이 좋든 싫든, 군인이든 지휘관이든, 종교적이든 세속적이든, 가난하든 부자든, 유대인이든 아니든, 주변의 더 많은 사람들을 걱정해야 하는 곳입니다. 우리 모두는 하나가 되기 위해 우리가 가진 것을 포기합니다. IDF는 그러한 희생을 당연한 것으로 여기지 않습니다."

"봉사"라는 단어는 히브리어로 부정적인 의미를 가지고 있다. 그것은 인간의 존엄성을 훼손하는 것으로 인식된다. 이스라엘 정부 관료들은 "대통령의 기쁨을 위해 봉사"하지 않는다. 가게 주인이나 심지어 서비스 센터의 전화 교환원도 '서비스'를 제공하지 않는다. 그들은 "서비스 제공자"이거나 "고객 요구에 집중"할 것을 요구받는다. 오늘날 이스라엘에서 "봉사"라는 단어가 사용되는 유일한 곳은 군 복무의 맥락에서다. 이곳은 개인의 자부심이 시스템의 요구와 필요에 따라 자신의 욕망을 종속시키는 유일한 곳이다. 이곳은 현대적이면서 반항적이며 개인주의적인 이스라엘인들이 국가에 봉사하기 위해 직업, 독립, 자급자족을 향한 돌진을 멈출 준비가 되어 있는 유일한 장소다.

이스라엘 케미컬스(Israel Chemicals)의 CFO인 코비 알트만(Kobi Altman)은 "저는 이스라엘의 고유성에 군 복무가 기여하는 것은 안보와 기술 측면의 의미보다 훨씬 더 깊고 광범위하다고 생각합니다."라고 말한다. "저는 자신이 태어난 사회의 좁은 세계만을 알고 있던 키부츠 출신의 종교적인 소년으로 군에 입대했습니다. 저는 이스라엘 사회의 대부분을 아는 사람으로서 낙하산 여단에서 복무한 후 제대했습니다. 저는 팀워크의 엄청난 힘을 배웠습니다. 대담한 임무를 관리하고 수행하는 경험을 했습니다. 저는 군대에서 '어둠을 두려워하지 말라'는 것을 배웠고, 이것은 나중에 사업에서 '어려움을 두려워하지 말라'는 것이 되었습니다. 군대는 이스라엘 젊은이들을 훈련시키고, 다른 어떤 것에도 존재하지 않는 이점을 국가에 제공하는 데 중요한 역할을 합니다. 이것은 다른 어떤 곳에도 존재하지 않습니다. 군 복무는 이스라엘 사람들에게 의무인데 누군가는 그 기간에 유럽인들처럼 대학에서 공부하는 것을 선호할지도 모릅니다. 하지만 3년의 군 복무는 선물이라고 생각합니다. 우리는 그것을 소수자에게도 베풀 수 있는 방법을 찾아야 합니다. 이것이 그들에게 미래를 위한 최신 도구를 제공할 것이라고 믿기 때문입니다."

신용카드 회사인 이스라카드(Isracard)의 에얄 데쉬에(Eyal Desheh) 회장은 "우리는 세계 최고의 리더십 학교를 보유하고 있습니다."라고 말했다. "IDF는 사회적, 경제적 측면을 포함하여 모든 면에서 이스라엘에 존재하는 최고이자 가장 중요한 시스템 중 하나입니다... 어깨에 엄청난 책임이 있는 젊은이들은 어떻게 이끌어야 하는지 배웁니다. 젊은 사람들이 기술과 현장 리더십 모두에서 자신을 표현할 수 있도록 하는 IDF의 능력과 필요성은 강력한 엔진입니다. 그들은 그곳에서 가치를 배웁니다. 그들은 아이디어를 받아들이고 이를 무언가로 발전시키는 방법을 배웁니다. 그들은 리더십을 배웁니다. 저는 제 개인적인 성공을 청소년 운동 훈련과 골라니 여단에서의 지휘 덕분이라고 생각합니다."

오르나 바르비베이(Orna Barbivay) 예비역 소령은 "국민의 군대는 모집, 훈련, 배치, 인간 개발에 이르기까지 세계 최대 규모의 배치 프로젝트입니다."라고 말한다. "그것은 역량의 최대 활용에 초점을 맞춘 배치 기업입니다. 이는 IDF의 이름으로 등록된 글로벌 특허입니다."라고 그녀는 강조하며 "젊은이들에게 국가 안보를 책임져야 한다는 메시지를 전달하는 것과 직업군인과 예비군을 정규군과 세대 간 통합하고 결합한 것이 성공의 기초입니다."라고 덧붙였다.

군대는 또한 소외 계층과 장애인의 사회 발전과 통합을 위한 연결 통로이기도 하다. 이를 위한 특수학교와 훈련과정이 있다. 예를 들어 자폐증의 경우, 군대는 이미지 해석과 소프트웨어를 통해 자폐증 연속체에서 갖고 있는 상대적 이점을 이해하고 그들의 특별한 요구에 맞는 서비스를 적용해 왔다. 이러한 다양성을 포함하면서 모든 국민을 위해 헌신하고 모두에게 기회를 열어주는 '국민의 군대'의 이념을 실현할 수 있었다. 그러한 부대에서 복무하는 "특별"과 "표준"의 만남은 감정적인 능력과 다른 사람을 인식하고 다가가기 위한 실용적인 지식을 결합한다.

연간 60일 이상

IDF 간행물에 따르면 법, 연령, 건강 상태에 따라 예비군을 수행할 수 있는 인구의 5%만이 의미 있는 봉사에 참여한다고 한다. 무거운 짐을 지고 있는 지휘관 출신 예비군은 민간 시장에서 일하는 동안 평균 1년에 70일, 심지어 80일까지 봉사한다. 전투 구급대원, 잠수부, 중장비 운전사, 특수부대 전투기 등의 부문도 예비군 주요 기여자들의 활동 영역에 해당한다.

골드파브 셀리그만(Goldfarb-Seligman) 회사에서 선임 변호사로 근무하고 있는 탈 아츠몬(Tal Atsmon)은 두 세계의 요구 사항을 잘 강조하고 있다. 아츠몬은 예비군에서 전투 헬리콥터 조종사다. 전역한 다음 법학 공부를 마친 후 아츠몬은 삼각형의 삶을 살았다. 그는 가장 까다로운 곳에서 변호사로 일하며, 시간당 고객 요금으로 측정되며, 재능 있고 똑같이 야심 찬 다른 사람들과 경쟁한다.

동시에 그는 비행대에서 4대의 전투 헬리콥터로 구성된 팀을 이끌고, 국경 경비와 체력 훈련을 포함한 연간 평균 60일의 예비군 임무를 수행했으며, 매년 비행 횟수가 측정된다. 아츠몬은 "저는 두 가지 활동 모두에서 우수성을 입증해야 합니다."라고 말한다. "나는 끊임없이 평가받고 있으며 탁월함에 대한 적당한 타협은 두 세계 모두에서 불가능합니다."

그는 아침에 출근하고 야간 비행을 위해 비행대로 가곤 했다. 가정생활, 결혼, 딸의 아버지 역할은 그의 또 다른 삶이자 아마도 첫 번째 삶일 것이다. 아츠몬은 "내 사무실 컴퓨터에는 부재중 메시지가 없습니다."라고 말한다. "저는 작업복을 입고 국경에 앉아 노트북으로 고객을 돌봅니다. 갑자기 경보 사이렌이 울리면 저는 헬리콥터로 달려가 공격하고, 총을 쏘고, 다른 임무를 수행하기 위해 돌아갑니다. 가능합니다. 모든 것이 가능합니다. 가족을 갖고, 아버지가 되고, 이스라엘 최대 로펌에서 관리 파트너 역할을 맡고, 그리고 비행대에서 4대의 전투 헬리콥터를 지휘하기도 합니다."

"하지만 시너지 효과도 있습니다."라고 그는 말한다. "저는 조종사이자 비행 교관이었기 때문에 리더십의 자질을 얻었습니다. 비행대는 자율적 성장, 지원, 리더십 그리고 그룹에 대한 공헌을 위한 인큐베이터입니다. 그곳에서 저는 냉철함, 의사결정, 선지자가 되는 것, 고정관념에서 벗어나 생각하는 것, 압박감을 견디는 연습을 했습니다. 법적인 상황은 나에게 스트레스를 줄 수 없습니다. 나는 공군으로부터 성공과 실패에 상관없이 모든 임무에서 정보를 얻는 놀라운 능력을 배웠습니다."

여전사와 지휘관

"욤 키푸르 전쟁 당시 나는 골란(Golan) 고원의 지휘 기지에 있었습니다."라고 노가 카이난은 회고한다. "정확히 오후 2시, 시리아 비행기가 기지 상공을 날아다니며 벙커에 총을 쏘는 것을 보았습니다. 내가 마주친 벙커에서는 GOC 북부 사령부가 모든 고위 지휘관들을 양쪽에 두고 탁자 맨 위에 앉았습니다. 나는 그곳에서 통신 시스템에 응답하는 것을 도와가며 최고 작전 책임자에게 메시지를 전달했습니다. 그는 파란색 마커로 후퇴하는 군대를 표시했고 빨간색 마커로 사방에서 전진하는 시리아 탱크를 표시했습니다."

"오후 7시쯤 전투가 잠시 중단되었고, 즉시 트럭이 도착하여 모든 소녀들을 전선에서 후방으로 데려갔습니다. 그때까지 저는 제가 '소녀'라는 사실을 잊고 있었습니다. 저는 군인이라고 생각했습니다. 저는 전쟁 중에 철수할 준비가 되어 있지 않았습니다. 내가 계속 자리에 남을 수 있게 해달라고 거듭 요청했지만 사령관은 부정적인 대답을 했습니다. 사령관은 이렇게 말했습니다. '어떤 여자도 남지 않고, 심지어 중요한 직업을 가진 여자도 마찬가지입니다.'"

"이것은 전쟁 중인 여성들을 위한 교리였습니다. 여성을 위한 것이 아닙니다. 저는 녹색 식탁보가 깔린 장군의 식탁 아래로 들어가서 오랫동안 거기에 숨어서 소녀들을 태운 트럭이 떠나기를 기다렸고, 비로소 저는 계속 일을 할 수 있었습니다. 자정이 되자 우리 모두는 흰색 호송차를 타고 전차 포탄 사이로 돌진하여 장군과 그의 고위 지휘관들을 위해 새로운 작전실을 짓고 있던 사페드(Safed)로 갔습니다."

"아침 7시에 소녀들은 모두 깨끗하고 좋은 냄새를 풍기며 집, 아내, 엄마, 언니, 그리고 사랑하는 사람들을 생각나게 하며 돌아왔습니다. 저는 그때 그 소녀들을 이해하지 못했습니다. 저는 여전히 그들을 이해하지 못합니다. 감사하게도 이 교리는 시간이 지나면서 바뀌었습니다."

성경의 고대 선지자 데보라(Deborah)를 시작으로 전설에 따르면 오른쪽 가슴을 잘라 자신들의 총격에 방해가 되지 않게 한 아마존 사람들, 심지어 프랑스 처녀 잔 다르크(Joan of Arc), 한나 스제네스(Hannah Szenes)까지 여성들의 군대 특히 전투 부대 참여는 과거에는 미미하고 에피소드에 불과했다.

제1차 세계대전 때는 여성 군인은 거의 없었고 거의 대부분이 간호사였다. 제2차 세계대전 때는 이미 양측 모두 전투 병력에 더 많은 여성이 참여했다. 그러나 영국군의 여성들은 방아쇠를 당기는 것 자체가 너무 남자답다는 이유로 허용되지 않았다. 1970년대 초부터 군대 내 양성평등이 스며들기 시작했다. 미군에서는 이제 전투 병력이든 전투 지원병이든 거의 모든 여성의 역할이 열려 있다. 쿠르드족 자치군에서는 이슬람국가를 상대로 한 전투에서 7천에서 1만 명의 여성 전투원들이 쿠르드족 양성평등 비전하에 활동하고 있다. 이슬람 국가의 전사들은 여성에게 살해당하는 것을 두려워하는데, 이유는 여성에게 죽임을 당하면 무슬림 천국으로 갈 수 없다는 그들의 종교적 믿음 때문이다.

이스라엘은 세계에서 유일하게 여성들이 의무적으로 군복무를 하는 나라 중 하나다. 복무 의무는 무엇보다 IDF의 개념을 안보의 부담을 평등하게 짊어지는 '국민의 군대'로 표현한다. 심지어 거의 전적으로 남성에 기반을 두고 있는 이스라엘의 예비군 제도에서 지난 7년간 여성의 수가 8배나 증가했다.

수년에 걸쳐 IDF는 여성을 전투 및 지휘 직책으로 승진시키고 통합하는 데 많은 노력을 기울였다. 수년 동안 이에 대한 큰 거부감이 있었다. 하지만 앨리스 밀러(Alice Miller) 사건 이후 극적인 전환이 이루어졌다. 밀러는 남아프리카 공화국에서 이스라엘로 이민을 왔고, 그곳에서 항공 및 항공학을 공부하여 민간 조종사 면허를 받았다. 그녀는 이스라엘 공군 조종사 과정에 입학하기를 원했지만, 그녀의 요청은 여성이라는 이유로 거절되었다. 1994년에 그녀는 국방부와 IDF를 상대로 고등 법원에 수용 거부와 성차별을 이유로 청원했다.

대법원은 남성들이 적이 자국의 여성을 강간하는 것을 참을 수 없기 때문에 여성이 남성과 평등하게 복무할 수 없다는 우월주의적 주장을 전면 기각했다. 자신의 소유로 인식되는 여성을 보호하고, 심지어 우월성까지 지키려는 남성의 원시적 욕구는 전면 거부되었다.

2000년 1월 국방법 개정안은 국방부 장관이 정한 여성 군인의 전투직 자원 봉사 권리에 대한 고등법원의 판결을 보완했고, 2001년 로니 주커만(Roni Zuckerman)은 IDF 최초의 여성 전투 조종사가 되었다.

수년간 해군 장교, 보병 대대, 포병대의 전투원, 방공군, 헌병대, 공병대 등 IDF의 여성들에게 추가적인 전투 역할이 개방되었다. IDF의 첫 전투 대대장인 오슈라트 바차르(Oshrat Bachar) 중령은 "제가 입대하기 전에도, 제가 군대에서 매우 중요한 일을 하게 될 것이라는 점은 분명했습니다."라고 말한다. "아이와 군에 있는 남편을 떠나는 것은 어렵습니다. 저는 제 어린 딸과 함께 있지 않기 때문에, 그녀가 겪고 있는 작은 일들을 경험하지 못합니다. 하지만 사랑과 미소, 그리고 자기 성취감과 내면의 행복감으로 그것들을 대신하기 때문에 차이를 만들 수 있다고 생각합니다. 저는 또한 그것이 가능하다고 생각하는 어린 소녀들에게 개인적인 사례를 제공한다고 생각합니다."

"군에 입대하고 나서야 비로소 저는 팀워크, 어려울 때 포기하지 않는 것, 당신이 더 많은 것을 할 수 있다는 것을 알게 되는 것 등 제가 성장하면서 가질 수 있었던 가치들을 이해할 수 있었습니다... 주초에는 북부 경계지역에서 잠수함들과 기밀 활동을 할 수 있었고, 그리고 마지막에는 남부에서 야전 보안 작전을 수행할 수 있었습니다. 저의 의무는 더 많은 것을 주는 것입니다."라고 수중 특수부대 공병인 노아 케렌(Noa Keren) 병장은 말한다. 하이파(Haifa) 기지의 수중 임무 부대 지휘관인 이도 카우프만(Ido Kaufman) 중령은 이러한 전투 여성들의 성공에 대해 다음과 같이 언급한다. "그들이 없었다면, 우리는 그저 더 약했을 것입니다."

IDF에서 여성의 자리를 차지하기 위한 투쟁은 끝나지 않았다. 그 이후로도 의학적, 사회적, 종교적 등으로 가장한 모순된 의견들을 듣고 있다. 이러한 권고는 IDF 지휘부에서 자리를 잡아가고 있는 종교적 분위기와 고개를 들고 있는 낡은 우월주의에 기인한 것으로 풀이된다.

이러한 우월주의적 태도의 반대되는 증거는 1/3이 남자이고 2/3가 여자인 연합대대 카라칼(Caracal) 대대의 성공으로 입증되었다. 카라칼 대대의 주요 임무는 이집트 국경에서의 지속적인 보안이다. 그들의 성공 사례는 잠입자 체포, 테러리스트 체포, 실시간 침투 방지, 다량의 마약 압수 등이 포함되어 있다. 2012년 9월, 한 대대 병력이 3명의 테러리스트를 살해했다. 2014년 10월, 알카에다와 연계된 23명의 테러리스트 대규모 병력과 충돌하고 카라칼 부대에 대한 대전차 미사일 및 중기관총 사격 과정에서 오어 벤 예후다(Or Ben-Yehuda) 대위와 그녀의 연락책이 부상을 당했다. 대대의 소대장인 레이첼 소위는 기관총으로 발포를 명령함으로써 테러리스트들을 침묵시켰고, 이로 인해 6명의 테러리스트가 사망했고, 그중 2명은 벤 예후다 대위에 의해 사망했다.

IDF에 모집에 있어 현재 진행 중인 혁명은 종교 여성들의 열정적인 참여로 인해 이루어지고 있다. 그들은 정보, 조종사 훈련, 전투 부대에 입대함에 따라 그 수가 두 배가 되었다. 3년 만에 종교 여성 군인의 수는 71% 증가했고, 의무 복무 중인 종교 장교의 수는 30% 증가했다. 이는 이 현상에 맞서 싸우려는 랍비들의 필사적인 노력에도 불구하고 이루어진 것이다.

2014년 네팔에서 눈보라로 사망한 종교 항해사 타마르 아리엘(Tamar Ariel) 선장은 종교 소녀들의 상징이 되었다. 그녀의 이름을 딴 권위 있는 프로젝트 '타마르 윙스(Tamar Wings)'는 이스라엘 사회의 모든 영역에서 '획기적인 젊은이들'을 육성하기 위해 기획됐다.

여성 군단이 아닌 군단의 첫 사령관(부관)이자 IDF의 첫 소장(인사부장)이었던 오르나 바비베이(Orna Barbivay)는 여성들이 군대에 통합됐다고 말한다. "오늘날 복무 트랙의 92%가 여성들에게 개방되어 있고, 저는 우리가 모든 것을 개방해야 한다고 생각합니다. 통합은 잘 계획되어야 하고, 필요한 조정이 이루어져야 하지만, 군대에 있는 여성들에게는 모든 것이 개방되어야 합니다. 예를 들어 전투 조끼는 여성의 몸에 맞게 조정되어야 하지만, 적절한 조끼를 입으면 그들은 함께 싸울 수 있습니다."

평등한 병역은 시민사회의 성평등에도 기여하는 바가 크다. 이스라엘이 세계 대부분의 국가들보다 이 문제에 앞서 나아가고 있지만,

완전한 성 통합의 성취는 아직 달성되지 않았다.

군사적 가치로서의 인간의 삶

18세 이상의 이스라엘 국민 대부분은 IDF에서 복무했다. 그들 중 다수는 극한 상황, 스트레스, 그리고 도전을 경험한다. 이스라엘에서의 군복무는 대가를 치르지만 삶을 위한 값진 도구가 된다. 그것은 규율, 압력을 견디는 능력, 계층적 환경에서의 생존, 극한 상황에서 팀을 운영하는 탁월한 관리 능력, 인간 관계에 대한 집중적인 연구, 끊임없이 변화하는 조건에서 기능하는 능력, 그리고 개인적인 능력의 고갈과 같은 민간인 생활에서 사용되는 기술들을 제공한다.

이에 대한 예는 박사 살만 자르카(Salman Zarka) 예비역 대령의 이야기다. 2013년 2월 16일, 7명의 시리아인 부상자들이 국경 울타리에 도착해 의료 구조를 요청했다. "테러범들의 침투를 막는 것이 임무인 우리 군인들은 여기에 다른 무언가가 있다는 것을 깨달았습니다. 그들은 발포하지 않고 의료팀에 명령했습니다."라고 자르카 박사는 말한다. 그 팀은 부상자들을 진찰했고 의사는 부상자들을 병원으로 후송하기로 결정했다. 부상자들은 국경에서 그리 멀지 않은 사페드(Safed)의 지브 의료 센터(Ziv Medical Center)에 도착했고, 며칠 동안 치료를 받고 자국으로 돌아갔다. 당시 군에서 휴가를 나온 국방부 차관보였던 자르카 박사는 군복을 입고 시리아인들에게 인도적 지원을 제공하는 프로젝트 계획을 도와달라는 전화를 받았다.

"수년간 북부에서 시리아의 공격에 맞서 군인들과 주민들을 위한 의료적 대응을 계획하는 일을 했습니다. 갑자기 우리는 우리에게 오는 부상을 입은 시리아인들을 도울 방법을 생각하고 있었습니다."라고 그는 말한다. "인도적인 배려와 의사의 맹세가 승리했습니다."

자르카 대령의 지휘 아래, 부상자 구조를 가능하게 하고 응급 상황에서 불필요한 충격을 방지할 군 응급 병원이 국경 울타리에 세워졌다. 그는 IDF 의무대에서 의사, 간호사, 실험실 및 엑스레이 작업자, 장비 및 물류 시스템을 모두 데려와 팀을 만들기 시작했다. 한 달 만에 군 병원이 문을 열었다. 철책을 찾아온 사람들은 모두 진료를 받았고, 자신의 정치적 종교적 정체에 대해 한 번도 질문을 받지 않았다. 부상자들이 군 병원에서 적절한 치료를 받을 수 없는 경우는 이스라엘 내민간 병원으로 후송되었다.

군 병원은 다시 한번 자르카 박사의 책임하에 가자지구에서 온환자들과 부상자들을 돕기 위한 '프로텍티브 엣지(Protective Edge)' 작전으로 이전되었다. 가자지구의 통치자인 하마스는 민간인들이 의료지원을 받지 못하도록 막았고, 따라서 이 병원은 제대로 작동하지 못했다.

***

민간인과 군인의 생명을 보존하고 보호하는 데 있어서 이스라엘인들이 느끼는 엄청난 중요성은 메르카바(Merkava) 탱크 이야기에서도 알수 있다. 개발은 이스라엘 탈(Israel Tal) 소장의 주도하에 1970년에 시작되었다. 설계상의 기준은 탱크 안에 있는 사람을 중심으로 만들어져야 한다는 것이었고, 여기에는 최대의 편안함과 보호 조건이 포함되었다.

이 분야의 첫 번째 혁신적인 아이디어는 엔진을 탱크의 앞쪽에 배치하는 것이었다. 그것은 적의 공격으로부터 엔진이 손상될 수도 있지만, 그 안에 있는 사람들을 보호하는 것을 의미했다. 또한 전면 엔진은 승무원들의 탈출 문 역할을 하는 후면 개구부를 설치하는 것을 허용했다.

이에 따라 전 세계적으로 존재하게 된 자신과 팀을 더욱 안전하게 보호할 수 있는 독특한 능동형 방어 장치인 윈드브레이커(또는 장갑 방패 보호 - 액티브)가 장착되었다. 라파엘 시스템(Rafael System)과 엘타(Elta) 그룹이 협력하여 개발했는데 대전차 무기로 인한 실시간 위협을 감지하고 식별하며, 최적의 요격 경로를 평가하고, 방어하는 탱크에서 멀리 떨어진 곳으로부터 오는 위협을 파괴할 수 있게 되었다.

가자 지구의 프로텍티브 엣지 작전 동안, 메르카바 탱크들은 그들에게 발사된 적어도 15개의 대전차 로켓을 성공적으로 요격했다. 이는 승무원들의 생명을 구하는 데 크게 기여한 윈드브레이커 덕분이었다. 전투 동안 제 401 기갑여단장인 사르 추르(Saar Tzur) 대령은 채널 2에서 다음과 같이 이야기했다. "그 사단은 매우 높은 품질을 가지고 생명을 구하는 윈드브레이커 시스템을 갖추고 있습니다. 탱크들을 향해 발사된 모든 것은 중단되었고, 이 시스템은 나날이 스스로 증명합니다. 그것은 방어적인 시스템이 아니라 공격적인 시스템입니다. 덕분에 우리는 탱크들이 공격받을지 말지에 대한 생각 없이 앞으로 달릴 수 있습니다." 개발자들은 2014년에 이스라엘 안보상을 받았다.

방어를 위한 싸움

"소음이 엄청납니다. 거의 상상도 할 수 없을 정도입니다. 저는 바로 폭발 바로 아래에 있습니다. 온 땅이 흔들리고 있습니다." 아이언돔 포대의 젊은 장교인 유발(Yuval)은 자신의 병사들이 발사한 대(對)미사일 타미르가 가자 지구 깊숙한 곳에서 하마스가 발사한 카삼(Qassam) 로켓에 맞았을 때 들고 본 것을 설명하며 말했다. 카삼 로켓의 목표는 네티봇(Netivot)이라는 작은 마을에서 무고한 이스라엘 시민들을 죽이는 것이었다. 그는 "카삼 로켓이 느려 보일 정도로 아이언 돔의 놀라운 속도와 목표물을 명중시키기 위해 어떻게 방향을 바꾸는지를 보는 것은 매번 놀라운 일입니다."라고 덧붙였다.

이번 발사는 IDF가 가자 지구에서 발사된 카삼과 그라드(Grad) 로켓을 요격하기 위해 그 당시 수행한 수백 개의 로켓 중 하나였다. 2014년 7월과 8월 사이에 많은 주요 도시들이 몇 주 동안 이러한 공격을 겪었고, 일부 도시는 완전히 마비되었다. 아이언 돔(Iron Dome)은 이스라엘의 지도자들이 사상자로 인해 대중의 압력을 받지 않고 전쟁 중에 결정을 내릴 수 있도록 해주었다.

아이언 돔은 발사대와 미사일을 제조하는 라파엘(Rafael), 레이더를 제조하는 엘타(Elta), 그리고 통제 시스템을 개발한 엠피레스트(MPrest) 등 3개의 첨단 국방 회사가 개발한 탐색 유도 레이더, 통제 센터, 그리고 요격 미사일로 구성된 기발하고 독특한 이스라엘의 발명품이다. 이 시스템은 모든 기상 조건에서 밤낮으로 작동하며 동시에 많은 수의 위협에 대처할 수 있다. 성공률은 거의 90%에 달했다.

"이것은 또 다른 작은 공으로 높은 고도에서 놀라운 속도로 움직이는 아주 작은 공을 치는 것과 같습니다."라고 라파엘의 미사일 부서장인 요시 드루커(Yossi Druker)는 말했다.86 시스템 구축에 앞서 시스템을 조사하러 온 미국의 고위 전문가 대표단은 시스템이 목표를 달성하는 데 성공하거나, 프로젝트가 정해진 일정을 맞출 가능성에 대해 15%의 확률을 제시했다. 이스라엘과 미국이 공동으로 개발을 했던 다른 프로젝트들과 달리, 이번 경우에는 전적으로 이스라엘이 개발했고 미국은 생산 단계에서 미국은 자금을 조달하고 나중에 미군 기지에 사용할 예정이었다.

마감 시간을 맞추기 위한 경쟁이 한창일 때 엔지니어, 기술자, 제도사, 관리자 등 수백 명이 일했다. 그들은 조용한 시간을 틈타 전쟁 중에 전국에서 왔다.[87] 집, 가족, 친구들을 버리고 3년 동안 국가와 시민들을 구하기 위해 그들이 가진 모든 것을 바쳤다.

2011년 3월, 아이언 돔의 첫 2개 포대가 공군으로 옮겨졌다. 7일 후 아쉬켈론(Ashkelon)의 하늘에서 그라드 로켓을 최초로 요격하는 데 성공했다. 2014년 프로텍티브 엣지 작전에서 아이언 돔은 천 번의 요격을 기록했다. 만약 요격되지 않았다면 많은 민간인이 사망하고 다쳤을 것이고 재산, 사기, 그리고 국력에 광범위한 파괴를 야기했을 것이다.

우리는 가자 지구의 미사일 공격으로 인한 컬러 레드 경보의 혹독한 두려움의 그늘에서 자란 스데롯(Sderot) 출신의 아디르 레비(Adir Levy)의 증언 없이는 아이언 돔에 대한 이야기를 끝낼 수 없다. 그는 어렸을 때 공포에 질려 숨기 위해 달려갔던 것을 기억한다. 신병들이 선호하는 군 복무를 기재하는 입대 신청서에서 레비는 첫 번째 우선순위로 아이언 돔 포대에서 복무하고 싶다고 적었다. 두 번째 우선순위로 아이언 돔, 그리고 3위에는 다음과 같이 썼다. "오직 아이언 돔. 나는 스데롯에서 태어났고, 내 집을 지키고 싶어 아이언 돔 포대에 복무하고 싶습니다."

아이언 돔에서 군 복무 중 첫 총격전에서 아디르는 "카삼으로부터 숨을 안전한 장소를 찾고 있던 히스테리적인 어린 시절의 모습이 저를 떠나지 않습니다. 저는 마우스를 더 세게 눌렀고, 아쉬켈론의 하늘을 보호하는 로켓의 폭발을 보았습니다."라고 말한다.

아이언 돔의 대부분 핵심기술은 기밀이다. 3개 회사의 수백 명의 엔지니어들이 3년 넘게 작업에 참여했다. 그들 중 8명은 그동안의 노고와 성공적인 성과를 인정받아 골드 준장이 이끄는 이스라엘 안보상을 수상하는 쾌거를 이루었다.

이스라엘은 시민들을 보호할 능동적이고, 혁명적이며, 값비싼 방어 시스템을 만들기 위해 최고의 엔지니어들이 최선의 노력과 두뇌를 투입하기로 결정했다. 작전용 아이언 돔은 이스라엘이 고탄도 무기에 대항하여 개발한 5개 층의 능동적인 방어를 위한 전체 요격 미사일 시스템의 일부다.

전장의 로봇

전투 중 사상자 수를 최소화하기 위한 해결책의 일부는 로봇 형태로 나올 것이다. 기본 아이디어는 할리우드 영화에서 나온 것 같지만, 대부분의 로봇은 이미 현장에서 작동하고 있고 IDF의 여단 훈련에 잘 통합되어 있다. 여기에는 원격조종 탱크와 장갑차가 포함될 것이다.

IAI의 지상 본부장인 가디 샴니(Gadi Shamni) 소장은 "주변 위협이 360도일 때, 군사적 목표는 표면에서뿐만 아니라 벽 뒤와 터널 안에서 어떤 일이 일어나는지 확인하는 것입니다."라고 말한다. 이 새로운 개념은 무엇보다 상대편 민간인의 생명을 구하려는 열망에서 비롯되었다. 그것은 IDF 행동강령이기도 하다. 그들은 인명피해를 최소화하려고 노력하고 있다. 또한 근처의 민간인에 대한 정보나 다른 이유로 인해 명령이 변경되는 경우, 이미 목표물로 발사된 탄약을 다시 가져오려는 기술도 시도하고 있다.

IDF가 최근 몇 년간 개발한 새로운 개념의 다음 단계는 "스마트

트리거(smart trigger)"라고 불린다. 그것은 육군 사단이 일종의 "화력 입찰"을 개시할 수 있게 한다. 즉, 사용이 가능한 다양한 화력 시스템 중에서 가장 효과적으로 목표물을 타격할 수 있는 시스템을 제공하는 것을 의미한다.

낙진 예방접종

이스라엘은 또한 원자 폭탄을 탑재한 탄도 미사일이 대기권에서 폭발하여 자국의 국민에게 핵 낙진이 떨어질 경우를 대비하고 있다. 나스닥에 상장된 이스라엘 회사인 플러리스템(Pluristem)이 방사능에 대한 백신 솔루션을 발명했다. 공상과학 소설처럼 들리지만 2016년 2월 16일, 미 국방부는 이 프로젝트의 개발과 필요한 자금 지원에 참여를 결정했다고 발표했다. 그들은 아마 자신이 무엇을 하고 있는지 아는 것 같다.

이스라엘에 핵 능력이 존재한다면 이는 방어를 위한 것이다. "이스라엘은 이란을 타격할 수 있는 400개의 핵탄두를 보유하고 있습니다."라고 2015년 4월에 모하마드 자바드 자리프(Mohammad Javad Zarif)이란 외무장관이 말했다. 지미 카터는 2014년에 이 수치를 약 300개로 추정했다. 그해 원자력 과학자 회보는 80에서 100개 사이로 훨씬 더 낮은 수치로 추정했다. 2015년 11월, 과학 및 국제안보 연구소는 그 수를 115개로 추정하는 기사를 발표했다. 발사 수단에 대한 다양한 추정에 따르면 예리코 III 미사일 20개, 머리가 갈라진 미사일 20개, 그리고 핵폭탄을 운반하고 투하할 수 있는 폭격기 몇 개의 편대, 돌핀형 잠수함에 탑재된 크루즈 미사일 20개로 추정된다. 따라서 외국의 추정에 따르면, 이스라엘은 최후의 심판 무기를 보유한 매우 제한된 국가 그룹의 일원이며 장거리로 발사할 수 있는 능력을 보유하고 있다.

전 세계 미사일 전문가들에 따르면, 이스라엘은 모든 아랍 국가를 범위 안에 둘 수 있고 이동식 시스템뿐만 아니라 대피호 발사 시설에서도 핵미사일을 발사할 수 있다고 한다. 더 중요한 것은 억지력을 위해 이스라엘은 자국 영토의 핵 기지가 파괴되더라도 반격을 개시할 수 있는 능력이 있다는 것이다. 돌핀 잠수함 5척은 각각 사거리 1,500km의 순항미사일 4발을 탑재하고 있다.

외국 출판물의 근거가 믿을 만하다면 이스라엘은 손가락 하나 까딱하지 않고 막연한 위협으로 자신을 방어할 수 있다. 정상적인 지도력을 가진 나라, 즉 민주주의 국가나 독재 국가, 혹은 이란처럼 급진적인 이슬람 국가들은 차례로 대응하여 침략국을 완전히 파괴할 수 있는 나라를 상대로 싸우는 것을 원하지는 않을 것이다. 이러한 평가가 역효과를 가져올 수 있다는 것은 사실이다. 이집트와 시리아는 1973년 욤키푸르 전쟁을 통해 이스라엘을 공격했다. 그들의 지도자들은 그때 알았을까, 아니면 이스라엘이 원자폭탄을 보유하고 있다고 생각했을까? 아마 알고 있었을 테지만, 사용할 것이라고는 믿지 않았을 것이다. 소련으로부터 이스라엘의 핵 공격으로 끝날지도 모른다는 경고를 받은 뒤 아랍 군대가 공격을 강화하지 않았다는 주장이 있어서인지는 모르겠지만, 1991년 이후 탄도미사일로 이라크를 제외하고 이스라엘을 공격한 아랍 국가는 없다, 그러나 이라크의 공격은 이스라엘에 대한 실존적 위협은 되지 못했다.

그들을 보살피다

이 현상은 매우 이상하고 특이하다. 외국의 시민이 다른 나라의 군대에 상당한 돈, 시간, 그리고 개인적인 노력을 기부한다. IDF의 미국인 친구들(FIDF)에 대한 이야기다. 그 단체의 모토는 "그들의 역할은 이스라엘을 돌보는 것이고, 우리의 일은 그들을 돌보는 것"이다. 단체의 임무는 IDF 군인들의 교육과 복지를 지원하여 전 세계의 유대인 공동체를 대신하여 군인들과 그들의 가족들이 짊어지고 있는 부담을 덜어주는 것이다. 이 단체는 매년 6천만 달러 이상을 투자하고, 전 세계적으로 약 200명의 사람들과 자원봉사자들을 고용하고 있다.

이 단체의 많은 활동 중에는 어려운 가정의 전투 장병들에게 학업 장학금을 수여하는 프로그램이 있다. 이에 대한 보답으로 장학금 수혜자들은 광범위한 지역사회에 봉사를 제공한다. 이를 통해 경제적으로 곤란한 환경의 장병들이 배움의 기회를 얻을 뿐만 아니라 지역사회에 스스로 기여함으로써 기부의 가치를 높이고 있다. 또한 이 단체는 유대교, 시온주의, 이스라엘 정체성 분야에서 IDF 장병들의 교육 및 강화를 위한 프로그램을 지원하고 있으며, 고등학교를 졸업하지 않은 장병들을 지원하고, 어려움을 가지고 있는 개별 장병들을 지원하며, 유가족 및 부상을 입은 IDF 장병들을 돕고 있다. 그리고 전투기 채택 프로젝트의 일환으로 전투기 대대 운영과 대대의 복지에 대해서도 기여하고 있다.

모건스탠리의 고위 임원이자 플로리다 팜비치의 FIDF 회장인 샘 모셰(Sam Moshe)는 "나는 내 돈과 에너지를 이 일에 기부하기로 결정했습니다. 나는 이것이 정말 신성한 일이며 미국 유대인 공동체가 할 수 있는 작은 일이라고 생각합니다."라고 말했다. IDF 출신의 두 총리인 에후드 올메르트(Ehud Olmert)와 베냐민 네타냐후(Benjamin Netanyahu)가 복무할 당시 군사 비서관으로 근무했던 메이르 클리피(Meir Klifi) 소장은 전역한 후 2014년 FIDF의 CEO로 임명되었다. 그의 부인인 길라 클리피 아미르(Gila Klifi−Amir) 준장은 IDF 참모총장의 여성 문제 고문으로 마지막 직책을 수행했다.

명망 있는 Bed Bath and Beyond 회사의 사장 겸 최고 상업 책임자인 아서 스타크(Arthur Stark)와 Weintraub & Weintraub의 피터 웨인트라웁(Peter Weintraub) 사장이 FIDF 회장으로 선출되었다. 선거일에 메이르 클리피는 스타크에 대해 "그는 이스라엘과 이 단체를 위한 유망한 리더십을 구성하는 군인들에 대한 깊은 사랑, 헌신, 그리고 관대함을 갖고 있습니다."라고 말했다.

또 다른 조직인 Adopt a Fighter는 이스라엘 경제를 선도하는 기업들의 독특한 프로젝트로, FIDF의 지원을 받아 전투기 대대를 지원하고 있다. 이 프로그램에 참여하는 회사들과 부대들은 국민의 군대라는 이스라엘 정신을 강화하기 위해 참여한다. 회사들은 사회 활동을 위해 대대의 예산을 지원하고 사회 경제적 배경이 낮은 군인들의 가족들을 지원한다.

라하브(Lahav) 전투 공병대 대대장 샤차 벡(Shachar Beck) 중령은 "이스라엘 국민에 대한 사명감과 헌신 없이 우리가 하는 일을 하는 것은 불가능합니다."라고 말하며, Adopt a Fighter 프로그램을 채택한 것이 이런 사명감에 기인한다고 덧붙였다.

"집이 우리 뒤에 있다는 것을 아는 것만으로도 기분이 좋아집니다. 그것은 우리에게 힘을 줍니다."라고 로쉬 하니크라(Rosh Hanikra)의 인사 담당 부국장 쉔허 로트너(Shenhar Rotner) 중위는 말한다. "당신의 마음에서 우러나오는 진정한 미소, 따뜻한 말 한마디, 강한 포옹 이외에 필요한 것은 없습니다." 대통령 우수상 시상식에 참석한 한 군인은 이와 같이 이야기한다. IDF의 한 참모총장은 IDF 정체성의 본질이 이스라엘 사회에서 왔다 다시 돌아가는 것이므로 국민과 군대 간의 물질적, 정신적 연결이 중요성하다고 말한다.

좋은 예는 회사의 전체 기부금이 회사 소유주에 의해 기부되는 애커스타인 인더스트리(Ackerstein Industries)이다, 이 회사는 2년 동안 군사 공학 학교와 방공 학교 두 개의 전투 부대를 채택했다. "IDF의 명망 있는 부대를 채택하기를 선호하는 많은 회사와는 달리 우리는 다소 잊혔지만 다양한 작전을 수행하는 대대들을 선택하는 것을 선호합니다."라고 회사의 회장인 지오라 애커스타인(Giora Akerstein)은 말한다. "이들은 멀리서 열심히 일하고 영광이 적은 거의 알려지지 않은 군인들입니다. 우리는 그들을 위해 그곳에 있습니다." 전투 공학 학교는 엔지니어링 군단의 전투원들을 채굴, 방해 공작, 가교, 그리고 D9 작전 분야에서 훈련시키며 이것은 중기계 공학 장비에서 계속 일하는 사람들에게 특별한 훈련을 제공하는 역할을 한다. 항공전 학교는 패트리어트(Patriot) 조종사와 아이언 돔 군인들을 훈련시킨다.

"우리가 거기 있는 이유는 그들이 우리, 주인, 관리자, 직원, 시온주의, IDF 군인으로서 우리의 과거와 군인들에게 상당 부분 의존하고 있는 이 나라의 미래를 끊임없이 일깨워주기 때문입니다. 우리는 이것을 만든 시온주의자들의 가치를 가진 회사입니다."라고 애커스타인은 말한다. 그는 채택한 부대의 병사들과 회사 직원들을 위한 합동 만찬을 열고, 회사에서 병사들을 접대하고, 부대 행사에 참여하고, 복무가 끝난 병사들을 일터에 채용하는 등의 일을 했다. "우리의 이익은 국민과 국가에 기여한 회사의 경영자들과 직원들의 자부심에 있습니다. 결국 부대들이 우리를 채택한 것이지 그 반대가 아닙니다."라고 애커스타인은 결론지었다.

Part 03

이스라엘 경제의 4가지 비교우위

08 경제적 성공

"2010년 OECD 가입 이후, 이스라엘은 이 부유한 클럽에서 다른 회원들보다 더 나은 성과를 거두고 있다."

— 이코노미스트(2014년 11월)

현재 이스라엘은 경제적 성공의 이야기를 갖고 있지만, 이 책에서 기술한 4가지 장점과 3가지 혁명이 충분히 발휘된다면, 성장 동력을 잃어가는 OECD 국가들과 비교해 볼 때 더 큰 경제적 성공을 거둘 것이라고 우리는 주장한다. 물론 이는 이스라엘이 행동으로 옮길 수 있는 실천력과 도전에 대한 적절한 답을 제공하느냐에 달려있다.

이스라엘은 OECD 국가 중 하나이지만, 다른 34개국 중 그 어느 나라도 이렇게 초라하게 시작한 나라는 없다. 이스라엘의 많은 어려움을 생각하면 이런 성과는 기적이라고 볼 수 있다. 기적 외에도 이스라엘인의 성격, 유대인의 천재성, 군 복무, 이민, 거대한 기회에 대한 이해, 그리고 '대안이 없다'는 인식들 이 모두가 성공의 이유라는 것을 알게 되었다.

이스라엘의 지난 20년간 인구증가율은 모든 선진국 중에서도 가장 높고 격차도 상당하지만, 이와 같은 50% 정도의 성장이 동시에

140%의 경제성장률을 설명하는 것은 아니다. 2008년 경제 위기 이후 이스라엘 경제는 약 35% 정도의 성장을 했는데, 이는 튀르키예를 제외하고 그 어떤 OECD 경제보다도 빠른 속도다.

이스라엘의 실업률은 2017년 말 기준 4.2%로 선진국 가운데 가장 낮은 수준이며, 노동력 참여율이 크게 증가한 상황을 감안하면 이러한 성과는 더욱 두드러진 결과이다.

기대수명, 교육, 소득을 비교하는 UN 인간개발지수는 2016년에 벨기에, 핀란드, 오스트리아, 프랑스 등의 국가보다 이스라엘의 순위를 높게 매겼다.

2000년에 이스라엘 은행은 이스라엘 경제에 할당된 성장률에 대한 포괄적인 예측을 제시하였다. "만약 우리가 올바르게 행동한다면, 이스라엘 경제는 15년 안에 실제 규모로 7500억 셰켈의 GDP에 도달할 것입니다." 실제로 15년 후 이스라엘 경제는 이 예측을 뛰어 넘었고, 2008년의 위기에도 불구하고 실질 GDP는 이스라엘 은행이 예측한 것보다 21% 높은 9100억 셰켈에 이르렀다.

경제 성장은 예산의 크기를 확대할 수 있기 때문에 중요하다. 이는 모든 국가에서 중요하지만 교통 인프라, 철도, 교차로, 도로가 필요한 주변 지역을 중심에 가깝게 만드는 것과 같은 삶의 모든 영역에서 어려움이 있는 국가에서 더 중요하다. 이와 같은 인프라 건설은 경제 성장으로 창출되는 충분한 자금이 필요하다.

"장기적인 관점에서 우리는 자랑스러워 할 만한 것을 갖고 있습니다."라고 미즈라히 테파핫(Mizrahi-Tefahot)의 CEO이자 전 재무부 회계담당 대행인 엘다드 프레셔(Eldad Fresher)는 말한다. 그것은 1980년대 중반에 만들어졌고 그 이후 모든 정부와 정당들에 의해 실행된

마스터 플랜에 따른 것이다. 그 결과 수입, 수출, 이익, 그리고 일자리를 창출하는 생생한 민간 부문을 가진 경제가 탄생한다. 이는 매년 국가의 세입 기반을 확대하고 정부가 시민들에게 더 많은 것을 제공할 수 있게 해준다.

"경제 정책의 마스터 플랜은 우리가 자유롭고, 개방적이며, 성취 지향적인 국가가 되기를 열망할 것이라고 판단했습니다. 그 결과 이 기간 동안 1인당 GDP는 극적으로 증가했고, 적자는 줄었으며, 인플레이션은 정복되었고, 실업은 오늘날의 낮은 수준에 도달했고, 이 기간 동안 인구와 노동력은 100% 이상 증가했습니다. 지정학적 문제 때문에 투자자들은 이스라엘 경제를 더욱더 높이 평가합니다."

프레셔는 1980년대 말과 1990년대 초 이스라엘이 처음으로 국제 부채 등급을 받았을 때 재무부에서 근무했기 때문에 다음과 같이 증언할 수 있다. "우리는 1995년에 상대적으로 낮은 신용등급인 BBB를 받았습니다. 이스라엘 최초의 독립 부채 발행 전날 밤에 우리의 신용 등급은 BBB+로 상승했습니다. 대출 만기는 10년이었고, 우리는 연기금, 적립금, 지방기금 등 위험을 회피하는 외국인 투자자들을 만났습니다. 그로부터 20년이 흘렀습니다. 오늘날 이스라엘의 신용 등급은 A+입니다. 경제적인 변화는 엄청났습니다. GDP 대비 부채 비율은 급격히 떨어졌고 이는 모범 사례에 가깝습니다."

"1995년 우리는 언젠가 이스라엘의 1인당 GDP가 2만 5천 달러 선을 넘을 것이라고 말했습니다. 우리는 우리가 낙관적이라고 생각했습니다."라고 프레셔는 회상한다. "결국 현실은 1인당 GDP가 3만 5천 달러 선을 넘었기 때문에 우리가 예상했던 것보다 훨씬 더 낙관적이었습니다."

"여러분이 경제적 회복력을 구축하면, 여러분은 이스라엘이 그랬던 것처럼 매우 어려운 상황에 대처할 수 있는 국가의 능력도 구축하게 됩니다. 우리는 이스라엘 경제가 잘 대처했던 끔찍한 테러를 경험했고, 경제적 퇴보를 초래하지 못했던 인구 밀집 지역에 대한 미사일 공격을 경험했습니다. 다른 나라들이 어려움을 겪고 있는 가운데, 우리는 정부가 큰일을 하지 않고도 성과를 이룰 수 있었습니다."

"이 모든 일들은 우리가 과거의 정부 통제 정책을 포기했기 때문에 일어났습니다. 우리는 민간 부문이 '나라를 등지도록' 내버려 두었습니다. 우리는 개인들이 다양한 산업에서 길을 찾고 그들의 능력을 발휘할 수 있도록 했습니다. 주도하는 사람들이 더 많이 벌고, 불평등이 증가한 것은 사실입니다. 이제 우리는 이러한 불평등에 대처해야 합니다."

텔아비브의 다층적인 경관이 내려다보이는 높은 층에 있는 프레셔의 사무실에서, 또 다른 고위 관리자는 만족감이 가득한 목소리로 우리에게 이제 그의 사무실에서 바다는 거의 보이지 않으며, 단지 인상적인 경제적 성공을 반영하는 혁신적인 도시경관만을 보여줄 뿐이라고 말한다. "저는 우리가 처음으로 국채를 해외에서 발행했을 때 재무부에 있었습니다."라고 그는 회상한다. "우리는 처음으로 국가 신용등급을 결정하게 된 스탠더드 앤드 푸어스(Standard & Poor's)를 위해 발표를 준비했습니다. 우리는 젊었고 좋은 평가를 받기 위해 의욕이 넘쳤습니다. 우리는 이스라엘이 20년 안에 포르투갈과 그리스와 같은 유럽의 2차 국가들의 경제 수준에 도달할 것이라는 희망에 대해 논의했습니다. 오늘날 제가 이 나라들을 추월하는 이스라엘의 거시적 발표를 할 때마다, 저는 우리의 모든 희망과 꿈을 이룬 이 나라의 성과에 자부심을 느낍니다."

***

모든 국가가 2008년의 경제 위기의 영향을 받았지만 상대적으로 이스라엘은 GDP에 대한 최소 피해, GDP 대비 부채 비율, 실업률 등 모든 중요한 경제적 변수에서 다른 OECD 국가들보다 더 뛰어났다.

"1인당 GDP, 정부 적자, 공공 부채, 금융 시장과 은행 시스템의 안정성과 같은 일련의 주요 경제 지표에 따르면 2007년과 비교하여 이스라엘의 상황은 비교 대상 국가들에 비해 상당히 개선되었습니다."라고 이스라엘 은행의 정보 통계부 국장 다니엘 로젠만(Daniel Rosenman)이 말했다.88 "예를 들어, 한 세대 동안 지속되고 1인당 GDP로 측정된 생활 수준의 국가 간 격차에 영향을 미치는 프로세스는 비교적 빠르게 발생했습니다. 이 기간 동인 이스라엘의 생활 수준은 이탈리아, 스페인, 그리고 뉴질랜드와 같은 주요 국가들의 수준으로 상승했습니다."

따라서 2008년부터 2017년까지 GDP 대비 비금융업 부문 부채의 변화는 증가하지 않았을 뿐만 아니라 크게 감소하였고 이스라엘은 노르웨이와 함께 이를 경험한 OECD 국가가 되었다. 2008년 GDP 대비 기업 부문 부채 수준이 92%에서 2017년 69%로 감소하여 최하위 국가 중 하나가 되었다.

어떻게 이런 일이 일어났을까? 무엇이 이스라엘을 2008년에 발생한 금융 폭풍으로부터 스스로 고립된 섬으로 만들었을까?

이스라엘 은행 시스템과 기업 부문의 탄력성이 이러한 현상에 중요한 역할을 했다. 구제금융이 미국과 유럽에서 보편화되고 있는 상황에서 이스라엘 은행 시스템은 아무런 피해를 보지 않았고 중앙은행의 구제금융도 필요하지 않았다. 비결의 핵심에는 은행 경영진의 보수주의와 중앙은행의 강력한 입장이 자리잡고 있었다. 당시 이스라엘 은행의 고위 임원들은 1980년대 초 이스라엘에서 발생한 은행 위기와 몇 년 후 이스라엘의 극심한 경제 위기를 경험한 사람들이었다.

혹독한 경험을 한 결과, 이들은 더 보수적이고 서브프라임과 유사한 아이디어를 추구하는 것을 꺼렸다. 이스라엘 은행의 경계심도 상당했다. 당시 이스라엘 은행의 총재였던 스탠리 피셔(Stanley Fischer)와 은행 감독관 로니 히즈키야후(Rony Hizkiyahu)는 강력하고 단호하게 행동했고, 이와 같은 상황에도 불구하고 독극물 같은 서브프라임 맛보기를 고집하는 은행원들을 상대했다. 이스라엘 경제는 또한 장점이 있는데, 이스라엘 은행 시스템이 실제로 7개의 은행 그룹으로 구성되어 있어 은행 경영진을 감시하기 쉽다는 것이다. 하지만 이스라엘에는 은행의 수가 적기 때문에 각각의 은행이 아마도 "너무 커서 망할 수 없을 것"이라는 생각에 안주할 수 있다. 이를 방지하고 높은 금융 안정성을 보장하기 위해서는 중앙은행의 면밀한 감시가 필요하다.

경제 붕괴 시기 이스라엘 경제의 회복력을 설명하는 또 다른 요인은 2008년 말 다른 많은 OECD 국가들과 달리 이스라엘에 부동산 거품이 없었다는 점이다. 부동산 거품이 없었던 것은 2차 인티파다 기간 동안 부동산 가격이 하락했기 때문이다. 그리고 이스라엘의 주택담보대출 시장의 보수성 또한 도움이 되었다.

또 다른 독특한 이유는 이스라엘 사업 부문이 첨단 기술 기업을 기반으로 하고 있으며 외국인과 이스라엘 투자자들로부터 자본 자금을 조달받기 때문에 은행 신용과 거의 무관하다는 점이다.

대부분의 경제적 위협은 은행 신용을 높이고 텔아비브 증권 거래소에서 채권을 발행한 많은 이스라엘 재벌들로부터 발생했다. 그 자금은 미국, 동유럽, 그리고 러시아의 부동산에 투자되었다. 하지만 시간이 흐르고 그들은 투자자들에게 파산을 선고하는 지경에 이르렀다. 여전히 이스라엘 은행 시스템은 2008년 위기의 결과로 전 세계 다른 은행 시스템에 근접한 비율의 부실 부채를 경험하지 않았다.

그 몇 년 동안 비은행 신용은 이스라엘에서 발전하기 시작했다. 이는 주로 보험 회사, 공제 기금 등 재정적으로 매우 튼튼하게 경기에 참여하는 기관에서 제공되었다. 그들은 은행 시스템이 문제가 있는 부채를 감당할 수 있도록 도왔고, 어떤 경우에는 이스라엘 은행들이 제공을 자제했던 회사들에게 필요한 자금을 제공하기도 했다.

결론적으로 은행가들의 보수주의, 이스라엘 은행의 면밀한 감독, 부동산 거품의 부재, 재정적으로 건전한 기관들의 새로운 비은행 신용 부문의 개방, 그리고 은행 부채가 필요 없는 대규모 첨단 기술 부문 모두가 2008년에 많은 나라들이 경험했던 은행 위기를 이스라엘은 겪지 않고 무사히 통과하는 데 기여했다고 할 수 있다.

재무 안정성

1980년대 말 미국 연방준비제도 대표단이 이스라엘에 도착했다. 전문가들이 이스라엘 은행의 손님으로 와 현지인들에게 국가의 부채를 어떻게 관리해야 하는지 설명했다. 그들은 당시 140%를 넘어선 높은 GDP 대비 부채 비율이 너무 높아 성장에 해를 끼치고 무엇보다 이스라엘의 재무 안정에 위험하다고 강조했다.

2017년 말 기준 이스라엘의 GDP 대비 부채 비율은 완전히 합리적인 수준인 60%까지 떨어졌다. 그러나 OECD에서는 이 비율이 평균 105%로 뛰어올랐고, 일부 남유럽 국가들에서는 이미 120% 이상의 위험한 수준이 존재하고 있다. 지금까지 이스라엘은 흐름을 거스르는 행보를 하고 있다. 이스라엘의 국제 신용등급 A+는 높은 것으로 평가되며, 문제가 있는 지정학적 환경이 아니었다면 더욱 높아질 수 있었다.

이스라엘 국가는 2003년부터 매년 경상수지 흑자를 지속하고 있으며, 2016년에는 GDP 대비 4.5%의 흑자를 기록했다. 최근 7년간 평균적으로 OECD 국가가 이 수지에서 1.2% 정도의 흑자를 기록한 것에 비해 이스라엘은 3.2% 정도의 흑자를 기록했다, 2017년 말에는 이스라엘 은행의 외화 보유액이 1,100억 달러를 기록할 정도로 지속적인 증가세를 보이고 있다. 2018년부터 2019년에도 경상수지 흑자가 유지될 것으로 예상되며, 이스라엘의 국제 유동성 비율 또한 지속적으로 개선될 것으로 전망되고 있다.

강력한 통화

2006년 7월 이스라엘 북부 국경지대에서 2명의 IDF 병사가 납치되고 3명이 사망한 레바논 헤즈볼라 테러조직의 공격으로 제2차 레바논 전쟁이 발발하여 이스라엘 외환시장이 타격을 받았다. 이 사건에 대해 이스라엘은 처음에는 공중에서, 다음에는 지상군을 동원하여 헤즈볼라의 군사 기지에 대한 대규모 공격으로 대응했다.

패닉의 여파로 이스라엘과 외국인 투자자들은 셰켈을 대량으로 팔아 달러를 사들이기 시작했고, 달러 환율은 장기간 꾸준한 거래 끝에 며칠 만에 4% 이상 상승했다. 이 과정은 잘 알려져 있다. 전쟁이 발발하는 모든 국가에서 자기 재산에 대해 두려움을 느끼기 시작한 사람들이 미국 달러를 사고 현지 화폐를 팔기 때문에 통화는 평가 절하

된다. 외국인들은 현지 화폐의 약세를 피하기 위해 그렇게 한다.

하지만 제2차 레바논 전쟁 중 이스라엘에서는 정반대의 일이 벌어졌다. 며칠 후 셰켈은 다시 강세를 보이기 시작했다. 그때는 이스라엘의 인구가 밀집한 하이파 만(Haifa Bay)의 산업 지역과 하이파 주민들에게 대규모 로켓 공격이 시작되었던 시기였기 때문에 이러한 상황은 정상적이지 않았다. 셰켈은 달러 대비 더 약세를 보일 것으로 예상됐지만 오히려 강세를 보이기 시작했다.

Financial Immunities[89]의 고위 관리자 중 한 명은 모든 논리와 경제적 경험을 무시하고 셰켈이 어떻게 강세를 보이고 있는지를 명확히 해달라는 요청을 받았다. 몇 번의 전화 통화 후 그는 놀라운 대답을 가지고 돌아왔다. "이스라엘 사람들은 계속해서 팔고 있는 반면, 외국인들은 이스라엘 시장으로 돌아오고 있었기 때문입니다." 런던의 바클레이스 은행의 고위 외환 담당자 중 한 명과의 전화 통화에서 그는 거대 영국 은행이 셰켈을 사들이고 있다는 사실을 발견했다.

이스라엘인은 영국인 대화 상대에게 "당신은 실수를 하고 있습니다."라며 "당신은 헤즈볼라가 하이파를 폭격한다는 것이 무엇을 의미하는지 이해하지 못하는 것 같습니다."라고 말했다. 그 영국인은 침착하게 대답했다. "하지만 결국에는 당신이 이길 거예요. 그렇죠?" 이스라엘 사람들은 "물론 우리는 이길 것입니다. 우리는 질 수 있는 선택이 없습니다."라고 대답했다. "그래서 우리는 셰켈을 다시 사고 달러를 팝니다. 우리는 당신을 믿습니다."라고 영국인이 말했다.

외환시장에서의 결과는 수많은 투자자와 기업이 수행한 행동의 누적 가중치이기 때문에 지구상에서 가장 많은 지혜의 응집을 이룬다. 전 세계 대중의 지혜는 이스라엘에게 표를 던졌다.

2017년 이스라엘 셰켈은 전 세계에서 거래되는 30개의 주요 통화 중 달러 대비 가장 강력한 통화였다. 이런 현상이 발생한 것은 처음이 아니었다. 2013년, 2015년, 2016년에도 이런 일이 있었다.

주로 하이테크 산업에 대한 투자를 목적으로 한 이스라엘로의 외국인 투자 유입은 너무 커서 셰켈 강세의 핵심 요인이 되어 이스라엘 내 수출 부문에 피해를 준다. 타마르(Tamar)와 리바이어던(Leviathan) 시추에서 가스 매장량이 발견된 것은 이스라엘이 에너지 집약적 수입국에서 에너지 소비를 위해 훨씬 적은 달러가 필요한 에너지 자립적이고 효율적인 국가로 변모하는 데 도움을 주었다.

개발도상국에서 선진국으로

1948년에 유대 국가에 베팅한 분석가들은 거의 없었을 것이다. 만약 그들이 유대 국가의 존재 자체가 무엇에 관한 것인지 안다면, 그것에 베팅할 사람은 훨씬 더 적을 것이다. 그 미친 카드에 계속해서 도박을 했을 사람들조차도 이 고립된 국가가 살아남았을 뿐만 아니라 이 지역의 모든 경쟁자들과 그 외의 다른 경쟁자들을 무색하게 하고, 번창하고, 번영할 거라고 믿지 않았을 것이다.

이스라엘의 1인당 GDP를 이스라엘 건국 이후 존재 자체를 훼손한 국가들과 비교해 보면, 1950년에서 2015년 사이에 이스라엘의 1인당 GDP는 2,400% 성장한 반면 적대적인 이웃 국가들은 단지 몇백 %만 성장한 것으로 보인다. 같은 시기에 이라크의 1인당 GDP는 800%, 이집트는 640%, 요르단은 490%, 레바논은 340% 성장했고, 시리아는 성장을 확인할 방법이 없다. 우리 모두는 더 나은 날에 대한 희망으로 가득 차 있다.

　이스라엘의 성공은 성공을 하든 아니면 소멸을 하든 두 가지 이외에는 선택의 여지가 없다는 것은 의심할 수 없다. 기회를 만들어낸 것은 역설적이지만 위협적인 상황은 분명했다.

　1985년 극적인 경제 안정화 프로그램 이후, 이스라엘은 극심한 인플레이션과 거대한 적자로부터 벗어날 수 있었다. 그것은 이스라엘이 개발도상국에서 선진국으로 변모하는 과정의 시작이었다. 1985년부터 2015년까지 30년의 기간 동안 거주자의 수는 100% 증가했고, 생산은 10배 증가했다. 이스라엘의 총 수출은 860% 증가했으며, 첨단 기술 수출은 몇 십억 달러에서 약 400억 달러로 증가했다. 정부 부문이 경제에서 차지하는 비중은 74%에서 42%로, 국방비의 비중은 GDP에서 75%, 정부 부채는 GDP에서 78% 감소했고, 미국의 원조는 GDP의 10%에서 1%로 감소했다. 외환 보유고는 2017년 말 기준 40억 달러에서 1,100억 달러로 증가했다. 다른 많은 지표들이 제시될 수 있지만, 결론은 명확하다. 이스라엘 경제는 성공 사례에 해당한다.

***

　이스라엘의 긍정적인 명성은 주로 2008년 글로벌 경제위기 이후에 이루어졌다. 이스라엘이 경제적으로 좋은 성과를 거두는 데 성공했을 뿐만 아니라, 상대적으로 대부분의 OECD 국가들이 경제적으로 부진한 성과를 거두었기 때문이다.

　우리는 이스라엘이 앞으로도 계속해서 두각을 나타낼 수 있을 것이라고 주장한다. 그 이유는 많은 OECD 국가가 정체되는 고령사회로 가고 있는 반면, 이스라엘은 바다에서 거대한 가스전이 발견되어 에너지 자립과 함께 젊은 국가로 남게 될 남다른 인구통계학적 추세를 경험하고 있기 때문이다. 이는 세계 최대의 담수화 플랜트와 고도의 폐수 처리장 건설, '창업 국가'로서의 지속적인 위상, 노동력 참여율 증가, 청년층의 지속적인 기업가 정신 현상, 고학력 인구와 유대인의 지속적인 이민 등의 결과다.

우리는 또한 선진국들 대부분은 경제성장 동력이 끊기면서 심각한 위기에 처해 있고, 그 성장 또한 미미하고 비틀거릴 것이기 때문에 이스라엘이 유리하게 두각을 나타낼 것이라고 주장한다.

경제학자들은 국가 삶의 질을 향상시키는 가장 좋은 방법은 경제성장을 창출하는 것이라는 데 대체로 공감하고 있다. 그러나 세계 경제 성장의 역사를 분석해 보면 놀라운 사실이 드러난다. 인류 역사의 대부분을 통하여 산업혁명 이전까지 세계의 성장은 미미했다. 산업혁명이 시작되기 전까지 세계는 약 0.2%의 성장률을 기록했다. 산업혁명이 시작되면서 (특히 서구 세계의) 성장률이 크게 증가하여 연간 약 1%에 이르렀다. 오늘날 우리는 모두 몇 세대 동안 매년 몇 퍼센트씩 성장하는 것에 익숙한 세상에 살고 있다. 하지만 이 성장 속도는 모든 세대가 익숙해져 있는 것에 비하면 인류가 탄생한 이래로 예외적으로 높은 비율이다. 긍정적인 성장의 상황이 반드시 자연의 법칙은 아니다.

HSBC의 수석 이코노미스트로 오랫동안 재직한 스테판 킹(Stephen D. King)[90]에 따르면, 20세기 서구 경제의 급속한 성장은 이 시기 동안 다섯 번의 일회성 과정이 결합된 결과라고 한다.

첫 번째 요인은 제2차 세계대전 이후 세계 무역의 급속한 발전이었다. 미국의 유럽 원조, 일본 경제 재건을 중심으로 세계 무역이 증가했고 유엔무역개발회의(UNCTAD) 창설에 따라 국제무역 문제를 해결하고 활성화하면서 세계 무역이 발전했다.

두 번째 요인은 여성의 노동시장 진출이다. 여성 노동자 비율이 40%도 안 되던 시대에서 이제는 여성 노동자 비율이 70%인 상황으로 바뀌었다. 일본처럼 여성 노동자 비율을 높이지 않은 나라들은 성장률이 더 낮았다.

세 번째 요인은 교육이다. 1950년에는 미국에서 젊은 남성의 15%와 젊은 여성의 4%만이 대학에서 공부했다. 하지만 제2차 세계대전 이후 대학 공부가 점점 더 보편화되면서 엔지니어, 기술자, 그리고 연구자들로 이루어진 교육받은 노동력의 창출은 경제 성장을 가속했다.

네 번째 요인은 소비자 신용이다. 소비자 신용의 증가는 서구 기업에게 많은 물건을 만들어 많이 판매함으로써 규모의 경제 혜택을 가질 수 있는 기회를 제공했고 이는 기업 성장의 중요한 원동력이 되었다.

다섯 번째 요인은 인구 증가다. 미국에서 베이비붐 세대는 노동력과 소비력을 모두 증가시켰다. 의료 기술의 발전과 식량 생산의 증가도 세계 인구를 증가시키는 데 큰 역할을 했다.

킹에 의하면 이 모든 요인들이 기술과 함께 작용하여 서양의 경제 성장을 가속화했다. 오늘날 기술을 제외하고는 이 성장 요인들은 더 이상 사용할 수 없기 때문에 그는 21세기 동안 서양 국가들의 경제 성장은 훨씬 더 느려질 것이라고 예측한다.

그의 의견으로는 많은 정부가 20세기에 있었던 일이 계속될 것이라고 아직도 낙관적으로 예측하고 있다. 킹은 이러한 과장된 가정들이 지나치게 낙관적인 예측을 만들어 낼 수 있고, 정부가 대중들에게 과도한 약속을 할 수 있으며, 결과적으로 실망을 안겨주고 극단주의적 요소들의 증가로 이어질 수 있기 때문에 이것은 위험하며 사회불안으로 이어질 수 있다고 주장한다.

또한 OECD 국가들 중 상당수가 높은 공공 부채에 빠져 있기 때문에 성장을 장려하기 위해 정부 수요를 늘리는 것을 의미하는 '케인즈식 추진'을 밀고 나갈 수 없을 것이라는 점도 주목할 수 있다.

인구통계학적 배당금

인구통계학적 추세가 경제 성장에 가장 중요하다는 많은 근거가 있다. Bloom[91]과 그의 파트너와 같은 연구자들에 따르면 1960년에서 1990년 사이에 동아시아의 놀라운 성장에서 최대 3분의 1을 차지하는 "인구통계학적 배당금"이라고 알려진 것에는 젊은 사람들이 경제 활동에 참여하는 것의 중요성이 반영되어 있다. 모든 연구자들은 인구 노령화에서는 그 반대로 성장이 감소한다는 사실에 동의한다. 젊은 인구는 때로는 경제 성장의 25%에서 40%까지 기여한다고 각 나라의 경제 예측은 말하고 있다. 그러나 이러한 추세가 역전되어 노동력이 감소하면, 일하는 젊은이들이 줄어들고 일하지 않는 노인들은 많아진다. 따라서 이러한 현상이 경제 성장에 미치는 영향은 분명하다.

G20 정상회의를 위해 작성된 연구에서는 세계 인구는 출산율 감소와 기대수명 증가로 특징지어진다고 발표했다. 두 가지 추세의 주요 결과는 인구 고령화이다. 선진국에서 60세 이상 인구의 비율은 2010년 22%에서 2050년 33%로 증가할 것이다. 반면에 생산 가능 인구는 49%에서 41%로 감소할 것이다. 이 데이터가 말하는 핵심은 노인 인구의 급격한 증가와 생산 인력의 급격한 감소다. 보고서는 다음의 내용을 언급하지 않았지만, 2030년까지 선진국의 총 노동력 중에서 20세에서 34세 사이의 젊은이들이 약 14% 정도 감소할 것이라는 인구통계학적

연구가 있다. 이 연령대는 최고의 노동생산성뿐만 아니라 소비자로서 최고의 수요를 갖는 특징이 있기 때문에 이러한 인구통계학적 추세가 세계 경제 전반에 부정적인 영향을 미칠 것이라는 예상은 명확하다.

2014년 4월 이코노미스트지는 2035년까지 11억 명 이상의 사람들, 즉 전체 인구의 13%가 65세 이상이 될 것이라고 보고했다. 이것은 출산율 감소와 인구 성장의 둔화에 따른 자연스러운 결과다. 그것은 주변에 젊은 사람들이 더 적어질 것이라는 것을 의미한다. 유명한 부양 비율, 즉 일하는 청년들에게 의존하는 노인들의 수는 훨씬 더 빠르게 증가할 것이다. UN은 2035년 부유한 나라들에서 100명당 노동 연령 인구 대비 54명의 노인이 의존하게 될 것이라고 예측하고 있다. 즉 3명 중 1명은 "부양"이 필요한 인구가 된다는 것을 의미한다.

이 문제의 두드러진 예로 고령화가 진행되면서 세계에서 가장 나이가 많은 인구를 가진 일본을 들 수 있다. 일본은 평균 연령이 48세이고 거의 25년 동안 성장을 하지 못했다. 독일 또한 두 번째로 나이가 많은 국가로 평균 연령은 47.5세인 심각한 문제를 가지고 있다.

OECD 인구의 고령화는 이 연맹 회원국의 경제 성장에 극적인 영향을 미치며, 명시된 바와 같이 인구통계학적 전망은 매우 비관적이다. 같은 이코노미스트 기사에서 크레디트 스위스의 경제학자인 암란 로이(Amlan Roy)의 연구는 일본의 노동력 인구 감소가 2000년에서 2013년 사이에 자국의 GDP 성장을 연평균 0.6% 포인트 조금 넘는 수준으로 하락시켰으며, 2017년까지 이 비율은 연간 1.0% 포인트로 악화될 것이라고 예측하고 있다. 그리고 독일의 경우 노동력 감소는 GDP 성장을 연간 0.5% 포인트 가까이 상쇄할 것이라고 가리키고 있다. 미국은 베이비붐 세대의 은퇴가 경제 성장을 0.7% 포인트 감소시킬 것이라고 예상된다.

유럽에서 노동인구와 비노동인구의 비율(부양비율)은 2010년에 일하지 않는 사람당 일하는 사람이 2.2명으로 최고치를 기록한 후, 2030년에는 최저치인 1.65명으로 떨어질 것으로 예상된다. 그 이후로 이비율은 속도가 느려지더라도 계속해서 진행될 것이다.

단기적으로 유럽으로 몰려드는 이민자의 물결은 아마도 일정 부분에서 긍정적인 영향을 미칠 것이다. 정부 예산이 사회 복지 서비스로 흘러가고, 보호소와 재활 센터를 건설하고, 이민자들의 주거와 교육에 예산이 투입되고, 이것이 소비에 대한 수요로 이어지고, 기초 산업에는 값싼 노동력이 공급되고, 이로 인한 기초 산업에 속한 기업들의 수익성이 증가하여 성장을 촉진할 것이다. 그러나 이미 유럽에는 주로 북아프리카에서 온 이민자들이 몰려들고 있기 때문에 노동력이 부족하지 않다. 그들은 오랜 시간 동안 유럽에서 노동 부족에 대한 공급처 역할을 수행해 왔다. 그러나 역설적으로 새로운 불법 이민자들은 과거에 입국한 합법 이민자들의 일자리를 위협하고 있다. 장기적으로 그들은 부정적인 영향을 미칠 것이다. 사회와 안보 예산의 지속적인 부담, 1인당 GDP의 감소, 사회적 격차와 문화적 격차, 국가에 대한 정체성 부족, 교육 격차, 직업 윤리의 저하, 정치적 변화, 그리고 테러 등으로 이어질 것으로 예상된다.

성장의 원천

선진국들이 20세기에 성장할 수 있었던 거대한 성장 동력들이 사라지고 있다. 앞으로 예상되는 성장률은 2008년 위기 이후 달성된 것과 비슷할 것이며, 현재 OECD 국가들이 처한 새로운 국면에 대한 경종으로 작용할 수도 있다. 2008년 위기 이후 선진국들은 양적 확대, 비용 절감, 기술 혁신이라는 세 가지 주요 성장 동력에 의존해 왔다. 생산성 증대라는 파악하기 어려운 요소를 추가할 수는 있지만, 어쨌든 기술적 개선에 따른 효율성과 결합되어 있고, 우리가 곧 살펴보겠지만 기술적 개선은 한편으로는 해결책이지만 다른 한편으로는 문제가 될 수도 있다.

금리 인하를 의미하는 '양적 확대'라는 측면에서 대부분 선진국의 중앙은행들은 양적 도구가 어느 정도 소진되었으며 이에 대한 해결책은 다른 곳에서 찾아야 한다는 점을 인정한다. 미국의 경우 행정부가 다른 방식의 재정 부양책을 시도하고 있고, 이는 정부 자체의 수요 증가로 이어지지만, 동시에 재정적자와 막대한 대외부채가 증가할 것이라는 점은 아이러니하다.

미국은 새로운 에너지 생산 기술을 세상에 가져왔다. 석유, 가스 그리고 셰일 가스 생산은 상업 생산에 필요한 두 가지 기술인 프래킹(fracking)과 수평 시추(horizontal drilling)의 도입으로 21세기 첫 10년 동안 탄력을 받게 되었다. 실제로 이 두 가지 기술은 모든 희망을 충족시켜 주었다. 석유 가격의 하락은 중국의 경기둔화와 젊은 셰일 산업에 해를 끼치는 동시에 앙숙인 이란에 치명타를 주기 위한 사우디의 가격 전쟁 때문에 발생했다. 유가 하락은 양날의 검이다. 이 자원을 수입하는 국가들에게는 매우 도움이 되지만, 이 자원을 수출하는 국가들에게는 해를 끼친다. 그럼에도 불구하고 세계에서 가장 발전된 국가들은 대부분 석유와 가스 수입국들이기 때문에 전반적으로 이익이 손해보다 훨씬 크다.

어떤 사람들은 재생 에너지를 낙관론의 원천으로 본다. 하지만 적어도 이 부문들(태양광, 풍력, 물, 바이오 디젤)의 진행 상황을 추적하는 발표된 데이터에 따르면 낙관할 이유가 거의 없다. 세계는 더 많은 에너지를 필요로 하고, 세계 공급량 중 모든 녹색 에너지의 상대적 비중은 화석 연료(가스, 석탄)에 의해 생산되는 에너지에 비해 증가하지 않았다. 물론 두 에너지 다 절대적인 관점에서 성장하고 있지만 전체 에너지 생산의 약 7%에 머물고 있다.

그러므로 우리는 바이오테크, 바이오메드, 하이테크, 유전학 그리고 나노기술의 발전에 기반을 둔 가속화된 기술 혁신에 과제를 갖고 있다. 실제로 이것들은 성장의 견인차 역할을 하지만 이 분야의 모든 발전은 회사의 수익을 향상시키고 사람들을 일자리에서 배제하는 로봇공학, 스마트 소프트웨어, 인공지능 그리고 자동화와 함께 온다. 미국과 다른 선진국들은 지난 25년간 로봇공학과 혁신적인 제조 기술의 도입으로 수천만 명의 블루칼라 노동자들이 사라졌고, 새로운 직업들이 창출될 것이라고 예측했다. 21세기 초부터 대다수의 전문가들은 기술변화가 너무 빨라서 새로운 일자리가 창출되는 것보다 더 많은 일자리가 사라질 것이라고 확신하고 있다.

일자리가 사라지는 동안 '오래된' 기술의 회사와 생산 라인도 없어진다. 카세트 테이프가 레코드를 파괴한 것처럼 콤팩트 디스크가 테이프를 파괴했다. MP3 플레이어가 디스크와 워크맨을 파괴했다. 스마트폰은 MP3 플레이어를 대체했다. 모두 애플사의 아이폰을 칭찬하지만 아이폰이 MP3 플레이어 제조업체 중 일부를 없앤 후, 스마트폰도 디지털 카메라 제조업체를 없앴다. 애플의 아이폰은 결과적으로 코닥, 미놀타, 캐논 등과 같은 오래된 필름 카메라 제조업체에 심각한 손상을 입혔다.

노동시장의 위축

직원들에게 무슨 일이 일어날까? 신기술을 보유한 회사들은 기술에 의해 쫓겨난 모든 사람들을 위해 충분한 일자리를 창출하고 있을까? 메가리서치(MegaResearch)는 2020년까지 세계 15개 경제 대국(선진국과 개발도상국 모두)의 노동시장이 기술변화의 결과로 500만 개의 순 일자리를 잃을 것이라고 주장한다. 그 연구는 이를 4차 산업혁명이라 부르며 인공지능, 컴퓨터 과학, 로봇공학, 나노기술, 3D 프린팅, 유전학, 그리고 생명공학과 같이 이전에는 관련이 없던 분야들의 발전을 포함한다고 하였다. 그것은 비즈니스 모델뿐만 아니라 고용시장에도 광범위한 "교란"을 일으킬 것이다. 연구원들은 새롭게 변화하는 환경에서 성공하려면 근로자에게 필요한 기술에 거대한 변화가 필요할 것이라고 추정한다.

메릴린치와 뱅크 오브 아메리카의 연구에 따르면 지능형 기계의 등장은 우리의 일상생활에 필수적인 부분이 되고 있다. 그들의 예측에 따르면 2025년까지 로봇이 생산 업무의 최대 45%를 차지할 것으로 예상된다. 간단히 말해서 그들은 세계가 아직 경험하지 못한 규모의 대량해고를 예상한다. 인공 지능 분야의 급속한 성장, 농업 및 광산용 로봇, 산업 제조 자동화, 생산 라인에 인간이 없는 것, 민간 및 군사 분야에서의 무인 항공기, 은행 시스템을 주로 변화시키는 핀테크, 산업용 로봇, 의료용 로봇 및 컴퓨터 보조 수술, 자율 주행 자동차, 가정 및 상점에서의 로봇 서비스, 소프트웨어 기반의 금융과 의료분야 컨설팅 등으로 인간의 노동력은 점점 덜 필요하게 될 것이다. 이 연구는 우리가 생활하고 일하는 방식이 패러다임 변화에 직면하고 있다는 결론을 내렸다.

옥스포드 대학교 연구원 2명의 최근 연구에 따르면, 소프트웨어와 로봇의 도입의 결과로 미국에서 현존하는 직업들의 47%가 10년에서 20년 이내에 사라질 것이라고 한다. 오늘날 우리는 코드를 만들고, 컴퓨터 화면을 디자인하고, 디지털 홍보 분야에 종사하고, 고객들을 위한 "사용자 경험"을 만들고, 인터넷을 통해 수요를 찾고, 컴퓨터가 통합된 패션 분야에 종사하고, 웹사이트를 홍보하고, 컴퓨터 게임을 프로그램하고, 로봇이나 인터넷에 연결될 수 있는 공산품을 만들 수 있다면 성공할 수 있다고 알고 있다. 하지만 세상의 많은 중산층들에게 "똑똑한" 도구들은 하나의 경고 장치다. 세계의 인구가 둘로 나뉘는 순간이 다가오고 있다. 세계의 한 부분은 디지털 세상에서 숨 쉬며 헤엄치는 사람들이 생계를 꾸려나가고, 잘 나누고, 존엄하게 살게 될 것이다. 그렇지 않은 사람들은 어떻게 될까? 그들의 미래는 확실하지 않다. 짧은 시간 안에 어떤 직업은 놀랄 만큼 순식간에 사라질 것이다. 이러한 분야에서는 급격하게 임금이 낮아질 것이다.

다음 물결은 BOT로 알려진 "스마트 에이전트"의 도입으로 누구나 인터넷에서 간단한 작업에 대한 도움을 받을 수 있게 된다. 그래서 더 많은 직업들이 위험에 처하게 될 것이다. BOT이 감성 지능 기능의 적용에 관한 알고리즘을 잘 이해할수록, 위험에 처하게 될 많은 분야의 인간 노동자들의 수가 증가할 것이다. 사실 가장 위험이 높은 직업들은 중산층의 직업이다. 가장 많이 노출되는 직업들은 사무직과 행정직이다. 반면에 번창할 직업들은 물론 컴퓨터와 디지털화 분야가 될 것이다.

일반적으로 급여 규모의 상위에 있는 근로자나 개인 서비스에 전문성을 가진 사람들은 위협받지 않는다. 정원사, 미용사, 간호사, 물리

치료사, 배관공, 전기기사 등 물리적 영역을 다루는 하위 10분위의 직업들은 물리적 복잡성을 가진 인간의 능력을 대체하는 로봇들이 아직 등장하지 않았기 때문에 상대적으로 보호받고 있다.

맥킨지 컨설팅 회사는 "오늘날 인류 사회가 겪고 있는 변화의 속도는 산업혁명에서 인류가 겪은 변화보다 10배 빠르고, 300배 더 크다."라고 주장한다.

이스라엘에서 가장 저명한 첨단 기술 전문가 중 한 명으로 50년간 기술직에 종사해 온 야곱 코틀리츠키(Jacob Kotlitzki)는 없어지는 일자리보다 더 적은 수의 새로운 일자리가 창출되는 세계적 추세에 대해 매우 우려하고 있으며, 상황이 점점 더 악화되고 있다고 한다. 그는 해결책이 새로운 직업을 지원하기 위한 학술 교육의 성장과 변화라고 믿는다. 그의 평가에 따르면 이스라엘에서는 고급 기술 연구가 필요하다는 젊은 세대의 요구가 있다. "저는 로봇공학의 모든 주제에 대한 집착과 엄청난 관심에서 고급 기술 연구의 필요성과 미래를 봅니다. 몇 년 전까지만 해도 신입생들 사이에서 가장 인기가 없었던 테크니온 대학 기계학부는 주로 로봇공학 덕분에 최근 몇 년간 가장 바람직한 학부 중 하나로 자리 잡았습니다. 제가 아동과 청소년을 위해 로봇 실험실을 기증한 테크니온 대학의 예비 학술센터에서도 그 수요는 엄청나게 증가했습니다. 세 실험실은 북부의 모든 학교(아랍과 유대인)에서 온 아랍과 유대인 어린이와 청소년들로 가득 차 있는데, 이들은 로봇 제작을 경험하기 위해 하루 종일 방문합니다. 기계 기술, 컴퓨터 엔지니어링, 인공지능으로 인해 점점 더 인간이 불필요해지는 지점에 도달하고 있으며 우리는 이미 그 과정에 깊이 빠져 있습니다. 제가 보는 문제는 이미 존재하고 있지만 앞으로 더욱 악화될 청년들의 거대한 고용 문제인데 그것이 어떻게 뒤바뀌고, 정부가 늘어나는 청년층의 실업 문제를 어떻게 다룰 것인지, 실업자들 스스로는 무엇을 할 것인지 알 수 없습니다."

코틀리츠키는 또한 또 다른 문제를 발견했다. "저는 우리가 진정한 변화를 만들 수 있는 능력, 기술 혁신의 돌파구, 그리고 새롭게 변화하는 것의 대부분은 '있으면 좋은' 수준이고 많은 사람들이 소비하기 시작할 실제 필요량에는 상대적으로 부족하다는 것을 알고 있습니다. 생계를 유지하고 돈을 벌 수 없지만 더 많이 얻고, 더 많이 소비하라고 세상은 부추기고 있습니다. 이와 같은 정말 무서운 일들이 과거에 혁명으로 이어졌습니다. 그러나 지금은 조용히 진행되고 있고 더 큰 문제는 해결책이 없어 보인다는 것입니다."

경제학자 토마스 프리드먼(Thomas Friedman)은 세계화와 기술이 세계를 평평하게 만드는 원인들 중 하나이며, 세계가 인쇄술과 산업혁명과 유사한 패러다임의 변화를 보이는 경향에 대해 설명했다. 그는 세계화와 기술이 만들어낼 수 있는 것보다 더 높은 비율로 직업과 직업을 소외시키고, 평평하고 역동적인 세계 거주자들과 구세계 거주자들 사이의 격차가 전쟁과 테러의 고조로 이어질 수 있는 심각한 경제적·사회적·정치적 문제들로 부풀어 오르는 세계에 대해 이야기했다.

***

결론적으로 우리가 보는 바와 같이 기술 혁신의 경제적 이익은 중산층의 감소, 실업의 증가, 그리고 사회 불안으로 상쇄될 것이다. 일자리의 순손실은 전 세계적으로 소비자 수요를 감소시키고 많은 인구의 분노와 불만을 증가시킬 것이다. 특히 아직 직업 경험이 축적되지 않은 청년들의 위험은 심각한 사회적·경제적 위험과 세계 경제를 진흙탕에서 탈출시킬 수 있다는 기술 진보의 능력에 대한 의문을 증가시킬 것이다.

이스라엘은 답을 가지고 있다

이스라엘 경제의 가장 큰 위험은 이스라엘 제품의 약 30%가 수출된다는 사실에서 비롯된다. 전 세계 경제에 대한 피해는 이스라엘 수출 기업들에게도 영향을 미친다. 사실 이스라엘 경제는 2008년 이후로 오랫동안 이런 피해를 느껴왔다.

그러나 이스라엘은 대부분의 선진국보다 위에서 제시한 문제에 대해 좋은 답을 가지고 있다. 세계 경제 위기가 이스라엘 경제에 미치는 영향이 상대적으로 낮기 때문에 정부는 수요를 늘릴 수 있다. 하지만 훨씬 더 중요한 것은 이스라엘은 다른 어떤 정부의 결정과도 무관한 상당한 상대적 이점을 가지고 있다는 것이다. 이에 대해서는 나중에 다룰 예정이다.

2010년 미국 중앙통계국(CBS)은 미국 경제에서 840개의 완전히 새로운 직업을 정의하였는데, 주로 첨단기술, 생명공학, 생물학, 유전학, 나노기술 분야였다. 이 모든 분야는 이스라엘에서 매우 흔하며 많은 새로운 일자리를 창출하고 있다.

이스라엘의 또 다른 큰 장점은 방위산업이 갖고 있는 중심성이다. 위성통신, 인터넷, 디지털카메라, 일부 소형화 기술 등 20세기의 큰 발명품들은 방위산업에서 민간시장으로 지식이 유출되는 과정에서 탄생했다. 따라서 앞으로도 국방기술이 민간경제에 계속 침투하여 노동시장에서 새로운 지위를 창출할 것으로 기대된다. IDF의 기술부대에서 복무한 경력을 가진 이스라엘인들 중 일부는 군복무 후 경험했던 내용을 민간 영역에 적용하여 창업으로 이어지고 있다. 실제로 이스라엘의 경우 많은 국방기술이 민간 생활에 적용되고 있으며 IDF에 있는 기술

부대와 민간 첨단기술기업 간의 협력이 지속적으로 이루어지고 있다.

이스라엘의 인구는 세계에서 3번째로 가장 교육을 많이 받은 인구 중 하나이며, 선천적으로 젊고 기업가적 기질을 가지고 있다. 이스라엘의 많은 젊은이들은 직업에서 직업으로 그리고 분야에서 분야로 빠르게 움직일 수 있으며 혁신에 매우 개방적이다. 그것은 문화적인 특성에 기인한다.

***

또 다른 도움은 전혀 다른 방향, 일종의 경제 기적에서 나온다. 이스라엘은 산업 및 도시 부문의 에너지 비용을 크게 감소시키는 동시에 이전에 경험하지 못했던 에너지 자립을 가능하게 한 대규모 해상 가스 저장소를 발견하였다. 이와 동시에 세계 유가 하락으로 인해 이스라엘 정부의 에너지 비용 절약은 순풍을 타고 있다. 이러한 추세는 다른 방향에서 오는 경제적 위험을 차단할 수 있다.

***

미국 하버드 대학의 경제 복합 지도(The Atlas of Economic Complexity)는 흥미로운 통찰력을 제공한다. 지도서는 100개 이상의 국가들의 세계 무역 및 시대에 따라 변화하는 역동성과 성장 기회를 추적하여 국가들이 시간이 지남에 따라 상황을 개선하고 최적의 성장을 장려할 수 있는 방법을 제시한다. 지도서는 세계 국가들 간의 엄청난 소득 차이를 설명하고 특히 미래의 경제 성장을 예측하기 위해 각 국가가 보유하고 있는 "생산적인 지식"의 양을 측정하려고 시도한다. 128개국을 지속적으로 조사한 이 지도서는 향후 10년 동안 오직 두 OECD 국가들과 함께 이스라엘이 상당한 경제 성장을 할 것으로 전망하고 있다.

작은 세계의 네트워크

글로벌 세계에 속한 글로벌 사람들은 내재된 이점을 가지고 있다. 네트워크로 연결된 세계에서 상호 연결된 사회도 비슷한 이점을 갖고 있다. 이스라엘 경제의 강점은 글로벌 세계와 외부로 연결되어 있는 것뿐만 아니라 이스라엘 사회 내부의 강한 네트워크 밀도에 기반을 두고 있다.

이스라엘의 강력한 내부 연계 특징은 이스라엘이 모든 사람들이 함께 공부하고, 함께 청년 운동에 참여하고, 함께 군대에서 복무했던 작고 붐비는 곳이라는 점에 기반을 두고 있다. 글로벌 연계는 과학적 또는 기술적 기반, 예를 들어 전 세계에 퍼져있는 R&D 센터의 과학자와 연구원에 의해 이루어지고 기업, 시장 그리고 글로벌 투자자와의 비즈니스 기반에서 만들어질 수 있다. 글로벌 연계는 때때로 전 세계 유대인 또는 이스라엘 공동체에 대해 국가별로 기반을 가지고 있다. 이스라엘 유대인 네트워크는 따뜻한 인간적 유대감을 바탕으로 사업, 경제 및 기타 기회의 개발에 활용된다.

현대의 정보경제는 정보의 흐름을 모든 것의 발현, 특히 경제성장의 발판으로 여긴다.[92] 네트워크의 밀도가 높을수록 더 많은 정보가 네트워크를 통해 흘러간다. 경제력이 정보처리의 효율성에 기반한다는 이 용어 아래 이스라엘은 글로벌 인맥과 시민에서 비롯되는 이점을 갖고 있다.

이스라엘은 문화와 언어에 대한 광범위한 지식, 개방성, 세계에 대한 호기심과 어디에서나 집처럼 편안하게 느낄 수 있는 유목민의 기질을 가진 이민자 사회에서 제공할 수 있는 세계적인 이점을 가지고 있다.

우리는 이전 장에서 이스라엘의 내부 연결을 다루었다. 이번 장에서는 이스라엘의 글로벌 연결성에 대해 논의할 것이다. 글로벌 연결성에 있어서 우리는 두 가지 수준을 구분해야 한다. 거시 연결성은 국가가 책임지고 있으며, 그 목적은 기업의 책임인 마이크로 연결성이 번영하는 데 필요한 조건을 가능하게 하는 것이다. 이 장에서는 거시적 수준을 시작으로 양자 모두에 대해 논의할 것이다.

미국, 내 사랑

경제적, 문화적, 정치적, 군사적 측면에서 표현되는 미국과의 강력한 유대관계를 언급하지 않고서는 이스라엘의 글로벌 우위를 이야기할 수 없다. 미국은 이스라엘 다음으로 규모가 큰 유대인과 이스라엘 공동체가 가장 많이 존재하고 번성하고 있다.

미국은 이스라엘의 최대 교역국이다. 양국 간 자유무역협정은 무역관계 발전의 기반이 될 뿐만 아니라, 미국 및 유럽연합과 자유무역협정을 체결할 수 있는 몇 안 되는 국가 중 하나인 이스라엘에게는 커다란 이점이기도 하다.

뉴욕의 두 주요 거래소에서 거래되는 이스라엘 기업들의 눈부신 활약이 눈에 띈다. 많은 미국인들은 전략적 또는 재정적 투자자로서, 첨단 기술이나 전통적인 산업에 대한 투자자로서 이스라엘 기업들을 설립하거나 구매하는 데 매우 적극적이다.

빌 게이츠에 이어 마이크로소프트의 두 번째 CEO를 역임한 스티브 발머는 마이크로소프트를 "미국 회사인 동시에 이스라엘 회사"라고 불렀다.[93] 크고 성공적인 이스라엘 회사 중 다수가 미국기업으로 등록되어 있다. 이러한 기업들은 이스라엘과 미국에서 모두 관리된다.

미국-이스라엘 과학기술재단이 발표한 연구에 따르면 이스라엘과 미국의 기술 관계는 제약산업으로 연결되어 있는 1위 스위스와 지리적으로 근접하여 많은 산업이 밀접한 관계를 유지하고 있는 캐나다에 이어 세계 3위를 차지하고 있다.

연구에 따르면 미국과 이스라엘의 기술 관계는 주요 16개국과 비교했을 때 모든 지표에서 안정적인 것으로 나타났다. 이러한 지표에는 정부 관계, 학계, 혁신 및 특허, 투자, 기업 협력, R&D 등이 포함된다. 이스라엘은 기업 관계 부문에서는 2위, R&D 분야의 민간 투자 지수 부문에서 선두를 기록했다.

***

수십 년 동안 이스라엘에서 발표된 다양한 설문조사에서도 알 수 있듯이 다수의 미국인은 특별하게 이스라엘을 선호한다. 갤럽 여론조사에 따르면[94] 이스라엘은 미국에서 가장 인기 있는 나라 중 하나이며, 미국인의 71%가 이스라엘에 대해 공감하거나 특별한 감정을 가지고 있는 것으로 나타났다. 이는 성경 벨트에 살고 있는 미국 유대인과 수천만 명의 기독교 신자들보다 훨씬 많은 숫자다. 광범위한 미국 인구가 이스라엘에 특별한 정서적, 종교적 연결성을 가지고 있다.

이스라엘인들에게 미국은 단연코 세계에서 가장 사랑받는 나라다. 그것은 국가적으로나 개인적인 면에서 미국을 닮고자 하는 이스라엘인들의 열망 때문이다. 이스라엘 정치인들은 미국을 "우리의 가장 위대한 친구"라고 스스럼없이 표현한다. 이스라엘인들은 세계 어느 곳에서도 느낄 수 없는 편안함을 미국에서 느낀다.

전 주미 이스라엘 대사이자 두 나라 사이의 삶을 다룬 책『Ally』[95]의 저자인 마이클 오렌(Michael Oren)은 "미국에게 이스라엘은 안정적이고 충성스러우며 군사적으로 숙련된 자산입니다."라고 썼다. "미국에게 이스라엘은 믿을 수 있고, 군사적으로 유능한 파트너로서 과학과 기술력의 원천이며, 폭풍우가 몰아치고 종종 유독한 바다에 있는 친미적인 섬입니다. 그들 사이에는 이념적, 전략적, 그리고 자연적인 동맹 관계가 있습니다."

이스라엘이 중동 유일의 민주주의 국가라는 점은 의심할 여지 없이 두 나라 사이의 특별한 관계를 이해하는 열쇠 중 하나지만, 이러한 관계는 오랜 세월에 걸쳐 발전해 왔고 여러 층으로 구성되어 있다. 두 나라 사이에 존재하는 굳건한 유대는 어느 측면에서 보아도 예외적이다.

유대교는 17세기 초부터 미국의 역사, 도덕, 문화 및 가치에 필수적인 부분이었다. 이스라엘과 미국의 관계는 '현대 홍해 횡단'(대서양)을 건너 현대 '약속의 땅'(미국)에 도착한 최초의 정착민들이 정착한 400년의 전통과 가치를 바탕으로 하고 있다. 그리고 그들은 같은 사고방식으로 '현대 출애굽'을 통해 18세기 미국을 건국했다.

"나는 정말로 유대인들이 유대에서 독립적인 국가가 되기를 바랍니다."라고 이스라엘이 세워지기 148년 전, 미국의 두 번째 대통령인

존 애덤스는 말했다. 미국 남북전쟁이 한창일 때, 아브라함 링컨은 미국이 다시 통일되면 유대인들이 그들의 땅으로 돌아올 수 있도록 일하겠다고 약속했다. 그의 아내 메리는 그의 삶의 마지막 날에 링컨이 죽기 전에 예루살렘을 보고 싶다는 그의 바람을 이야기했다고 말했다.[96]

그것은 언어도 다르고 지리적으로도 멀리 떨어져 있지만 타국과 비교할 수 없는 정신적 친화력 때문이다. 그렇기 때문에 미국은 이스라엘 국가가 수립된 지 불과 11분 만에 신생 유대 국가를 가장 먼저 인정했다.

오늘날에도 성경의 인용문이 미국의 공공, 정치, 법적 담론에 등장하고 있다. 오직 미국에서만 데이비드 벤구리온, 골다 메이어, 이츠하크 라빈의 이름을 딴 거리를 발견할 수 있고, 이스라엘은 라 과르디아, 케네디, 마틴 루터 킹과 같은 주요 미국인들과 9·11 테러 희생자들과 같은 미국인들을 기념하는 유일한 중동 국가다. 이스라엘과 미국인들은 그들의 이상을 위해 싸우려는 의지 또한 비슷하다. 소비에트 공산주의에서 사담 후세인 그리고 지하디스트 테러에 이르기까지 동일한 가치를 지키고 동일한 위협에 대처한다는 점에서 이스라엘과 미국인들은 유사하다.

이스라엘과 미국의 관계는 1960년대 말 이후 이스라엘에게 가장 중요한 국제관계로 간주되어 왔다. 이스라엘은 미국과의 동맹을 가장 중요한 것으로 여기고 있으며, 미국은 이를 "특별한 관계"로 규정하고 있다. 한편으로는 선호했던 무슬림 세계와의 관계에서 문제가 많았고, 다른 한편으로는 이스라엘을 오해했던 오바마 대통령 조차도 "이스라엘과의 단합은 우리의 국가 안보의 근본적인 이익입니다... 그러므로... 이스라엘과의 동맹은 영원히 지속될 것입니다."라고 말했다.[97]

이스라엘은 국제적인 정치적 지원 외에도 미국으로부터 연간 약 34억 달러의 군사 원조를 받았다. 이 원조는 이스라엘 연간 GDP의 1%도 되지 않는 금액이다. 이 금액의 84%가 미국의 군사 구매를 위해 할당되었다. 따라서 순환 작용으로 이 협정은 실제로 미국 내 일자리 창출을 증가시킨다. 2016년 9월에 체결된 새로운 원조 협정은 이 금액을 연간 38억 달러로 늘렸지만, 미국 내 구매 비율을 100%로 높여서 미국 내 일자리 창출을 더욱 확대하고 있다. 그럼에도 불구하고 이는 IDF가 장비 일부를 조달할 필요성을 줄여주기 때문에 이스라엘에게는 매우 중요한 원조다. 하지만 일자리 창출 외에도 이 지원이 미국에 추가적인 가치를 가져다 줄까?

"이스라엘은 침몰할 수 없는 세계에서 가장 큰 미국 항공모함입니다."라고 1981년에 알렉산더 헤이그(Alexander Haig) 미 국무장관이 말했다.[98] 1986년 미 공군의 정보 책임자였던 조지 키건(George Keegan) 장군은 이스라엘 정보의 미국 안보에 대한 기여는 CIA 5개가 하는 역할과 맞먹는다고 주장했다.[99]

상원 정보위원회와 상원 예산위원회 위원장인 대니얼 이노우예(Daniel Inouye) 상원의원은 "미국이 이스라엘로부터 받은 정보의 범위는 나토의 모든 국가로부터 받은 정보의 범위를 모두 합친 것보다 많습니다."라고 말했다.[100] 이스라엘 정보기관은 대테러 정보를 미국에 제공하고 있으며, 이를 통해 미국은 매년 수십억 달러의 비용을 절감하고 있다. 2014년 척 크룰락(Chuck C. Krulak) 전 해병대 사령관은 "1991년 이라크에서 이스라엘의 장갑전쟁 교훈을 시나이(Sinai)에서 실행했습니다."라고 말했다.

미군 공병대는 IDF를 위한 공항과 군사 캠프를 건설했을 뿐만 아니라 미군이 이스라엘 영토에서 사용할 시설도 세웠다. 양국 군은 합동 기동훈련을 실시하고 있으며 정책과 군사적 협력을 결정하는 대화를 지속하고 있다. 미군은 IDF가 개발한 방법과 모델에 따라 이스라엘의 네게브 군사 기지에서 도시 주변에서의 전투를 위해 훈련하고 있다. 군사원조 자금의 영향으로 IDF의 장비와 무기는 대부분 미국에서 제조되고 있다. IDF는 미군의 혁신 기술을 위한 광범위한 시험장을 제공하고 있으며, 미국도 1990년대부터 이스라엘에 군사 장비를 비축하고 있다.

특히 러시아가 영향력을 새롭게 회복한 반면, 미국은 중동 지역에서 지정학적 영향력을 상실하고 있다는 점을 감안할 때, 중동의 유일한 민주주의 국가에 원조를 제공하고 아마도 역대 최고의 파트너를 돕고 있다는 사실을 기억하는 것이 중요하다.

워싱턴 주재 미국 대사를 역임했으며 현재 미국과 이스라엘 기업 및 정책 입안자들을 위한 미국-이스라엘 기회를 제공하는 컨설팅 회사의 사장인 요람 에팅거(Yoram Etinger)는 "이스라엘은 미국의 전략적 무기를 확장하는 역할을 하고 있습니다."라고 주장한다.

***

미국 유대인들은 홀로코스트 기간 동안 자신들의 형제인 유럽의 유대인들을 구하기 위해 미국에 입대할 수 없었기 때문에 오랫동안 존경할 만한 길을 선택했다. 그들은 봉기와 이스라엘 국가 수립에 기여했고, 이는 이스라엘 건국을 위해 싸우는 이들의 지위를 공고히 하는 데 도움이 되었다. 미국 대법원의 첫 유대인이었던 루이스 브랜다이스(Louis Brandeis)는 "시오니즘을 지지했던 모든 미국 유대인들은 그것 때문에 더 나은 미국인이었습니다."라고 말했다.

미국에서 가장 강력한 유대인 로비단체인 AIPAC 회원들은 스스로를 강력한 이스라엘과의 유대관계를 통해 국가를 강화하기 위해 노력하는 미국인이라고 생각한다. AIPAC은 이스라엘이 기술, 군사, 경제 분야에서 미국의 위치를 굳건히 지키고 있으며, 양국 간의 강력하고 기본적인 동맹관계를 유지하고 보존하는 것이 우리 모두의 의무라고 주장한다.

역사는 현실이 일반적으로 세력이 축소되는 것을 허용하지 않는다는 것을 보여준다. 세계에서 그들의 영향력 있는 위치에서 물러나는 제국들은 그들의 기원 국가를 약화시켰다. 고대 페르시아, 마케도니아, 그리스, 로마, 그리고 오스트리아—헝가리, 영국, 그리고 오스만 제국의 경우가 그러했다.

앞으로 수십 년 동안 미국인들은 세계적인, 군사적인, 정치적인, 그리고 경제적인 힘을 잃을 것인지 또는 정말로 세계를 이끄는 존재로 남기를 원하는지 결정해야 할 것이다. 내부적인 고립은 미국에게 경제적인 가치를 가져다 주지 않을 것이다. 또한 그러한 고립은 미국에게 유리하게 세계 경제를 규제하는 세계 경제 기구들에게 미치는 영향을 줄일 뿐이다.

두 고대 국가가 만났을 때

오늘날 중국은 세계 무대에서 자신의 자리를 놓고 경쟁하고 있는 세계적인 초강대국이다. 미국에 이어 제2의 경제대국이며 2050년에는 제1의 경제대국이 될 것으로 예상된다. 중국은 세계 최대 수출국이자 제2의 수입국이며, 외국인 직접투자의 제1의 대상국이다. 중국인들은

"21세기는 우리의 세기입니다."라고 말한다.

중국인들이 외국인 혐오의 역사를 가지고 있고, 그것에 대한 타당한 이유가 있다는 것을 기억하는 것이 중요하다. 19세기 중반까지 중국은 세계 최대 규모의 경제를 가지고 있었으나 대부분의 중국인은 외국의 침략이 수년간의 쇠퇴를 야기했다고 믿었다. 비록 중국에는 근본적인 외국인 혐오가 매우 깊게 뿌리 박혀 있지만 중국은 대체로 유대인들과 이스라엘인들에 대해서는 높이 인정하고 있다.

이렇게 풍부한 문화를 가진 고대 국가로서 중국인들은 유대인의 역사와 문화를 존중하며, 아직 가치 있는 문화와 유산을 개발하지 못한 다른 "새롭고 젊은" 국가들을 바라보는 시각과는 달리 역사와 문화를 양국의 공통 분모로 보고 있다. 중국인들에게 이것은 세상에서 가장 오래된 두 국가 사이의 첫 번째이자 가장 중요한 친근감을 만들 수 있는 근간이다.

중국인들은 2천여 년 전 중국이 심오한 문화를 발전시켰을 때도 여전히 숲속의 야생 민족처럼 떠돌아다녔던 많은 나라들에 대해 우월감을 가지고 있다. 유대인들도 유사한 감정을 갖고 있는데, 19세기에 영국의 디즈레일리 총리가 한 의원으로부터 유대인이라는 이유로 공격을 받았을 때 그는 "네, 저는 유대인입니다. 존경스러운 신사분의 조상이 외딴 섬에서 잔인한 야만인이었던 시절, 저의 조상들은 솔로몬 성전에서 사제로 일했습니다."라고 대답한 바 있다.

중국에서는 가족, 배움, 돈벌이의 중요성에 대한 중심 가치를 공유하기 때문에 유대인에 대한 본능적인 동정심이 있다. 중국인들은 유대인을 매우 현명한 민족으로 보고 있으며, 중국인들이 크게 존경하는 주제인 과학에 흔적을 남긴 많은 노벨상 수상자들을 포함하여 엄청난 수의 천재 유대인들을 알고 있다. 알버트 아인슈타인은 아마도 그들에게 가장 존경받는 역사적 (비중국인) 인물일 것이다. 그들은 또한 이스라엘을 짧은 시간 안에 엄청난 업적을 남긴 나라로 크게 평가하고 있다.

중국은 나치 독일에서 도망친 유대인들의 생명을 구하는 데 기여했다. 상하이에는 유럽에서 도망친 유대인들이 3만 명이 넘었다. 사실 상하이는 캐나다, 호주, 인도, 남아프리카, 뉴질랜드를 합친 것보다 더 많은 유대인 난민들을 흡수했다.

이스라엘은 마오 문화 혁명 이후 중동에서 가장 먼저, 그리고 세계에서 가장 먼저 중화인민공화국의 새 정권을 인정한 국가 중 하나임에도 불구하고 1992년까지 우호 관계를 수립하는 데 어려움을 겪었다. 이러한 어려움의 원인은 중국의 아랍 석유에 대한 의존과 이스라엘을 지지했던 미국과 아랍 국가들을 지지했던 러시아에 대해 반대하고자 하지 않았던 중국의 선택에 있었다. 그래서 중국인들은 두드러진 친팔레스타인적 입장을 발전시켰다.

오늘날 중국은 이스라엘의 두 번째로 큰 무역 상대국으로, 대중국 이스라엘 수출에 비해 대중국 이스라엘 수입이 훨씬 더 크다. 이스라엘은 중국인들의 관심 대상인 농업, 환경, 과학, 기술에 대한 전문 지식과 경험을 가지고 있다. 중국인들의 이스라엘 경제에 대한 실질 투자액은 미국 기업들의 투자 다음으로 많았다. 이러한 투자 규모는 확실히 중국인들이 이스라엘의 잠재력을 바라보는 시선을 반영한다.

이스라엘도 "신 실크로드"의 주도권에 관심이 있는 것으로 알려졌다. 이스라엘은 아프리카와 유럽, 심지어 서아시아 간의 지정학적 연결고리로서 중국의 물류 및 산업의 중계소 역할을 할 수 있다. 하이파와 아쉬도드항에 대한 중국의 관심과 아쉬도드-아일라트 철도에 대한 중요한 기반이 될 수 있는 가능성은 중국의 광범위한 전략 계획의 한 단계라고 할 수 있다.

중국과 이스라엘의 과학적 유대와 학문적 협력은 2014년 5월 텔아비브 대학과 베이징의 명문 칭화 대학이 양국 및 양국 기관의 상호 이익을 위해 혁신 연구에 대한 전략적 협력 협정을 체결하면서 절정에 이르렀다. 두 대학은 3억 달러를 투자하여 과학기술 혁신의 국제적 허브 역할을 할 공동 센터를 설립하기로 결정했다. 센터의 이름은 중국어로 "새로운"을 의미하는 신(Shin)으로 명명될 예정이며, 초기에는 나노 기술 분야와 같이 이스라엘과 중국 모두에서 가속화된 과학 분야에 초점을 맞출 것이다.

이번 협약에 앞서 억만장자 리카싱(Li Ka-shing)이 중국 지사 설립을 위해 테크니온에 1억3000만 달러를 기부했다. 그는 구글에 11억 달러에 매각된 이스라엘 기업 웨이즈(Waze)의 매각을 통해 얻은 수익으로 테크니온에 기부했다. 리카싱은 자신의 소유인 호라이즌 펀드를 통해 웨이즈에 투자했다. 시몬 페레스(Simon Peres)는 출범식에서 "오늘날 중국에는 천 개 이상의 이스라엘 기업이 운영되고 있습니다."라고 말하며, 양국이 서로 공유하고 배울 것이 많다고 덧붙였다.

중국과 이스라엘의 중요한 유대 관계 중 일부는 환경산업 분야에 있다. 물과 크린테크(Cleantech)의 글로벌 리더로서 이스라엘은 중국인들이 겪고 있는 오염 문제 해결에 도움을 줄 수 있는 혁신적인 기술들을 제시할 수 있다. 베올리아 이스라엘(Veolia Israel)의 유리 스타크만(Uri Starkman) 회장은 이스라엘이 거의 90%의 활용률로 하수도를 재활용하는 데 성공한 것을 고려하여 그와 함께 회의에 참석한 중국의 베이징, 상하이, 구이린 시장들이 그들도 같은 비율로 하수도를 재활용할 수 있는지 문의하기 시작했다고 말했다.

기업의 미시적 수준에서 중국 시장에서의 경험이 항상 성공적인 것은 아니다. 이스라엘 사람들은 친숙한 미국이나 유럽의 비즈니스 세계와 함께 일하는 것이 더 쉽다. 하지만 중국 시장의 힘과 성장은 이스라엘 기업들이 몇 번이고 시도하고 싶은 유혹을 불러일으킬 수밖에 없다.

국가 간 관계의 거시적 수준에서는 글로벌 세력들의 가치가 미치는 영향력을 고려해야 한다. 양국 간에 발전하고 있는 정치, 경제 체제는 아직까지 고갈되지 않았지만 의구심도 존재한다. 이스라엘에는 미국보다 더 중요한 우방은 없다. 중국과 미국 사이의 힘의 대결은 이스라엘과 중국의 관계에 영향을 미치고 있으며 앞으로도 영향을 미칠 것이다. 특히 중국의 대이란 유대관계와 팔레스타인에 대한 지지를 고려할 때 더욱 그렇다. 이스라엘은 대만과 긴밀한 관계를 유지하고 있는데 이러한 정치적 상황은 중국과의 관계 발전을 지연시킬 수도 있다.

이스라엘 기업이 유럽으로 제품을 보내면, 이스라엘에서 생산되었다는 사실을 최소화할 수 있다. 유대인들이 죽음의 수용소에서 학살된 지 75년 이상이 지났고, 일부 유럽인들에게는 이 반유대주의 악마가 유럽 전역에서 유대인들을 다시 증오해도 괜찮다는 듯이 다시 찾아오고 있다. 따라서 유럽에서 '티 나는' 신호 없이 이스라엘 제품을 판매하는 것이 좋다고 일부 이스라엘 수출업체들은 주장한다. 중국인의 경우 그 반대다. 그들은 특히 이스라엘 제품에 다윗의 별을 표시하기를 원한다. 중국인들은 사해의 천연 광물로 만들어진 화장품을 유통하는 아하바(Ahava)의 고위 관계자에게 "이렇게 하면 더 잘 팔릴 것입니다."라고 말했다. 중국인들의 눈에 유대인은 현명하고 성공한 사람으로 여겨지고, 어떤 사람들에게는 다윗의 별이 품질의 상징이기도 하다.

벤 버냉키(Ben Bernanke)가 미국 중앙은행 총재 시절 이스라엘에 대한 중국인들의 인식에 대해 나에게 많은 말을 해주었다. 중국 상무부 장관을 만난 자리에서 그는 "이스라엘에 관한 한 우리는 항상 여러분을 정치적으로 지지할 수는 없지만, 경제·과학·기술 면에서 여러분의 능력을 그 어느 나라보다도 높이 평가하고 있다는 것을 말씀드리고 싶습니다."라고 말했다. 중국 장관은 의도적이든 의도적이지 않든 미국 은행의 유대인 총재와 이스라엘을 구별하지 않았다. 그는 자신이 선택한 단어를 통해 이스라엘에 대한 깊은 감사를 표했다.

인도와의 관계

인도는 앞으로 수십 년간 더욱 강력해질 것으로 예상되는 중요한 나라다. 압도적 다수의 인도인들은 이스라엘에 큰 공감을 표하며 이스라엘을 배울 점이 있는 나라로 여기고 있다.

인도와 이스라엘의 관계는 건국된 날부터 오랜 기간 냉담한 시기를 거쳐 오다 소련이 붕괴된 이후 시작되었다, 오늘날 양국 간의 관계는 광범위한 군사 및 정보 협력과 지속적으로 증가하는 무역 등을 기반으로 번창하고 있다.

인도는 자국 내 무슬림 소수민족에 대한 불안과 오랜 적국인 파키스탄의 지속적인 위협, 그리고 최근에는 중국에 대한 우려로 인해 이스라엘 군사 장비의 최대 수출 목적지 중에 하나다.

지난 몇 년 동안 인도는 아마도 이스라엘 군사 장비의 주요 수출 대상국이 된 것으로 보인다. 이스라엘은 또한 대테러 활동을 위해 인도 군인들을 훈련시켰다. 이스라엘과 인도 사이에는 농업과 첨단기술 분야의 비군사적 협력이 활발한데, 이러한 협력을 더욱 강화하려는 경향이 에후드 올메르트 전 총리와 네타냐후 총리에 의해 위로부터 추진되고 있다. 이스라엘과 인도의 관계에 대한 자세한 내용은 "더 많은 작물을 위한"을 위한 인도의 사명과 이스라엘의 관개 시스템에 관해 이 책의 뒷부분에서 설명할 예정이다.

유럽 놀이공원 눈으로 본 이스라엘

볼프강 파울(Wolfgang Paul) 오스트리아 대사와 정신과 의사인 그의 아내가 우리 집의 저녁식사 자리에 초대되었다. 홀로코스트에 대한 기억과 오스트리아인들의 책임이라는 불편한 주제가 하얀 식탁보 위로 검은 까마귀처럼 맴돌고 있었다. 오스트리아의 최고급 와인잔 제조사인 리들(Riddle) 글라스에는 이스라엘산 고급 와인이 가득했다. 대화의 주제는 중동 평화 프로세스에 대한 유럽의 개입 시도였다. 정신과 의사인 그의 아내는 "이스라엘인들이 왜 유럽인들을 신뢰하지 않는지 제게는 분명합니다. 만약 그렇지 않다면 놀라운 일이겠죠."라고 말했다.

"저의 부모님은 이곳에서 태어났고, 할머니 한 분도 이곳에서 태어났고, 나머지 조부모님들은 십대 때 이스라엘에 왔습니다. 저는 유럽인들을 믿지 못할 개인적인 이유가 없습니다."라고 나는 어리석게 말했다. 대화는 우리가 안보와 평화의 문제(혹은 그들의 고유한 이름으로, 테러와 전쟁)를 다루기에 이르렀을 때까지 여기저기 흘러 다녔다. "저는 이스라엘을 중동으로부터 분리하고 다른 곳으로 끌고 가 다른 이웃과 연결하려는 나의 환상을 여러분과 공유해야 합니다."라고 나는 말했다.

정신과 의사가 "이스라엘을 어디로 연결할 것인가요?"라고 묻는

데 단 한순간밖에 걸리지 않았다. 침묵이 흘렀다. 닻을 내릴 최적의 장소를 찾던 기억이 난다. 여기저기를 생각했지만 한 가지는 분명했다. 영리한 정신과 의사가 옳았다. "유럽에는 없습니다. 그들은 믿을 수 없습니다. 우리는 불과 피로 시험을 받고 불에 타버렸습니다."

이스라엘 사람들은 이스라엘의 운명을 유럽 사람들에게 맡기지 않을 것이다. 유럽 사람들은 이스라엘 사람들을 어떻게 소화하고 이해해야 할지 모른다. 그들이 보는 이스라엘인은 놀이공원에 있는 삐뚤어진 거울의 복도 속에 서 있는 일종의 왜곡된 모습이다. 때로는 이스라엘 사람들이 나치 수용소에 있는 죄수처럼 너무 말랐고, 때로는 주머니에 모은 돈 때문에 너무 뚱뚱하다. 때로는 IDF 군인처럼 키가 크고 강하고 영웅적인 모습을 보이기도 하고, 때로는 낮고 피부색조차 없어 보인다.

그러나 위의 모든 것에도 불구하고 유럽 연합은 이스라엘의 주요 무역 파트너다. 유럽연합과 이스라엘의 무역은 수년간 안정적이었고, 수백만 명의 무슬림을 흡수하는 것과 대립해야 하는 유럽연합 국가들은 아마도 이스라엘의 국토방위, 사이버, 그리고 정보 능력을 활용할 수 있는 시장을 열어줄 것으로 보인다.

서유럽을 상대로 한 이슬람 투쟁으로 이스라엘과 유럽의 정경유착 관계가 개선될 가능성도 있다. 유럽인들이 이스라엘과 팔레스타인 문제를 모든 것의 중심으로 보는 순진한 욕망을 바꾸려는 노력을 한다면, 서방 이슬람 분쟁에서도 평화가 유지될 것이다.

***

독일은 유럽 국가 중 이스라엘의 최대 교역국이다. 이스라엘은 중동지역에서 독일의 무역 협력 및 교역 2위를 차지하고 있다.

양국은 과학 및 산업 연구 분야에서 협력하고 있다. 독일과 이스라엘 간의 산업협력 프로젝트에 자금을 조달하는 것은 양국 무역 관계의 중요한 축을 이루고 있다. 이는 2010년 1월 독일 연방 교육 연구부와 이스라엘 경제부의 수석 과학자 사무소가 체결한 정부 간 협정에 근거하고 있다. 각 부처는 선정된 분야의 산업 R&D 프로젝트 자금을 지원하기로 합의했다. 이들 프로젝트는 주로 생명공학, 물과 환경 기술, 보안, 안보 등에 중점을 두고 있다.

또한 2011년 초 이스라엘 경제부와 독일 연방 경제기술부는 이스라엘과 독일 기업이 공동으로 혁신적인 제품과 서비스를 개발 및 지원하고 중요한 비즈니스 관계를 창출할 수 있는 협력 프로그램을 시작했다. 프로그램 시작 이후 수십 개의 공동 프로젝트에 자금이 지원되었으며 뚜렷한 성과가 있는 것으로 평가되고 있다.

양국 정부는 또한 주변부 및 전통 산업에 초점을 맞춰 이스라엘과 국제 기업 간의 산업 R&D를 장려하는 프로그램을 진행하고 있다. 이러한 사례들은 양국 경제와 그 틀에서 활동하는 기업들 사이에 오랫동안 광범위한 경제협력이 존재해 왔음을 보여준다. 이스라엘과의 교역에서 독일은 미국, 중국에 이어 세 번째로 큰 파트너이다.

***

수년간 영국과 이스라엘은 양호하고 광범위한 무역 관계를 누려왔는데, 이는 영국의 위임 통치 기간의 유산 이자 특히 대부분의 이스라엘인들에게도 잘 알려진 영어 덕분이다.

두 나라 사이의 활발한 경제활동은 이스라엘에 대한 영국기업의 투자와 약 250여 개 이스라엘 기업의 영국 내 영구 진출에 반영되어 있다. 영국 내 이스라엘 기업에 의한 인수, 합병, 발행도 다수 존재하고 있다. 영국과 이스라엘은 과학과 기술 분야에서 광범위한 상업적 유대와 협력관계를 맺고 있다. 이는 기술 혁신과 관련된 사항에 대해 이스라엘의 리더십을 영국의 민간 및 공공 기관들이 인정한 결과이다. 대부분 일반 의약품을 기반으로 하고 있으며 고무, 플라스틱 제품, 항공기와 금속 부문도 포함되어 있다.

정치적 견해의 차이는 두 경제 사이의 관계에 영향을 미치지 않았다. 예를 들어 프로텍티브 엣지 작전이 한창일 때 이스라엘에 대한 날카로운 비판에도 불구하고, 영국과 이스라엘 사이의 무역 규모는 28% 증가했다.

영국과 이스라엘의 군수 산업 관계는 양국 간 무역 관계를 강화시켜 온 전략적 동맹관계 속에 자리하고 있다. 이 분야는 이스라엘 기업들이 실전에서 사용해 온 무기들에 대한 영국 정부의 많은 관심으로 인해 더욱 강화되고 있다. 이런 맥락에서 수익성이 좋은 분야는 드론이다. 영국 국방부는 엘빗 시스템(Elbit Systems)이 개발한 미래의 에르메스(Hermes) 항공기를 개발하기 위해 '워치키퍼(Watchkeeper)'라고 불리는 수십억 파운드 규모의 프로그램을 엘빗 시스템과 협력하고 있다.

**

불행하게도 우리는 유럽 전체가 어려운 상황에 처해 있는 것을 알고 있다. 유럽은 인구의 고령화가 가속화되면서 인구통계학적 자살이 진행되고 있는 것으로 보이며, 인력 부족으로 죽어가는 대륙이 되느냐 아니면 서유럽 문화에 대한 광범위한 양보를 대가로 무슬림 이민을 받아들이느냐 둘 중 하나를 선택할 수밖에 없다.

"유럽은 양극화의 과정에 있습니다."라고 댄 슈에프탄(Dan Schueftan) 교수는 말한다. "좌파는 무슬림 인구의 대규모 유입을 허용했고, 많은 유럽인들은 극단적인 우파와 파시스트의 결과에 영향을 받고 있습니다." 유럽이 어디로 가고 있는지는 현 단계에서 알 수 없다.

세계 원조 자원

1999년 튀르키예에서 새벽 3시에 땅이 흔들렸다. 17,000명 이상이 죽고 수만 명이 다쳤다. 수백 명은 무너진 건물들 아래 갇혀있었다. 60만 명의 사람들은 피난처가 없었다. 죽음의 냄새가 사방에 널려 있었다. 공허한 눈을 가진 사람들은 한때 자신들의 집이었던 곳을 바라보았다. 돌무더기 옆에는 엄마, 아빠, 아기, 또는 어린 소년을 구하려는 사람들이 있었다. 한 명은 인형을 발견했다. 다른 사람은 낡은 담요를 발견했다. 다른 경우와 마찬가지로 IDF는 대피를 위해 구조대를 파견했고 야전병원을 세웠다. IDF 구조대는 시간과의 치열한 전투에서 잔해에 갇힌 18명을 구출했다.

그러나 진짜 이야기는 모든 사람들이 튀르키예를 떠난 지 한참 후에 시작되었다. 9월에 혹독한 겨울이 다가오고 있었다. 집을 잃은 수많은 사람들이 그 겨울에 추위로 죽을 수도 있는 위험한 상황이었다. 이스라엘의 계획은 겨울까지 난민들을 위한 마을을 만드는 것이었다. 이는 IDF가 수행한 프로젝트 중 가장 복잡한 프로젝트였지만, 2개월 안에 312개의 주택 단위가 3개의 운동장, 학교, 진료소, 경찰서, 그리고 가게들과 함께 지어졌다.

이스라엘 사람들은 생활을 위한 컨테이너를 이스라엘에서 만들어 튀르키예로 운반했다. 또한 그들은 그것들을 이동시키고 땅 위에 놓는 일을 책임졌다. 튀르키예 사람들은 토공, 전기, 도로의 기반 시설을 책임겼다. 파견병들은 밤낮으로 일했다. 그해 혹독한 겨울이 왔지만, 많은 양의 눈과 극심한 추위는 마을 사람들에게 피해를 주지 못했다.

튀르키예의 뷜렌트 에세빗(Bülent Ecevit) 총리는 "우리 튀르키예 국민들은 이스라엘 국민들의 도움과 손길에 감사하며 영원히 기억할 것입니다. 이스라엘 총리와 정부 그리고 세상에 살고 있는 우리 유대인 형제들에게 감사를 표합니다."라고 발표했다.

***

이스라엘 정부, IDF, 비정부 기구(NGO), 개별 이스라엘 시민에 의한 수십 건의 구조 및 지원 활동이 전 세계 여러 지역에서 이루어졌다. 캄보디아의 홍수, 멕시코와 아르메니아의 지진, 보스니아의 전투 희생자들, 르완다 난민들에 대한 의료 지원, 케냐 주재 미국 대사관의 수색 구조, 중앙 아메리카의 홍수 희생자들, 코소보 난민들, 에티오피아의 긴급 구호, 엘살바도르와 페루의 지진, 스리랑카의 홍수, 인도네시아의 허리케인 카트리나와 루마니아의 홍수, 마케도니아의 화재, 멕시코와 도미니카 공화국의 폭풍, 아이티와 일본의 지진, 태국의 쓰나미, 필리핀의 태풍, 네팔의 지진. 이것은 이스라엘이 구조 작업에 참여하고, 의료 지원을 제공하고, 대피와 수색 지원 임무를 수행한 재난들의 일부 목록일 뿐이다.

아이티 지진이 리히터 규모 7의 지진으로 60초 동안 발생해 8만 명 이상이 숨지고 약 25만 명이 부상을 당했다. 100만 명 이상이 집을 잃었다. 많은 국가와 기업, 민간인들이 돈을 기부하고 잔해에 갇힌 사람들에게 구조 활동을 통해 부상자들을 치료하고, 인도주의 물자를 그 지역에 들여와 기반 시설을 정비했다. 이스라엘은 220명으로 구성된 긴급 수색 구조팀을 파견하고 하루에 500명의 사상자를 치료할 수 있는 야전 병원을 설립했다(실제로 하루에 약 1,200명의 사상자를 치료했다).

MSNBC의 보도는 "여기는 엉망입니다."라며 "이스라엘인들은 예외적입니다. 우리는 그들의 747기가 공항에 착륙하는 것을 지켜봤습니다. 그들은 이스라엘 사람들을 돕는 것처럼 최고 수준의 병원을 짓는 데 필요한 모든 것을 가지고 왔습니다. 그들은 효율적이고, 철저하고, 잘 관리된 상태로 도착했고 즉시 일을 시작했습니다."라고 보도했다. 스튜디오의 인터뷰 진행자는 "미국 대표단이 이스라엘 대표단에 비해 조직성이 떨어진다는 말씀이신가요?"라고 물었다. 현장 기자는 "이스라엘인들은 다른 대표단들보다 훨씬 더 준비된 상태로 도착했고, 몇 시간 안에 수술실을 설치했습니다."라고 대답했다. 미국에서 9천 3백만 명 이상의 시청자들에게 방송된 CNN의 한 뉴스에서, 또 다른 기자는 현장에 있는 미국 장군들 중 한 명을 찾아가 어떻게 이스라엘과 같은 작은 나라가 아이티의 다른 대표단이 하지 못했던 것을 할 수 있었느냐고 물었다.

지진과 쓰나미 이후 일본에 파견된 IDF 대표단은 재해 지역에서 가장 먼저 작전 허가를 받았다. 일본법은 일본에서 정부 인증을 받지 않은 의사는 자국 영토에서 수술을 할 수 없도록 하고 있다. 그러나 일본 정부는 이스라엘 대표단이 진료소를 설립할 수 있도록 긴급 입법을 통과시켰다. 의료진은 외과, 정형외과, 부인과, 영상의학과 등의 전문가로 구성되었다. 의료 팀에는 구조 전문가, IT 및 물류 인력, 원자력위원회 전문가 등이 합류했다. 규모는 작았지만 효율적이며 영리한 대표단이었다.

이스라엘은 2015년 4월 네팔에서 발생한 지진에 대해 구호 활동에 참여한 국가 중 가장 큰 규모의 구호단을 파견했다. 당시 네팔에 있던 이스라엘인 2천 명을 지원하고 현지 주민들에게 최대한 많은 지원을 제공하는 것이 활동의 목적이었다. 4대의 비행기, 헬리콥터, 지프, 200명의 의료 인력과 95톤의 의료 장비를 보냈고 야전 병원을 세웠다. 다른 나라들도 당시 네팔에 자국의 국민이 있었다. 예를 들어 4천 명의 중국인, 7천 명의 미국인, 1천 4백 명의 프랑스인, 1천 명의 인도인 등이 있었다. 스칸디나비아 여행자들은 놀랐다. "우리나라는 결코 우리에게 그런 구호품을 보내지 않을 것입니다."라고 그들은 말했다.

자국민들을 구출하는 이스라엘 정부의 책임은 예외적이었지만, 특히 감동적인 것은 작은 생존자들의 얼굴에 미소를 짓는 광대로 분장한 대표단의 의료진들이었다. 그들의 목표는 트라우마를 완화하고 고통과 불안을 줄이는 것이었다. 그들은 네팔 어린이들과 광대의 언어로 대화를 나눴고 때때로 누군가를 웃게 만드는 작은 성공을 거두었다. "여기에는 웃음이 없습니다."라고 그들 중 한 명이 말했다. "하지만 우리는 웃으면서 지냅니다."

이스라엘의 인도주의적인 활동은 또한 유대인들을 비롯한 곤경에 처한 사람들을 위해 행해지고 그들이 이스라엘로 이주할 수 있도록 돕는다. 1982년은 밤이었다. 수단 앞 바다는 상어들로 들끓었다. 휴양지 마을 앞에는 수단 당국을 속이기 위해 모사드(Mossad)가 조직한 해군 함정이 화물선으로 위장해 정박하고 있었다. 목표는 오랜 고통의 여정 끝에 에티오피아로부터 한 무리의 유대인 난민들을 모으는 것이었다. 안타깝게도 그들 중 일부는 살아남지 못했다.

해군 특공대 보트가 배에서 내려와 해안에 상륙한 후 난민들을 보트로 데려갔다. 슈키 코리스키(Shuki Koriski)는 이스라엘 공군을 대표하여 젊은 정보 장교로 배에 탑승했다. "해군 특공대가 사용하는 보트가 난민을 실어 배에 도착하고 승객들이 오르기 시작했을 때, 저는 그곳의 매우 젊은 에티오피아 여성들을 보았습니다."라고 코리스키는 말했다. "그들 중 일부는 작은 소녀들처럼 보였습니다. 그들은 작은 아기들을 옮겼고, 한 명은 저를 보고 '예루살렘?'이라고 물었습니다. 저는 브리핑을 통해 이것이 그들이 익숙한 암호 단어라는 것을 알았습니다. 즉시 저는 '예루살렘! 예루살렘!'이라고 대답했습니다. 그녀는 저에게 그녀가 안고 있던 아기를 건네주었습니다. 저는 아기를 감싸고, 그녀의 손을 잡고, 그녀를 부축하여 선창 안으로 내려갔습니다."

그리하여 1949년 매직 카펫 작전(Operation Magic Carpet)에서 4만 명의 예멘 유대인 구출을 위해 280회의 비행이 수행되었다. 이후에도 1984년 모세 작전에서 약 7천 명의 에티오피아 유대인이, 1991년 솔로몬 작전에서 약 1만 4천 명의 에티오피아 유대인이 구출되었다.

그러나 유대인 구출만이 유일한 목표는 아니다. 1977년 이스라엘은 베트남에서 도망친 400명의 난민 "선원들"을 구했다. 그들은 오늘날까지 그들이 살고 있는 나라에 흡수되었다. 1993년에 이스라엘은 유고슬라비아로부터 무슬림 전쟁 난민을 흡수하는 데 동의한 몇 안 되는 나라들 중 하나였다. 2002년부터 2007년까지 이스라엘은 수단으로부터 전쟁 난민을 흡수했다.

유엔은 2003년 ZAKA[101]를 NGO로 인정했다. ZAKA는 이스라엘의 일련의 자발적인 지역사회 긴급대응팀이다. ZAKA의 예후다 메시 자하브(Yehuda Meshi Zahav) 회장은 2년 동안 ZAKA가 국제적 위상을 높이기를 원했고, 늘 그랬듯이 이스라엘의 적인 이란과 다른 국가들이 개입하여 이를 막았다고 증언했다. 이스라엘과 미국의 대사들은 모두를 포용하는 노력으로 ZAKA가 국제적인 인정을 받을 수 있도록 노렸했다.

"우리는 지진, 홍수, 테러, 비행기 추락 등 세계의 모든 재난 속에 있습니다. 언제 어디서나 효과적으로 대처하기 위해 우리는 전 세계에서 22개 부대를 운영하고 있습니다. 예를 들어, 일본에서 지진이 발생했을 때 이란 대표단이 우리와 함께 일했습니다. 우리는 그들과 함께 일했고, 그들과 함께 사진을 찍었습니다. 팔레스타인 사람, 이스라엘 사람, 일본 사람의 눈물에는 차이가 없습니다."라고 그는 결론지었다.

ZAKA는 이스라엘 남부에 5개의 소수민족 부대를 두고 있으며, 이들 구성원의 지휘관은 셰이크 아켈 알 아트라쉬(Sheikh Aqel Al-Atrash)로 그의 자녀들은 보안부대에서 복무했다. 쌍둥이 타워의 8주년 기념식에서, 그는 초정통적인 옷을 입고 있던 메시 자하브(Meshi Zahav)와 함께 있었고 셰이크 또한 전통 옷을 입고 있었다. 그래서 셰이크는 위대한 유대교 회당에서 셀리코트(Selichot)102에 참여했다.

Save a Child's Heart는 이스라엘에 기반을 둔 국제 단체다. 지난 18년 동안 이스라엘은 심장병을 앓고 있는 2,800명 이상의 어린이들을 치료했다. 이들은 현지 치료가 제대로 되지 않은 30개국 출신으로, 가자 지구의 어린이들과 심지어 이스라엘에 대항하여 활동하는 고위 테러 단체의 어린이들까지 포함되어 있었다. 1996년 조직이 설립된 이래로 6천 명의 어린이들이 의사들의 진찰을 받았다.

약 10년 전, 당시 4살이었던 카티야(Katya)라는 이름의 소녀가 이스라엘에서 치료를 받기 위해 몰도바에서 왔다. 카티야는 매우 심각한 심장 결함을 앓고 있었으며 거의 죽음에 가까운 상태였다. 5개월 동안의 매우 복잡한 4번의 수술과 헌신적인 팀의 도움 후에 카티야는 집으로 돌아갈 상태가 되었다. 그녀가 떠나기 며칠 전, 그녀는 심장을 잡고 있는 어린 소녀의 그림을 그렸다. 자신의 그림에 대해 설명해 달라는 요청을 받았을 때 그녀는 다음과 같은 이야기를 했다. "나는 꿈을 꾸었는데, 내 침대 위에 많은 색깔들이 있었고 갑자기 매우 큰 손이 한밤중에 도착했습니다." 카티야의 그림은 협회의 로고가 되었다.

도움을 주기 위해 세계의 모든 재난이 닥친 곳으로 날아가는 익명의 이스라엘 사람들이 많다. 우리는 그들 모두를 셀 수는 없다. 예를 들어 샤차르 자하비(Shachar Zahavi)는 Moshav Hadar Am의 회원이고, 이스라엘 AID의 설립자이자 회장인 Hukk 키부츠 출신의 갈 러스키(Gal Lusky)는 이스라엘과 외교적 관계가 없는 나라에서만 활동하는 Israeli Flying Aid를 설립했다. 이것은 영토나 재난 상황에 처한 사람들 또는 소수 민족에 적대적이고 생명을 구하는 국제 원조의 진입을 막는 나라들의 이익을 위해서 도움이 된다. 대부분의 경우 이곳들은 아무도 들어갈 수 없는 지역이며, 여기에는 근본주의 이슬람교도들이 있는 전쟁 지역도 포함된다.

긴급 지원의 큰 영웅주의에도 불구하고, 똑같이 중요한 가치는 개발도상국에 대한 지속적인 지원이다. 초창기에 개발도상국의 빈곤과 기아를 근절하고 식량과 교육, 건강, 유아 사망률 감소를 보장하기 위한 노력을 지원하기 위해 MASHAV(국제협력센터)가 이스라엘에 설립되었다.

"그 활동은 그들의 나라에서 실존적인 문제들을 해결하는 것을 도울 개발도상국의 전문가들을 훈련하고 기술적인 지식의 전달과 그것의 동화에 기반을 두고 있습니다."라고 외무부의 길 하쉬켈(Gil Haskel) 부국장은 말한다. 이스라엘은 역량과 명성이 입증된 분야에서 돕고 있다. 전체 훈련의 절반을 차지하는 농업과 물 안보, 식량, 녹색 성장, 건강, 교육, 지역 사회와 농촌 개발, 여성의 권한 부여, 기업가 정신, 그리고 기후 변화에 대한 대처가 여기에 해당한다. 이 모든 문제들은 세계의 빈곤과 기아를 근절하려는 노력의 일부로서 세계적인 의제에 올라 있다.

MASHAV는 현재 중국과 인도에서부터 태평양의 작은 섬들에 이르기까지 130개국에서 운영되고 있다. 설립 이래 280,000명 이상의 사람들이 이스라엘과 해외에서 전문적인 훈련 활동에 참여했다. 수년에 걸쳐 수천 명의 졸업생들이 많은 나라의 국회의원뿐만 아니라 온두라스의 후안 올란도 에르난데스 대통령과 다섯 명의 과테말라 내각 장관 등 각 나라의 주요 직책에 올랐다.

이스라엘은 또한 제 3세계 전역에 우수한 센터를 설립하는 것을 돕고 있다. 예를 들어 이러한 우수한 센터는 묘목을 심는 것부터 모든 재배 과정을 거쳐 선반에 이르기까지 망고 재배에 초점을 맞출 수 있다. 이스라엘 전문가들은 이스라엘의 기술을 현지인들에게 전수하고, 이러한 방식으로 이스라엘 수출 회사들은 이스라엘 민간 부문이 어려움을 겪었거나 시장 진출을 위해 상당한 재정적 자원을 투자해야 했을 곳에서 이익을 얻는다.

사명을 지닌 비즈니스

"다비드 벤구리온이 이스라엘을 설립했을 때, 그는 신생 국가가 직면하고 있는 가장 중요한 과제 중 하나가 건조한 사막을 푸른 들판으로 바꾸는 것이라는 것을 매우 잘 알고 있었습니다."라고 타할 (Tahal) 그룹의 CEO인 사르 브라차(Saar Bracha)는 말했다. "북부와 중앙의 물 프로젝트 계획부터 네게브 강과 아라바 강에 대한 시추까지, 물과 에너지 부문의 마스터 플랜과 담수화 플랜트에 대한 이스라엘 이야기는 타할의 그룹의 역사이기도 합니다."

국영기업으로 설립돼 1995년 카단 NV 지주회사가 소유하여 민영화 된 타할은 현재 텔아비브 증권거래소와 암스테르담 유로넥스트 증권거래소에 상장되어 있다.

2012년부터 브라차의 경영하에 타할은 이스라엘에서 전략적, 구조적 변화를 겪으며 엔지니어링, 인프라 및 프로젝트 관리 부문에서 사업을 영위하고 있다. 2016년에는 2년 연속 이스라엘의 엔지니어링 회사 및 기획 사무소 중 1위를 차지했다. 타할은 국제적 운영에 있어 물, 폐수, 농업 개발, 천연 가스 및 환경에 집중하고 있으며 이 분야에서 세계에서 가장 큰 100대 엔지니어링 계획 회사 중 하나이다. "세계 인구의 3분의 1 이상이 물 부족이나 수질이 낮은 물로 고통 받고 있습니다."라고 타할 그룹의 CFO인 나마 젤디스(Naama Zeldis)는 말한다.

"유엔의 예측에 따르면 2025년에는 이러한 고통이 두 배로 증가할 것입니다. 거의 10억 명의 사람들이 기아와 영양실조로 고통 받고 있는데, 이는 세계 5세까지의 어린이 사망의 45%를 차지합니다. 이들은 말 그대로 기아로 죽는 3백만 명의 어린이들입니다. 물과 식량 안보는 타할 그룹이 운영하는 주요 분야이며, 여기에 이스라엘 최고의 기술과 대담함, 창의성과 지식을 제공합니다."라고 브라차는 덧붙였다.

타할 그룹은 2016년에 앙골라 키미나(Kimina) 프로젝트 건설을 완료하고 7년간 3억 7천만 달러의 운영 단계에 돌입했다. 앙골라의 수도 루안다에서 동쪽으로 약 70킬로미터 떨어진 곳에 위치한 이 프로젝트는 이 나라의 첫 번째 농업 정착지로서, 이스라엘 협력 마을 모델을 복제하여 불모지였던 약 12,500에이커의 지역에 건설되었다. "이 프로젝트에는 각각 2.5에이커 크기의 300개의 주거 시설과 개인 농장, 수천

에이커의 농작물 재배, 분류와 포장 시설이 있는 물류 및 농업 센터, 연간 2,400만 개 이상의 계란 공급이 가능한 가금류 농장, 그리고 도로, 송전 및 상하수도, 전기 시설을 비롯한 모든 관련 기반 시설이 포함됩니다. 이 프로젝트의 예상 작물은 연간 약 6만 톤에 달할 것이며 현지 시장에서 판매될 계획입니다." 브라차는 이어 "우리는 앙골라가 수입에 대한 의존도를 극적으로 줄이도록 돕고 있습니다."라고 말한다.

세계에서 가장 추운 도시인 러시아의 야쿠츠크(Yakutsk)에서 타할은 식수를 처리하고 주민들에게 공급하는 프로젝트를 추진하고 있다. "우리 팀은 영하 50도에 이르는 추운 날씨에서 작업합니다."라고 브라차는 말한다. "타할은 지구상의 어느 곳에서나 도전과 극단적인 조건에 성공적으로 대처할 수 있도록 해주는 고유한 전문 지식과 풍부한 경험을 보유하고 있습니다." 에티오피아의 달롤(Dallol) 사막의 수문학 프로젝트와 야쿠츠크의 수처리 프로젝트 사이에는 8,500킬로미터의 거리와 약 100도 이상의 간격이 있다. "두 경우 모두 이스라엘의 오르 예후다(Or Yehuda)에 기반을 둔 동일한 엔지니어들과 전문가들이 전 세계 수십만 명의 삶의 질을 크게 향상시키는 창의적인 해결책을 찾고 있습니다."

세르비아에서는 타할이 바위가 많은 지형에 대규모 농업 프로젝트를 설립하고 있다. 이스라엘 최고의 기술이 프로젝트에 통합되었다. GPS를 통해 사용되는 반자율 농업 도구, 컴퓨터 인터페이스로 원격 관리되는 관개 시스템, 비료 및 물방울, 현지 시장 및 국가의 질서 있는 수출을 위한 사업 계획을 포함한 명확하고 계산된 농업 계획이 적용되었다. 브라차는 "이 분야에서 선도적인 회사를 이끌게 되어 행운이라고 생각합니다. 이스라엘에서 쌓아온 고유한 전문 지식과 경험을 활용하여 깨끗한 식수와 개발도상국의 기아 종식이라는 형태로 세상에 좋은 것을 가져다 주는 회사입니다. 우리는 이스라엘이라는 국가가 무엇인지에 대한 본질 중에 본질을 수출하고 있으며, 그것이 저의 자부심입니다."

***

이스라엘은 레호봇(Rehovot)의 농업학부, 볼케이니 센터와 같은 학술 연구기관과 다수의 이스라엘 베테랑 기업들 덕분에 종자 재배 분야에서 제국으로 평가받고 있다. 하제라(Hazera)는 채소와 농작물의 잡종 종자의 재배, 생산, 마케팅 분야의 글로벌 개척자다. 연간 매출의 상당 부분을 R&D에 투자하고 있으며, 이와 같은 방법으로 하제라는 독특하고 혁신적인 솔루션을 제공하면서 보다 건강하고 유통기한이 더 긴 맛과 외관을 개선한 채소를 개발하는 데 성공했다. 동시에 작물의 수확량이 많고 질병에 강하며 환경친화적인 품종에 대한 재배자들의 수요를 충족시키고 있다. 이러한 교배종 종자는 글로벌 선도 브랜드로서 입지를 굳히고 있으며, 전통적인 재배 방법과 함께 식물 유전학 분야의 첨단 기술을 적용하여 혁신적이고 고품질의 품종을 생산하기 위해 끊임없이 노력하고 있다.

하제라는 1990년대에 특별한 토마토인 다니엘라(Daniela)를 개발하면서 국제적인 인정을 받았다. 당시 일반 토마토의 유통기한이 3~5일이었던 것에 비해 이 토마토의 유통기한은 2~3주였다. 다니엘라 토마토의 씨앗 하나에서 1톤의 토마토를 생산했고, 전 세계 유수의 종자회사의 토마토 품종이 참여한 베이징 대학의 비교 연구에서 1위를 차지했다. 나중에 하제라는 특별하고 맛있는 멜론과 작고 씨 없는 수박도 개발했다.

이 회사의 CEO인 라미 다르(Rami Dar)는 회사가 새로운 R&D 센터를 건설하기 위해 8,500만 셰켈을 투자했다고 말했다. 하제라의 R&D 센터는 식물의 특성을 알 수 있는 유전자 마커를 조사하고 실물 크기의 식물에 대한 특성을 조사하는 세계에서 가장 진보된 실험실이다. 이를 위해 회사는 엄청난 규모의 유전자 데이터베이스 검사 능력을 최적화하는 작업의 전문가인 유전학자와 생명정보 분야의 학자들을 고용했다. 하제라는 또한 식물 질병 분야의 전문가인 식물병리학자뿐만 아니라 곤충 등에 대한 식물의 저항성을 검사하는 역할을 하는 전문가도 고용하고 있다.

이스라엘 글로벌 기업

글로벌 기업들은 세계가 마치 하나의 놀이터인 것처럼 활동한다. 그들은 경제적인 고려에 따라 세계의 다양한 사이트에서 제조하고, 마케팅하고, 관리한다. 흔히 "국적이 없는 기업"이라고 불린다. 따라서 이 섹션의 제목은 모순이다. 만약 그들이 글로벌 기업이라면 어떻게 이스라엘 기업이 될 것인가? 만약 그들이 이스라엘 기업이라면 어떻게 글로벌 기업이 될 수 있는가? 그러나 사실 순수한 글로벌 기업을 찾는 것은 거의 불가능하고, 우리는 글로벌 구조에도 불구하고 거의 모든 기업을 어떤 국가와 연관 지을 수 있다.

글로벌 투자에 따라 이스라엘의 지분이 줄어드는 상황에서 기업의 국가 정체성을 유지하는 것은 쉽지 않으며, 경영진은 회사와 이해관계자들의 복지를 올바르게 감독하는 주주들에게 올바른 답을 제공해야 한다.

이스라엘의 가장 큰 과제는 세계적인 이스라엘 회사들이 이스라엘에 본사를 유지할 수 있도록 돕는 것이다. 이스라엘에 본사를 유지하는 장점은 이스라엘의 정서 강화, 장기적인 유지, 변호사와 회계사와 같은 관리자와 서비스 제공자들의 고용, 이스라엘 자본시장의 권한 강화 그리고 부동산 개발 등 많이 있다. 시장과 투자자들은 결코 단순하지 않다.

테바(Teva)는 이스라엘 기업 중 가장 큰 글로벌 회사다. 1951년 테바는 텔아비브 증권 거래소에 상장된 최초의 산업 회사였다. 이후 3개 회사의 인수 합병 과정을 통해 Teva Pharmaceutical Industries로 다시 태어났고 엘리 후루비츠(Eli Hurvitz)를 CEO로 임명했다.

테바는 유럽과 미국에서 오랜 기간 기업을 인수하면서 세계 최대의 제네릭 제약사로 올라섰고, 오리지널 의약품 개발에 뛰어들어 다발성 경화증 치료제 코팍손(Copaxone)과 파킨슨병 치료제 아지렉트(Azilect)를 개발했다.

1982년에 테바는 처음에는 나스닥에, 그 다음에는 뉴욕 증권거래소에 상장되었으며 2017년 매출액은 200억 달러를 넘어섰다. 이 중 이스라엘 매출액 비중은 몇 %에 불과하다. 테바의 전 세계 인력은 5만 명 이상에 달한다. 테바는 이 분야에서 리더십을 확보하는 데 성공했으며, 이스라엘에서 가장 크고 선도적인 글로벌 기업으로 자리매김할 것으로 예상된다. 2017년 테바의 위기[103]에도 불구하고 성공을 지속하며 이스라엘 기업이자 글로벌 선도 기업으로 다시 자리매김할 것으로 보인다.

네타핌(Netafim)은 설립 이후 글로벌 이스라엘 회사로서의 미래를 바라보는 점에서 테바와 닮았다. 이스라엘의 물 부족으로 인해 탄생한 네타핌은 점적 관개 기술의 세계적인 리더가 되었다. 이를 통해 더 높은 농작물 수확량, 물 절약 극대화, 토양 침식 감소를 줄이는 데 기여하고 있다. 이 회사는 연평균 15% 이상의 성장을 보이고 있으며 앞으로도 비슷한 속도로 성장할 것으로 예상된다. 네타핌은 4천 명의 직원과 11개국의 17개 제조 공장, 그리고 110개 이상의 국가에 27개 이상의 자회사와 대표 사무실을 보유한 글로벌 기업이다. 예를 들어 인도는 네타핌과 인도의 큰 점적 기술 회사인 난단(NanDan)에게 물 자체에 보조금을 지급하는 대신 점적 관개 시설 구매에 보조금을 지급하고 있다.

기업은 자국 시장이 아닌 적어도 또 하나의 자본시장에서 거래되고 매출의 56% 이상이 자국 시장이 아닌 다른 국가에서 발생하는 경우 글로벌 기업으로 간주된다. 2017년 말 기준 이스라엘 기업 93개가 나스닥에 상장되어 있으며, 이에 따라 이스라엘은 미국, 중국에 이어 나스닥에 상장된 기업 수에서 세 번째로 많은 국가이다. 23개의 글로벌 기업이 각각 연간 매출액 5억 달러 이상을 기록하고 있으며, 이들 기업의 해외 매출액은 56% 이상을 기록하고 있다. 글로벌 기업 수의 분석을 떠나도 이스라엘 시장이 본질적으로 전 세계적이라는 점에 이견이 없을 것 같다.

운전자를 위한 첨단 보조 시스템을 개발, 제조 및 판매하고 향후 자율 주행 자동차에서도 동일한 작업을 수행할 모빌아이(Mobileye)는 2014년 뉴욕 증권 거래소에서 58억 달러의 가치로 상장되었으며 이스라엘 역사상 가장 큰 이슈로 평가된다. 모빌아이는 2017년 3월, 153억 달러에 인텔에 매각되었는데 이는 이스라엘에서 있었던 역대 최대 규모의 매각으로 평가받는다.

모빌아이는 예루살렘 히브리 대학에서 강의와 연구 활동을 하던 샤슈아(Shashua) 교수가 일본에서 강의를 하던 중 하나의 질문으로부터 시작했다. 그는 인공 시각 시스템이 자동차와 보행자를 식별할 수 있는지에 대한 질문을 받았다. 샤슈아는 긍정적인 답변을 한 것에 그치지 않고 제품을 개발하고 예루살렘에 개발 센터가 위치한 모빌아이를 설립했다. 모빌아이의 제품은 현재 세계의 많은 차량에 설치되어 있으며 도로 사고 예방을 위한 동종 제품 중 가장 앞서 나간다. 모빌아이의 성공은 자율주행차와 머신러닝 분야에서 수십 개의 이스라엘 기술 회사들의 발전으로 이어졌다.

전자 산업용 테스트 시스템 개발, 제조 및 판매 분야에서 세계적인 선도기업 중 하나인 오보텍(Orbotech)은 오랫동안 자리를 지켜온 기성기업이라기보다는 스타트업이 성장한 모습에 더 가깝다. 시가총액은 25억 달러가 넘고 직원 수는 2,500명이며, 그중 중국의 400명을 포함해 해외에 1,700명의 근로자가 있다. 이 이스라엘 기업에는 무엇이 있나? 우리는 무엇을 배울 수 있을까?

오보텍은 국가의 기술적 이점을 최대한 활용하고 있다. 오보텍의 주요 지식과 기술적 강점은 다양한 분야의 지식과 기술을 다양한 시장 선도 제품에 통합한 것이다. 이 회사는 소프트웨어, 알고리즘, 하드웨어, 기계, 광학, 화학 등 다양한 분야의 엔지니어, 과학자 및 기술 인력 수백 명을 고용하고 있다.

"소비자 제품과 산업 제품 모두에서 전자 분야의 선도적인 회사들은 오보텍에 대해서 그리고 미래 제품 생산에 중요한 구성 요소가 될 혁신적이고 독특한 제조 솔루션을 제공하는 오보텍이 수행할 역할의 중요성을 알고 있습니다."라고 오보텍의 최고경영자인 애셔 레비(Asher Levy)는 말한다. "우리가 개발한 다이렉트 이미징 제품과 평판

디스플레이를 위해 개발한 제품이 없었다면 스마트폰 산업이 그렇게 놀라운 기술적 도약을 할 수 없었을 것이라고 말하는 것이 타당할 것입니다."

회사가 운영하는 각 시장에는 경쟁이 존재하지만, 수년에 걸쳐 오보텍은 끊임없는 연구 개발 투자와 글로벌 인프라 구축 및 상당한 고객 서비스를 통해 선도적인 위치를 구축해 왔다.

기술 및 전자 산업은 변동성을 특징으로 하며, 이는 수년에 걸쳐 많은 회사에 영향을 미쳐 왔다. "우리는 글로벌 시장에서 어떤 상황이 발생하더라도 대비할 수 있는 비상 계획을 가지고 있습니다."라고 레비는 말한다. 그러나 오보텍은 여기서 그치지 않고 운영 중인 시장에서 제공하는 제품의 범위를 늘려 변동성의 균형을 맞추려고 노력한다. 오보텍은 수천 대의 설치된 기계와 서비스 계약을 맺고 있다. 오보텍은 그 자체로 훌륭한 수익원이기 때문에 고객 서비스를 통해 수익의 30%를 달성하는 것을 목표로 한다. 고객 서비스는 또한 글로벌 장비 시장의 변동성을 안정시킨다. "우리는 우리의 설치 기반을 약속이라기보다는 자산으로 봅니다. 이것은 수익 창출, 업그레이드 및 시장과 고객에 대한 이해를 위한 중요한 기반입니다."라고 레비는 말한다.

이미 "무언가를 성취한" 경험이 풍부한 이스라엘 기술 기업가 세대의 현대적인 꿈은 큰 회사를 설립하는 것이다. 이스라엘 기업가들은 성장한 것으로 보인다. 그들은 장기적인 발전을 위해 그들에게 제공되는 위험성이 큰 자금을 거절하는 법과 산업 및 경제 전망을 관리하는 방법을 배웠다. 그들은 회사를 확장하고 시간이 지남에 따라 규모가 커진 회사를 관리하면서 획득한 자신들의 경영 능력을 믿는다. 이것은 단지 또 다른 기술적인 과제가 아니다. 체크 포인트의 길 슈웨드(Gil

Shwed), 테바의 엘리 후르비츠(Eli Hurvitz)와 같은 새로운 이스라엘 기업가들조차도 때로는 경영에서 어려움을 갖고 있다.

기술과 사업적 기회로 인해 새로운 이스라엘 회사들이 생겨났다. 디지털 세계는 이스라엘이 갖고 있는 가장 큰 장애물인 시장으로부터의 지리적인 거리와 무관한 새로운 세상을 만들 수 있는 기회를 제공했다. 인터넷은 이스라엘의 기술 기업들이 새로운 요구를 충족하는 새로운 제품을 개발할 수 있는 플랫폼이다. 이제 디지털 마케팅은 이스라엘 사람들이 이스라엘에서 의자에 앉아 손끝으로 세계 소비자 시장에 도달할 수 있도록 한다. 인터넷 세계의 사람들은 모두 서로 가깝고 친밀하다.

일반적인 인터넷 혼란과 특히 광고에 대한 규제, 사이버 위협과 사이버 공격으로부터 보호해야 할 필요성, 3D 프린팅의 미래 방향성에서 하드웨어와 소프트웨어의 과제, 시각화와 이미지 디코딩, 사물인터넷 등 모두가 새로운 사냥의 장이다. 그리고 생명과학 분야도 확장 가능성이 무궁무진한 블루오션이다. 이스라엘 사람들도 탐험가들처럼 새로운 지평 속에 살고 있다. 첨단 기술 분야의 새로운 시장이 열리고 있다.

시장을 창출한 예외적인 예로는 야론 갈라이(Yaron Galai)의 아웃브레인(Outbrain)을 들 수 있다. 갈라이의 이전 회사인 퀴고(Quigo)는 6천 3백만 달러에 매각되었다. 갈라이는 매각 당일 새로운 회사를 설립하기 시작했다. 또 다른 창업의 동기는 첫 번째 성공이 행운 때문이 아니라 자신 내부의 무언가 때문이라는 것을 증명하기 위한 것이라고 그는 말한다. 사람들이 연속 사업가들에게 첫 번째 성공 후에 왜 다른 벤처를 설립하는지 묻는 것은 이상한 일이다. 세상은 가수에게 첫 번째 앨범이 성공한 후에 왜 두 번째 앨범을 내는지에 대해 묻지 않을 것이다.

이스라엘에 500명의 직원이 근무하고 있는 아웃브레인은 CNN, BBC, New Yorker, Vogue, Wired와 같은 많은 주요 사이트에서 우리가 익숙해진 콘텐츠 추천을 다루고 있다. 웹사이트의 기사를 읽는 동안 "이 기사를 읽으면 이 기사들에도 관심을 가질 수 있습니다."라는 문장이 표시된다. 추가 기사를 참조하면 이러한 옵션 중 일부는 콘텐츠 기사를 포함하고 있고 일부는 광고를 위한 것이다. 콘텐츠 기반 광고 시장은 매년 두 배의 규모로 성장한다. 갈라이는 시장을 창안했고 그 분야에 대해 이스라엘을 강자로 자리매김했다. 주요 경쟁자인 타불라(Taboola) 또한 이스라엘 기업이다.

광고 예산 배분을 최적화하는 데 도움이 되는 예측 시스템을 개발한 캔슈(Kenshoo)는 인터넷 광고 분야에서도 활발히 활동하고 있다. 검색 엔진에서 가장 많이 사용된 검색 키워드가 무엇인지, 소셜 네트워크에서 가장 화제가 되는 주제가 무엇인지 웹 트래픽을 살펴본다. 이 모든 것이 현재 실시간으로 이루어진다. 회사의 광고 관리자는 이를 바탕으로 캠페인 결과를 극대화하고 비용을 절감할 수 있다. 캔슈는 텔아비브와 실리콘밸리에 450명의 직원을 두고 있으며 Marin, Adobe, DoubleClick 등과 경쟁하고 있다.

윅스(Wix) 또한 그것이 운영되는 시장을 발명했는데 오히려 기존의 시장을 재창조 했다고 평가받을 정도로 성공했다. 웹 구축 산업은 무겁고, 비싸고, 번거로웠으며, 코드를 설계하고 작성할 줄 아는 전문가들만을 위한 것이었다. 윅스는 웹 구축 프로세스를 단축시켰다. 2006년에 아비사이(Avishai)와 나다브 아브라함(Nadav Abrahami)은 '긱'으로 알려진 지오라 카플란(Giora Kaplan)과 함께 앉아 웹사이트가 필요한 특정 스타트업의 작업을 하고 있었다. 웹 사이트를 개설하는 것의 어려움을 알게 된 그들은 이에 대한 거대한 글로벌 시장이 있다고 판단하고 해결책을 찾았다. 2년 후 윅스의 솔루션이 출시됐다. 5년 뒤 전 세계적으로 거의 5천만 명의 사용자를 확보한 후 나스닥에 상장되었다. 윅스는 190개국에서 1억 명이 넘는 사용자를 가진 웹 사이트 구축 시장의 세계적인 리더이며 그 수는 빠르게 증가하고 있다. 윅스는 텔아비브 항구 근처에 천 명이 넘는 직원을 두고 있다.

일부 기업들이 취한 또 다른 조치는 인수를 기반으로 한 성장 전략을 수립하는 것으로, 이것은 성숙도와 크고 선도적인 기업을 구축하고자 하는 열망을 나타낸다. 예를 들어 임페르바(Imperva)는 3개의 회사를 인수하여 사업을 합병하였고, 스트라타시스(Stratasys) 또한 자사가 운영하는 시장을 확대하기 위한 일련의 인수 합병을 진행하였다. 나이스(NICE)도 클라우드 분야에서 인수에 힘입어 시장에 진출했다. 이를 통해 이스라엘 기업들은 다국적 기업으로서 위상과 규모를 강화하고 있다.

때로는 기업이 운영되는 시장의 구조에 따라 특정 경로를 선택해야 하는 경우가 있다. 만약 거대 기업이 있는 시장에서 기업을 운영한다면, 이스라엘의 작은 기업이 살아남을 수 있는 유일한 기회는 자신의 회사를 적절한 때에 판매하는 것이 방법일 때가 있다. 기업이 원천기술을 가진 것이 중요한 시장에서 운영될 때에도, 현지의 원천 기술 기업에 매각되거나 정부가 통제하는 공기업이 되는 것이 바람직할 수 있다. 특히 대규모 투자에 따라 경쟁 우위가 좌우되는 시장에서는 기업을 매각하는 전략이 바람직할 수 있다.

많은 이스라엘의 경제학자들과 사업가들은 스타트업이 대기업으로 성장하기보다는 주로 소규모 기업일 때 매각하는 현상을 비판한다. 이스라엘의 첨단 기술 대기업 멜라녹스(Mellanox)의 설립자이자 최고

경영자인 에얄 왈드먼(Eyal Waldman)은 이러한 의견에 동의하지 않는다. "이스라엘 사람들은 회사 매각으로 돈을 벌고, 그들은 항상 새로운 스타트업을 만들고 더 많은 돈을 벌 것입니다. 멜라녹스와 같은 큰 회사로 만드는 것이 어렵기 때문에 사람들은 훨씬 더 초기 단계에서 회사를 매각합니다. 그러나 이스라엘에서는 다른 큰 첨단 기술 회사들이 많아질 것입니다. 사람들은 그것을 할 것입니다. 그건 확실합니다."

여기에는 2000년 48억 달러에 루슨트(Lucent)에 매각된 Chromatis Networks, 2006년 45억 달러에 HP에 매각된 Mercury Inc., 2006년 샌디스크(SanDisk)에 16억 달러에 매각된 M−Systems, 2012년 50억 달러에 시스코(Cisco)에 매각된 NDS가 포함된다. IVC Research의 출구 보고서와 Meitar Liquornik Geva Leshem Tal 로펌은 2014년에 104개의 하이테크 기업 매각이 90억 달러에 성사되었으며, 이는 지난 10년간 세 번째로 큰 규모의 거래라고 밝혔다. 평균 매각 금액은 8,700만 달러로 급증했으며, 이는 이전 10년 평균 6,200만 달러보다 증가한 수치다.

***

다음 사례의 매각 협상은 전적으로 실리콘 밸리에서 진행되었다. 이스라엘 기업가들은 관여하지 않았고, 모바일 제품 개발, 디자인, 마케팅에 풍부한 경험을 가진 전직 기업가들로 구성된 블루런(Blue Run) 벤처 캐피탈 펀드가 회사의 경영권을 맡았다. 페이스북과의 합의에 따라 대부분의 세부 사항이 승인되고 가격표가 8억 7천만 달러(페이스북 주식 금액의 40%)가 된 순간에, 구글은 현금 9억 6천 6백만 달러의 현금 제안을 테이블 위에 올려놓고 웨이즈(Waze)를 인수했다.

이스라엘 세계화의 일부는 많은 나라의 투자자들이 문을 두드리고 "차세대의 큰 것"을 추구하는 세계에서 일어나는 일들의 결과이다.

상상력을 자극하고 불을 붙이고 이스라엘 사람들의 의식 속에 그 용어를 만든 첫 번째 사례는 1998년의 ICQ였다. 미라빌리스(Mirabilis)는 인터넷에서 인스턴트 메시징 서비스를 제공하는 최초의 소프트웨어를 개발했다. 이 회사가 개발한 ICQ 소프트웨어의 이름의 발음은 "I seek you"와 같이 들린다. 불과 2년 전에 설립했던 그 회사는 그 당시까지 이스라엘의 첨단 기술 회사가 매각된 최고 금액이었던 4억 7백만 달러에 America Online에 인수되었다. 협상을 주도한 미라빌리스의 최대 주주였던 요시 바르디(Yossi Vardi)는 이후 이스라엘 인터넷의 구루가 되었다.

제이콥 코트리츠키(Jacob Kotlitzki)는 모든 사람들이 첨단 기술이라고 부르기 훨씬 전에 이미 첨단 기술 분야에 종사하고 있었다. 1973년에 그는 형 모쉐(Moshe)와 함께 가정과 기업 전자 보안에 중점을 둔 그 분야의 선구자였던 비져닉(Visonic)을 설립했다.

폴란드의 홀로코스트 생존자 가족 중 한 명인 코트리츠키는 "제 아버지는 가난한 가정에서 태어나 학교를 3년밖에 다니지 못했습니다."라고 말한다. "나이가 들면서 제가 실제로 개발 연구소에서 일하며 성장했다는 것을 깨달았고, 아버지가 끊임없이 만들고 창조하는 환경에서 자라면 다른 누군가 요청하지 않아도 스스로 무언가를 만들고 있다는 것을 알게 됩니다." 그 회사의 제품은 제어 장치, 배전반, 표지판 및 감지기를 포함한다. 비져닉이 2010년에 약 1억 달러의 회사 가치로 전자 보안 제품 회사인 타이쿄 인터네셔널(Tyco International)에 매각되었을 때, 비져닉의 직원은 약 500명이었고 회사의 제품은 전 세계 70개국 이상에서 판매되고 있었다.

이스라엘에서 두 번째로 큰 매각은 첨단 금속 절삭 공구를 생산하는 세계 2위 제조업체 이스카(ISCAR)에 의해 이루어졌다. 이스카는 1952년 스테프 워트하이머(Stef Wertheimer)에 의해 설립되었으며 두 단계로 나누어 워렌 버핏의 버크셔 해서웨이에 누적 금액 60억 달러에 매각되었다. 버크셔 해서웨이는 이를 미국 밖에서 이뤄진 첫 번째 인수합병이라고 설명했다. 이스카와 그 자회사들은 약 1만 명의 노동자를 고용하고 있다. 경영진이 "헤즈볼라 앞" 테펜(Tefen) 산업 지구에 위치하고 있다는 사실은 버핏이 계약을 체결하는 데 문제가 되지 않았다. 버핏은 이스카가 미국, 인도, 중국, 독일, 프랑스, 이탈리아 및 한국에서 사업을 운영하고 있는 것을 강조하면서 "이스라엘은 국토의 크기에 비해 너무 많은 두뇌를 가지고 있습니다."라고 웃으며 말했다.

이스라엘에는 미국 이외 지역에 설립된 마이크로소프트(MS)의 첫 번째 R&D 센터가 있다. 1991년 하이파에 설립되었으며, 오늘날까시 인도, 중국의 대형 R&D 센터와 더불어 천 명 이상의 직원을 보유한 마이크로소프트의 세계 3대 R&D 센터 중 하나로 간주된다. 마이크로소프트는 세계 다른 지역에도 소규모 개발 센터를 보유하고 있지만, 세 개의 주요 R&D 센터의 존재는 마이크로소프로 하여금 학계, 산업계, 지역사회에 대한 투자 결정을 쉽게 해준다.

간단한 질문 하나는 왜 마이크로소프트사가 이스라엘에 R&D 센터를 유지하고 있느냐 하는 것이다. 인도와 중국에 연구소들이 존재하는 이유는 분명하다. 이들 국가는 미국에 비해 상대적으로 저렴한 엔지니어 인건비와 마이크로소프트 제품을 구입할 수 있는 시장 규모가 매우 크기 때문이다. 하지만 이스라엘에는 왜 센터를 설치할까? 이곳의 인건비는 미국의 인건비와 거의 맞먹으며 시장 규모도 미미하다.

마이크로소프트 이스라엘 연구개발(R&D) 책임자인 요람 야코비(Yoram

Yaacovi)는 특히 이스라엘 인력의 질이 높기 때문이라고 그 이유를 설명한다. "컴퓨터 과학 분야에는 두 개의 선도적인 학부가 있습니다. 세계 상위 20개 학부 목록에 있는 바이즈만 연구소(Weizmann Institute)와 테크니온(Technion)이고, 텔아비브와 히브리 대학은 바로 뒤에 위치하고 있습니다."

빌 게이츠와 스티브 발머에 이어 마이크로소프트의 세 번째 CEO로 임명된 사티아 나델라(Satya Nadella)는 이스라엘 방문이 그에게 강한 인상을 남겼고 마이크로소프트에 대한 그의 사고방식을 형성하고 대담한 문화를 수용하는 데 도움을 주었다고 증언했다.

야코비는 "우리는 우리가 정의한 분야에서 회사에 매우 중요한 제품을 개발해 3년 안에 직원 수를 500명에서 1,000명으로 두 배로 늘릴 수 있었습니다."라고 말하며, "지난 1년 동안 이스라엘에서 4개의 회사를 인수했으며, 앞으로도 계속할 것입니다. 오직 이스라엘 사람들만이 만들 수 있는 비전은 두 가지 도전적인 요소를 포함합니다. 하나는 글로벌 기업이 집중하고 있는 분야 중 하나인 비즈니스 리더십을 이스라엘에서 확보하는 것이고, 두 번째는 회사의 차세대 혁신을 개발하는 것입니다. 왜냐하면 우리는 다르게 생각하고 더 대담하게 생각하기 때문입니다."

Facebook, Microsoft, IBM, Intel, GE, Oracle, Google, Apple, HP, Cisco, Motorola, Philips, Dell, Applied Materials, EMC, Hewlett Packard, ChemChina, Siemens, Syngenta, KLA-Tencor 등 315개 이상의 선도적인 다국적 기업이 이스라엘에 R&D 센터를 설립했다. 이스라엘에 있는 IBM의 연구소 책임자인 오데드 코헨(Oded Cohen)에 따르면, 하이테크 분야에서 이스라엘 성공의 열쇠는 세 가지 중요한 요소의

결합에 있다. 즉 높은 수준의 학계, 벤처 캐피털 투자, 그리고 이스라엘에서 활동하는 글로벌 기업의 숫자이다. "비결은 세 가지 중 어느 하나에 있는 것이 아니라, 오히려 세 가지 모두가 작은 지리적 영역에 함께 존재하고 높은 이동성을 갖고 있기 때문입니다."라고 코헨은 말한다.

"이스라엘의 특별한 능력은 위험을 기꺼이 감수하는 의지입니다. 이곳에서 사는 것은 다소 위험하고, 군대가 젊은이들을 훈련하여 그들로 하여금 작게는 팀을, 크게는 나라를 책임지는 경험을 갖게 합니다. 이스라엘이 '성공의 섬'이 된 일부는 주변의 높은 도전들과, 이스라엘인들이 살고 있는 도전적인 환경, 위기를 극복한 개인적이고 국가적인 경험에서 비롯됩니다."라고 그는 말한다. 이스라엘의 IBM 연구소는 1972년에 설립되었다. 이스라엘에 설립된 이유는 인텔이 이스라엘에 설립된 이유와 비슷했다. 그 이유 중 하나는 특히 귀국을 원하는 이스라엘 출신의 핵심 관계자 때문이었다. IBM의 경영진은 미국 IBM의 연구소에서 일했던 조 라비브(Joe Raviv)가 소규모 연구소를 설립하도록 허락했다. 이 연구소는 수년간 지속적으로 성공했고 이스라엘, 인도, 중국, 호주 등에 있는 센터들과 함께 문을 연 취리히와 도쿄의 연구소들과 경쟁하면서 아직까지 미국 밖에 있는 연구소 중에서 가장 크다. 수년간 IBM은 이스라엘에서 약 12개의 중요한 인수 합병을 추진했는데 이 프로세스 또한 지속되고 있다.

이스라엘은 다양한 연구 분야에서 장점을 갖고 있다. 예를 들어, 의료 분야에서는 좋은 의사들이 연구 지향적이고 좋은 대학에서 공부하며 국제적인 노출의 경험을 갖는 등 의학 교육이 높은 수준이라는 사실과 이스라엘이 의료기기 분야에서 성공의 경험과 경쟁력을 가지고 있다는 데서 비롯된다. 이는 필립스 메디컬(Philips Medical)과 같은 회사가 대규모 R&D 센터를 설립하도록 장려한다. 이스라엘의 의료 시장 구조가 연구에 이점을 주는 것은 일부 건강 보험사들이 의료 서비스의 운영자이기도 하고, 일부 병원을 관리하기 때문이다. 그렇기 때문에 소수의 기술 회사는 다국적 기업에 인수된 후에도 이스라엘의 정체성을 유지하고 있다.

이 외에도 디지털 인쇄기를 개발, 제조, 판매하는 HP 인디고(Indigo)는 이스라엘 DNA, 이스라엘 CEO, 별도의 정보 시스템 등을 보유한 이스라엘 기업으로 남아있다. 이러한 성공은 무엇보다도 인상적인 사업 성과와 아론 바–샤니(Alon Bar–Shany) CEO의 개성에서 비롯되었다는 것은 의심할 여지가 없다. HP가 인디고를 인수한 후에는 2001년부터 2007년까지 6년간 Scitex Vision, Nur Macroprinters Ltd., and Mercury 등도 추가적으로 인수했다. 인디고를 제외한 나머지 업체들은 모두 HP의 구매 시스템에 통합되었다. 오직 인디고만이 자신의 정체성을 유지했다. 이러한 데이터를 통해 인수자의 정체성과 피인수기업의 규모가 사업의 미래와 고유한 정체성을 유지하는 능력에 영향을 미친다는 결론을 내릴 수 있다.

10억 달러 이상의 수출을 기록한 인디고는 이스라엘에서 상위 10대 수출업체 중 하나다. 아론 바–샤니는 "2015년 기준으로 2,700명의 소속 직원을 고용했는데 이들 중 40%는 개발, 40%는 생산, 20%는 관리 분야에 종사했습니다."라고 말한다. R&D 외에도 생산 및 이사진이 이스라엘에 있다는 사실은 인디고만의 특징이다. 또 다른 독특한 요소는 "경영자와 직원들의 조직에 대한 매우 높은 충성도입니다."라고 바–샤니는 말하며 현재 인디고 이사회의 거의 모든 구성원들이 20년 전부터 일하던 사람들이라고 덧붙였다.

"이스라엘의 장점은 일할 수 있고 일하기를 원하는 젊은 사람들이 있다는 것이고, 이스라엘의 인적 다양성은 방문객들 모두에게 깊은 인상을 남깁니다."라고 바－샤니는 말한다. "우리의 큰 과제는 어떻게 하면 다국적 기업의 질서와 초점을 유지하면서 이스라엘의 정체성을 잃지 않는 것입니다. 우리는 1995년에 어려운 위기를 겪었기 때문에, 이제 우리가 할 수 있다는 것을 알고 있습니다. 우리는 생존할 수 있는 능력을 키웠습니다."

다른 다국적 기업들과 달리 케이엘에이 텐코(KLA Tencor)는 이스라엘로 돌아가고 싶어하는 미국 기업의 이스라엘 고위 인사가 설립한 것이 아니라 그 반대의 경우다. 1986년 댄 빌랜스키(Dan Vilensky)는 반도체 산업을 위한 독특한 기계를 위한 전략적 투자자를 찾았다. 빌랜스키는 미국 회사 Kulicke & Soffa의 하이파(Haifa) 지사의 낭연직 구성원 그룹과 함께 제품을 개발했다. 반도체 산업을 위한 공정 품질 테스트를 위한 장비를 개발, 제조, 서비스하는 케이엘에이의 설립자인 케네스 레비(Kenneth Levy)는 기꺼이 도전장을 내밀었다. 이후 케이엘에이는 텐코와 합병하여 케이엘에이 텐코 이스라엘이 되었고, 빌랜스키는 본사 부사장 겸 이스라엘 사장을 역임했다. 이스라엘은 현재 미국 이외의 지역서 케이엘에이 텐코 연구 개발의 중심지가 되었다.

케이엘에이 텐코 이스라엘의 대표이사인 아미 아펠바움(Ami Appelbaum) 박사는 "우리는 인텔, 삼성, 도시바 및 전 세계의 모든 칩 제조업체들이 더 발전된 칩을 생산할 수 있도록 도울 수 있는 역량을 30년 넘게 구축하고 있습니다."라고 말한다.

이스라엘에서 제작된 이 첨단 기계는 다층 집적회로를 만들어 내는 동시에 칩을 겹겹이 쌓아 올리는 프로세스의 정확도를 측정한다.

시험을 하는 동안 나노미터 단위를 측정하는 기계는 실리콘 웨이퍼를 고속으로 움직이게 되는데, 이것은 매우 진보된 진동 감쇠를 필요로 한다. 1990년대 중반 아펠바움 박사는 "케이엘에이 텐코 이스라엘 기계와 결합된 스위스 제품은 정확도가 만족스럽지 못했습니다."라고 말한다. "그래서 저는 이스라엘 관리자로서 직접 정밀도 문제에 대해 스위스인들에게 도전장을 던졌습니다. 거기에 기계에 사용된 독일 베어링의 품질 또한 충분히 만족스럽지 않았기 때문에, 이스라엘 관리자는 품질 문제에 대해 독일인들에게 증명해 보여야 했습니다. 남부의 키부츠에서 자란 사람이 세계에서 가장 크고 가장 존경받는 정확도와 품질의 아이콘 앞에 맞서게 된 것은 무언가를 이뤄내는 데 중요한 경험이었습니다. 그렇습니다. 우리 이스라엘인들은 스위스와 독일인들에게 그들 자신의 이미지에 걸맞는 요건을 충족시켜 줄 것을 요구할 수 있습니다. 이것은 이스라엘이 전통 산업에서 출발하여 업계 거물들도 충족시키기 어려운 기술과 엔지니어링 분야에서 국제적 수준의 리더십을 획득하면서 이뤄낸 하이테크 산업이 걸어온 먼 길을 증명합니다. 세계의 아이콘들로부터 높이 평가받고 존경받는 블루 앤 화이트(이스라엘 국기의 색상)의 산업은 우리에게 배울 수 있습니다."

케이엘에이 텐코는 이스라엘에서 가장 진보된 기계를 생산하고 있을 뿐만 아니라 미국에서 개발되던 다른 기계들도 순전히 경제적 이유로 이스라엘에서 생산하는 것으로 변경되었다. 이스라엘의 이점은 일반적으로 정부의 자본투자 정책이 뒷받침된다는 것이다. 여기에는 숙련된 인력, 높은 수준의 하청업체, 경쟁력 있는 가격, 그리고 하청업체 관리 역량이 더해지는데 이 모든 것들이 이스라엘에서의 생산량은 미국에 비해 아직 낮지만 동아시아보다 높은 수준의 성과를 거두는 데

일조하고 있다.

이스라엘에서는 반도체 산업의 생산 효율성을 측정하는 데 사용되는 전 세계 제품의 60~70%가 개발 및 제조되고 있다. KLA Tencor, Applied Materials, Nova, 그리고 Jordan – Valley는 과학과 기술을 기반으로 세계적인 리더십을 구축하고 있지만 이스라엘의 입지는 항상 여러 가지 도전에 맞서야 한다. 아펠바움은 "케이엘에이 텐코가 기계 생산을 미국에서 이스라엘로 이전했을 때 생산비의 총 마진이 10% 이상 개선되었습니다."라고 말한다.

"오늘날 세계의 어떤 선도적인 과학 또는 기술 회사도 이스라엘의 존재 없이는 새로운 기술과 응용 프로그램을 개발하지 못할 것입니다."라고 아펠바움은 지적한다. "지정학적 상황과 1차 및 2차 레바논 전쟁에도 불구하고 우리는 하루도 공장을 폐쇄하지 않았습니다. 이것은 경영진과 직원 모두의 약속입니다. 모두가 헌신적입니다. 모두가 그래야 하는 이유를 이해합니다."라고 덧붙인다. 따라서 케이엘에이 텐코의 CEO인 릭 왈라스(Rick Wallace)는 주어진 상황과 미래의 목표로 전 세계 케이엘에이 텐코 생산의 3분의 1을 차지하는 미국, 이스라엘 및 싱가포르의 제조 경쟁력에 대해 이야기할 수 있다.

그렇게 첨단산업의 영향을 많이 받는 이스라엘 경제는 두터운 케이블을 통해 세계와 연결되어 있다. 자금 조달이든 협력이든, 부양책이든, 마케팅이든 세계는 이스라엘 기업의 놀이터인 동시에 이스라엘은 외국 기업들이 기꺼이 사업을 운영하는 곳이기도 하다.

CHAPTER **10 기업가적 이점**

　67개국의 기업가 활동 분석에 초점을 맞춘 GEM[104]은 "이스라엘에는 기업가 활동이 유난히 많다."라고 썼다. 그리고 "이스라엘 계획의 독특한 점은 수출 지향적이고 기술 지향적이라는 것이다."라고 밝혔다.

　이스라엘의 기업가 정신에 관한 국가보고서[105]는 이스라엘은 모든 분야에서 기업가 정신을 지지하고 장려하는 사회·문화적 규범을 특징으로 하며, 이스라엘 문화는 개인의 노력을 통해 달성되는 개인적 성공을 지지하고 장려한다고 밝히고 있다. 이와 함께 독립성, 자율성, 개인적 진취성을 강조하고 높이 평가한다. 그리고 창의성과 혁신을 장려하며, 집단적 책임보다 개인의 삶을 관리하는 개인적 책임을 더 강조한다.

　이스라엘에는 기업가들의 성공과 언론의 지지를 받는 분명하고 인정받는 기업가적 문화가 존재한다. 이는 기업가들의 업적과 새로운 지위, 성취한 부와 그에 따른 사회적 인정을 드러낸다. 이스라엘의 기업가적 문화에 대한 인식은 수년간 매우 높았으며, 여전히 유지되고 있다. 이것은 모든 어려움을 개인적인 도전으로 보고 실수와 실패에 대해 처벌하지 않는, 그리고 무언가를 당연하게 여기는 것에 대해 반론을 제기하는 유대인과 이스라엘 DNA에 뿌리를 두고 있는 오래된 문화적 특징이다.

GEM[106]은 1인당 첫 걸음을 내딛는 기업가의 수에서 이스라엘을 세계 3위로 평가한다. 이스라엘 기업들은 새로운 기술과 혁신적인 사업 방식으로 실험하는 경향이 있고, 이스라엘 소비자들은 도전에 응하고 있다. 보고서의 저자들은 또한 젊은 기업들의 역량에 대한 평가와 그들 사이의 친밀감과 신뢰 구축에 기초하여, 중견 기업들이 새롭고 혁신적인 기업들을 그들의 공급업체로 기꺼이 받아들일 것이라고 믿는다.

이 연구는 또한 이스라엘 소비자들 사이에 젊은 기업가적 기업들로부터 새로운 제품과 서비스를 구매하려는 개방성도 있다는 것을 나타낸다. 그러나 이는 소비자들의 정교함과 경험, 약속하고 이행하지 않는 제품이나 서비스를 구매하는 데 있어서 실패를 피하고 싶은 욕구에 의해 제한되기도 한다. 이 연구 결과는 혁신을 사용하는 동시에 정교하고 비판적인 의식이 있는 소비자 집단을 나타낸다.

이스라엘에서 기업가 정신의 남다른 힘은 텔아비브 대학이 기업가를 장려하는 대학에서 세계 9위[107]를 차지한 사실에서도 짐작할 수 있다. 이 순위는 졸업생들이 벤처 캐피털 기준의 스타트업 설립에 가장 적극적인 대학들을 조사했다. 테크니온은 16위에 올랐고, 히브리 대학은 33위를 차지했다. 텔아비브 대학은 비미국계 대학 중 유일하게 상위 10위 안에 드는 데 성공했다. 비미국계와 비이스라엘계 대학 중 캐나다의 워털루 대학만이 20위 안에 들었다. 상위 50위 안에는 언급된 세 개의 이스라엘 대학을 제외하고는 북미 이외의 대학은 순위에 없었다.

텔아비브 대학은 또한 졸업생들이 기업 매각이나 상장과 같은 중요한 성공을 거둔 기업을 설립한 대학 순위에서 8위를 차지했다. 대상 기업에 대한 금액은 보고된 기준으로 총 50억 달러가 넘었다.

"이스라엘에는 세상을 변화시키는 무한한 창의성이 있습니다."라고 이스라카드(Isracard) 회장 에얄 데셰(Eyal Desheh)는 말한다. "다행히도 저는 싸이텍스, 체크포인트, 테바, 모빌아이, 스트라타시스 등과 같이 완전히 새로운 분야의 산업을 창조하거나, 그들이 운영하는 산업을 완전히 바꾼 여러 이스라엘 회사들에서 일했습니다. 저는 그곳에 있었습니다. 저는 이스라엘의 힘이 최고임을 보았고, 변화를 만들 수 있는 이스라엘 사람들의 능력에 대해 배웠습니다. 용기는 사업 성공의 기본 특성 중 하나입니다. 넘어지고, 일어나서 계속하십시오. 이스라엘 사람들은 그러한 의지와 경험을 많이 가지고 있습니다."

많은 경우, 이 장에서 논의한 기업가적 이점과 다음 장에서 논의되는 기술적 이점 사이에 선을 긋기 어려운 경우가 많다. 이스라엘 기업가들 중에는 기술자들이 많고, 많은 회사는 스타트업이며, 그들 중 일부는 자신들이 활동하는 시장과 산업을 변화시키는 중견 기업 및 대기업으로 성장했다.

***

에얄 왈드먼(Eyal Waldman)은 이스라엘 중산층 가정에서 성장하여 IDF에서 전투 장교로 복무했으며, 제1차 레바논 전쟁에 참전 후 하이파의 테크니온에서 컴퓨터 과학 학사와 전기 공학 석사 학위를 받았다. 왈드먼은 1990년대 이스라엘 첨단 기술의 가장 중요한 성공을 거둔 회사 중 하나인 갈릴레오(Galileo)의 설립자 중 한 명이었다. 갈릴레오에서 일하는 동안 왈드먼은 캘리포니아로 이주하여 근무했다. 그는 그곳에서 다른 첨단 기술 회사를 설립을 결심하고 3년 후 이스라엘로 돌아와 가장 크고 가장 잘 알려진 첨단 기술 회사 중 하나인 멜라녹스를 설립하여 크게 성공했다.

2017년 현재 멜라녹스는 32억 달러의 가치로 나스닥에서 거래되고 있으며, 왈드먼은 설립 당시부터 CEO 및 사장을 역임하고 있다. 요크네암 일리트(Yokne'am Illit)에 본사를 둔 멜라녹스는 서버와 스토리지 시스템 간의 신속한 정보 전달을 위해 설계된 통신 시스템용 전자 부품 개발 및 제조 전문 기술 회사다. 이 회사는 컴퓨터 서버의 성능, 신뢰성 및 사용을 크게 향상시키는 아키텍처인 InfiniBand 통신 칩의 선도적인 공급업체다. 멜라녹스의 직원 수는 2,550명이며 이 중 1,860명은 이스라엘에서 근무한다. 따라서 이 회사는 이스라엘 최대의 하이테크 고용주 기업 중 하나다.

또 다른 유명한 이스라엘 기업가는 베니 란다(Benny Landa)이다. "그는 기술 분야의 천재일 뿐만 아니라 지칠 줄 모르는 기업가이기도

합니다."라고 수년 동안 란다와 함께 일한 Goldfarb—Seligman의 파트너 변호사 탈 아츠몬(Tal Atsmon)이 말한다. "베니 란다는 홀로코스트 생존자의 2세대입니다. 많은 이스라엘 사람들처럼 란다는 비전, 능력, 아이디어가 있지만 그의 독특함은 세계적인 기술 회사를 설립하는 데 성공한 것과 새로운 벤처에 대한 지속적인 헌신에 있습니다. 제가 보기에 그는 이스라엘 사람들을 어떻게 설명할 수 있는지에 대한 극단적인 본보기입니다."라고 아츠몬은 평가한다. "결과, 가치, 그리고 돈을 가져다 줄 무언가를 창조하는 것에 이스라엘 사람들은 추진력이 있습니다. 동기는 돈이 아닙니다. 그들의 동기는 무언가를 하고 세상에 흔적을 남기고자 하는 욕구입니다. 즉, 가치를 창조하기 위해서입니다. 베니 란다와 비슷한 나이와 재정 상태에 있는 유럽인이라면 대부분 호수 근처에 지은 여름 별장에 앉아 구름을 볼 것입니다. 란다는 자신의 꿈과 추진력을 따르는 수백 명의 사람들을 고용하고 있습니다. 그것어 차이점입니다."

란다의 사업은 이스라엘에서 2D 프린팅뿐만 아니라 3D 프린팅 분야에서도 글로벌 리더가 되는 산업을 창출하는 데 도움이 되었다. 1990년대 말부터 이 흥미진진한 분야에서 엄청난 잠재력을 가진 훌륭한 산업이 발전해 왔다. 기대가 실제로 실현된다면 3D 프린팅 혁명은 대량 생산 체제를 주문형 생산으로 전환하여 대규모 기업과 중소기업에서 개인에 이르기까지 사회의 모든 부문이 혜택을 받을 수 있게 될 것이다. 모든 사람이 물건, 장난감, 전자 장치, 그리고 미래에는 의약품과 생물학적 제품까지 만드는 거의 모든 것을 창조할 수 있는 힘을 가질 수 있다.

가이 멘칙(Guy Menchik)은 이 산업을 잘 알고 있으며 관련 기업의 설립자 중 한 명이다. 그는 수년 동안 이스라엘 회사 오브젯(Objet)에서 연구 개발 및 혁신 부사장으로 재직했으며, 오브젯은 현재는 나스닥에 상장되어 있는 스트라타시스와 합병하였다. 현재 그는 이스라엘 레호봇 과학 단지(Rehovot Science Park)에 위치하고 있는 본사에서 제품 부문을 관리하고 있으며, 스트라타시스는 3D 프린팅 분야에서 세계 최대 기업으로 평가받고 있다.

어떻게 이스라엘이 이 새로운 3D 프린팅 산업에서 선도적인 세력이 되었는지를 설명하기 위해 멘칙은 베니 란다와 그가 이스라엘을 2D 프린터의 세계적인 리더로 만드는 데 성공한 이야기로 거슬러 올라간다. "이 축적된 지식은 2D 프린팅 산업에서 은퇴한 사람들이 이 한 걸음 더 나아가도록 이끌었습니다. 기계를 설계하고, 제조하고 유지하는 방법에 대한 지식은 물론, 이 산업에서 경험했던 마케팅, 유통 및 물류에 대한 지식이 모두 남아있었습니다."라고 멘칙은 말한다. "또한 군수 산업에서 은퇴한 사람들로부터 새로운 지식을 얻었습니다. 그들은 포병, 미사일 및 제어 시스템에 대한 지식과 경험이 있었습니다."

미국인과 일본인들과 함께 일한 많은 경험이 있는 멘칙은 이스라엘인들의 유리한 통찰력을 다음과 같이 강조한다. "그들은 항상 현명한 해결책을 찾고, 틀 밖에서 다른 생각을 만들어 냅니다. 비록 현존하는 해결책이 있더라도 그들은 더 나을 수 있는 새로운 해결책을 생각합니다. 이스라엘인들은 대담하고, 창의적이고, 즉흥적입니다." 그는 또한 비판도 했다. "모든 것이 질서 있고 체계적으로 되면 이스라엘인들은 흥미를 잃습니다. 그 단계에서는 미국인들이 훨씬 낫습니다. 대량 생산은 이스라엘 사람들을 위한 것이 아닙니다. 그것은 그들에게 지루합니다."

2D 프린팅의 세계는 산업용 섬유 응용 프로그램을 위한 디지털 프린팅 시스템을 전문으로 하는 코닛 디지털(Kornit Digital)과 같은 이스라엘 기업을 통해 도약했다. 친환경 세라믹 잉크를 사용하여 유리 위의 디지털 프린팅에 특화된 스코딕스(Scodix), 나노 인쇄 기계를 다루는 란다 제국에 속해 있는 새로운 회사 란다 랩스(Landa Labs)도 있다.

전혀 다른 분야의 또 다른 이니셔티브는 2009년에 시작하여 몇 년 만에 세계 최대의 온라인 번역 대행사가 된 OHT(One–Hour–Translation)이다. 이스라엘의 네스 지오나 과학단지(Ness Ziona Science Park)에 위치한 이 회사는 100개 이상의 국가에서 2만 명의 전문 번역가를 고용하고 있으며, 75개 언어를 번역하고 매달 10만 개 이상의 번역 프로젝트를 처리하고 있다. 전 세계 9개 지점에서 소프트웨어 개발, 판매, 고객 서비스, 마케팅, 관리 및 운영 분야에서 200명의 직원을 고용하고 있다.

전 세계 번역 시장은 연간 400억 달러로 추산되며, OHT는 오프라인에서 운영되는 전통적인 번역 대행사에서 인터넷을 통한 온라인 모델로 전환하는 선도적인 선구자다.

OHT의 CEO이자 설립자 중 한 명인 오퍼 쇼샨(Ofer Shoshan)은 IDF에서 가장 명망 있는 부대 중 하나로 평가되는 하만 탈피옷(Haman–Talpiot)에 채용된 독특한 인물이다. 하만 탈피옷 출신은 IDF 정보부대에서도 권위있고 중요한 직책을 맡게 된다. 군 제대 후 쇼샨은 의료 기구 스타트업을 설립했고, 친구인 메이어 마모(Meir Marmor) 박사와 함께 생명을 구하는 심장 장치를 발명했다. 그 후 그는 다른 두 개의 성공적인 하이테크 회사를 설립했고, 프랑스 INSEAD에서 개인적인 뛰어남과 스타트업을 경영했던 경험으로 학사 학위 없이 MBA 과정에 합격한 유일한 사람 중 한 명이었다. 그는 다양한 경험을 바탕으로 온라인 번역 회사라는 아이디어를 생각해 냈다.

"전 세계를 많이 여행하고, 많은 나라 특히 선진국의 많은 사람들을 인터뷰한 사람으로서, 저는 이스라엘 사람들이 나머지 사람들보다 더 나은 기업가라고 말할 수 있습니다."라고 쇼샨은 말한다. "미국의 시스템은 규모가 크고 질서정연하며 미리 계획된 시스템이 있을 때 매우 잘 작동하지만, 성장하는 기업에서는 대개 그렇지 않습니다. 이스라엘 직원들은 상사를 비판하고, 도전하고, 아이디어를 제공하고, 상사로부터 긍정적인 반응을 얻을 수 있으며, 상사의 제안보다 더 나은 경우 실제로 시행할 기회를 가질 수 있습니다."

***

1798년에 토마스 맬서스(Thomas Malthus)는 그의 유명한 저서인 『인구 원리에 관한 에세이』108를 출판하여, 세계 인구가 주기적으로 두 배로 증가하는 반면 식량 생산은 더 천천히 증가하여 사람이 먹을 수 있는 식량의 양이 크게 감소할 것이라고 주장했다. 맬서스는 이것이 궁극적으로 인구 감소를 초래할 재앙과 극심한 배고픔으로 이어질 것이라고 예측했다. 실제로 이러한 재앙적인 예측은 기술적인 진보 때문에 실현되지 않았다.

맬서스 예측을 더 늦추기 위해 관련 분야의 과학자 1100명으로 구성된 전세계 컨소시엄이 구성되었다. 이 컨소시엄은 10년 동안 밀의 유전자 서열을 해독하기 위해 노력했고, 그들은 5천만 달러 이상의 투자를 받았다. 그 노력으로 인해 게놈의 20%가 해독되었지만 정확도는 높지 않았다.

세계에서 가장 중요하고 인기 있는 식품의 유전자 서열을 해독하는 것은 더 나은 영양가, 극단적인 기후 조건에 대한 높은 저항성, 수확량 증가 및 저항성을 갖는 품종의 개발을 가능하게 할 것이기 때문에 경제적, 사회적으로 상당히 중요한 의미를 갖는다.

국제 컨소시엄이 새로운 밀 품종의 생산성 향상에 필요한 완전한 게놈을 완성하는 데 최소 4년이 남았다. 그러자 이스라엘의 작은 회사인 엔알진(NRGene)이 부담을 안고 50만 달러의 재정적 투자로 게놈 해독에 단 한 달 만에 성공했다.

엔알진은 게놈 세계의 빅 데이터 솔루션을 제공하는 회사다. 종자 회사, 동물 사육자 및 학계를 위한 최적의 유전자 특성을 발견하기 위해 고급 계산 도구와 혁신적인 알고리즘 모델을 개발한다. 엔알진의 설립자이자 CEO인 길 로넨(Gil Ronen) 박사는 "우리는 어떤 씨앗이 심을 가치가 있는지 알려줌으로써 거대한 국제적인 기업들에게 큰 도약을 제공하고 있습니다. 이를 통해 채소 분야에서 다음의 큰 성공을 거둘 가능성이 있습니다."라고 말한다.

또 다른 약자들의 이야기는 젊은 세대의 이스라엘 기업가 야리브 바쉬(Yariv Bash)의 이야기로서 그의 이야기는 특히 흥미진진하다. "당신 자신과 신체적, 정신적 경계에 대해 배우는 곳"이었던 포병 특수부대에서 복무한 후에, 그는 제대 후에 대부분의 이스라엘 젊은이들이 아주 오랜 기간 이국적인 나라들을 여행하는 것과 달리 단 두 달 동안만 여행을 하고 대학에서 전기공학을 공부하기 위해 텔아비브로 돌아왔다. 졸업 후 그는 이스라엘 안보국(Israel Security Agency)의 기술개발부에서 일했고, "우리는 필요한 모든 것을 제조했습니다."라고 회고한다.

그 기간 동안 그는 요시 바르디(Yossi Vardi)의 키너넷(Kinnernet) 회사에 합류했고, 이를 기반으로 고정관념에서 벗어나 보안 R&D 부대들을 훈련시키기 위한 MachaNet을 개발하고 관리했다. "초기제품은 사업적 가치는 없었지만 영리한 제품의 아이디어였습니다."라고 바쉬는 말한다. "그 아이디어는 일상 업무와는 다른 영역에서 사람들을 창의적인 방법으로 연결하는 것이었습니다. 프로그래머가 용접을 하고, 지휘관이 나사를 조였고, 모든 사람들은 제복도 계급도 조직적인 소속이 없이 여러분이 상상할 수 있는 만큼 미쳐있었습니다. 몇 년이 지난 지금도 공군은 착륙에 접근하는 4대의 F-16이 어떻게 종이와 양초만으로 방해를 받을 수 있는지에 대한 문제를 갖고 있습니다. 답은 활주로에 중국의 종이 랜턴을 불었던 우리 프로젝트 그룹에서 나왔습니다."

"2011년 말 MachaNet에 대한 제 아이디어는 대기권 끝까지 도달한 후 낙하산으로 착륙할 수 있는 로켓을 만드는 것이었습니다. 왜냐하면 단지 제가 공중에 물건들을 날리는 것을 정말 좋아하기 때문입니다."라고 바쉬는 웃으며 말했다. "제 친구가 프로젝트를 더 확장해서 구글이 발표한 달에 우주선을 착륙시키는 대회에 참가하자고 제안했습니다. 저는 단지 환상일 뿐이라고 생각했습니다. 저는 정말 5만 달러의 참가 등록비가 없어서 1,000달러짜리 의향서를 보냈습니다. 바로 그날 밤 저는 페이스북에 그 계획된 프로젝트에 대한 게시물을 올리고, 한 친구에게 주말에 만나서 맥주를 마시며 아이디어를 논의하자고 요청했습니다. 우리는 아무것도 없었지만 무엇보다 지구 밖으로 우주선을 보낼 발사 계약에 서명한 경쟁자들 중 첫 번째였습니다. 우리는 교육적인 이유로 SpaceIL 조직을 설립했는데, 구글 대회에서 우승하는 것 외에도 젊은이들이 우주에 관심을 가지게 만들고 싶었기 때문입니다. 우리는 150명이 넘는 젊은이들을 만났고 갈릴리의 아랍 어린이들, 브네이 브락(Bnei Brak)의 일부 초정통파, 그리고 텔 아비브와 그 주변 지역의 학생들과 이야기를 나눴습니다. 그들은 모두 관심이 있었습니다. 그들은 모두 신이 났습니다. 그들은 우리의 큰 희망입니다."

계속해서 진행하기 위해 그들은 전문적인 CEO를 데려왔고, 바쉬는 그의 새로운 모험을 시작했다. 그들은 친구와 함께 멀티콥터 드론에 연결되고 스마트폰 어플리케이션을 통해 통신할 수 있는 블랙박스를 개발했다. 그들은 세계 어디에서나 스마트폰 네트워크를 사용하여 드론을 날릴 수 있다. "아마존이 앞으로 4~5년 동안 계획하는 것을 우리는 지금 어떻게 하는지 알고 있습니다."라고 그는 말한다.

이스라엘의 기업가 정신은 정확하게 과학 분야의 사람들이 하이테크 회사를 설립하는 것뿐만 아니라 MBA 졸업생, 변호사, 회계사, 임원 등을 포함하는 사회과학 분야의 사람들에 의해서도 반영된다. 핀테크는 온라인 거래 플랫폼의 많은 부분이 이스라엘 자본 시장 출신들에 의해 설립된 분야다. 변호사 출신의 우디 모카디(Udi Mokady)는 1999년 알론 코헨(Alon Cohen), 아미트 레메즈(Amit Remez)와 함께 성공적인 사이버 보안 회사 사이버 아크(CyberArk)를 설립했고, 2017년 말 나스닥에서 15억 5천만 달러의 가치로 상장되었다.

이전에 Get-Taxi로 알려졌던 겟(Gett)은 2010년 스마트폰을 이용한 택시용 어플리케이션으로 출시되었다. 위치기반 서비스로 택시 기사와 승객이 직접 소통하며 수납을 조율하고, 앱을 통해 결제하고, 운전자에 대한 피드백을 제공했다. 겟은 이스라엘 외부로 빠르게 확장하여 이미 100개의 대도시에서 사용되고 있으며 이스라엘, 영국, 미국, 러시아에 6만 대 이상의 택시와 4천 명 이상의 비즈니스 고객을 확보하고 있고 이스라엘 직원 300명을 포함한 전 세계적으로 1천 명 이상의 직원이 일하고 있다. 2016년 5월 폭스바겐은 겟에 3억 달러를 투자했다.

이스라엘의 기업가적 이점을 보여주는 또 다른 예는 이스라엘 전역의 주거 지역과 주변 시골 지역에 위치한 중형 소매 체인 코옵(Co-op)의 CEO인 오퍼 페인스타인(Ofer Feinstein)이다. 이스라엘에서 생활비에 초점을 맞춘 사회적 시위가 만연했을 때, 식품 생산업체와 마케팅 체인들은 가격을 낮추라고 요구받았고 이후로 서로 경쟁하고 있다. 이렇게 치열한 경쟁 상황에서 체인들은 성패를 거듭했고, 대중들에게 자신들의 가격이 가장 저렴하다는 것을 간신히 전달한 체인들은 국가적 영웅이 되었다. 코옵은 경쟁 회사들에 비해 높은 급여 비용을 가진 기업으로 살아남기 위해 고군분투하고 있었다. "우리는 다르게 일하고 있습니다."라고 페인스타인은 말하면서 중형 소매점에 집중하면서 관리와 판매의 효율성을 향상시키기 위해 독특한 시스템을 개발한 이야기를 들려준다. 이 체인은 식품 체인을 효율적으로 관리하기 위해 SAP의 데이터베이스 관리 시스템을 인터페이스하는 소프트웨어를 개발했다. 추정치를 상회하는 성공을 거둔 이 소프트웨어는 전 세계에 SAP를 통해 출시하는 축복을 받았고, 이에 따라 코옵은 소매 체인에서 소프트웨어 하우스로 갑자기 전환되었다.

CHAPTER **11 과학기술적 이점**

이스라엘은 과학 및 기술 성과를 위한 비옥한 토양 역할을 하고 있다. Bloomberg Innovation Index[109]에 따르면, 이스라엘은 연구개발 부문에서 세계 2위, 교육받은 노동력과 응용과학 연구자의 질적 수준에서 세계 4위를 차지하고 있다. IMD에 의하면[110], 이스라엘은 혁신 성과 기업가 정신 부문에서 세계 1위, 과학연구 및 교육에 대한 공공지출 부문에서 2위, 그리고 인력 중 엔지니어 비율에서 3위를 차지하고 있다. 또한 벤처 캐피탈 펀드에 대한 투자자 신뢰도에서 세계 2위에 위치하고 있다.[111]

8명의 노벨상 수상자들은 21세기 초부터 이스라엘을 1인당 수상자 수가 가장 많은 나라로 만들었고, 미국을 포함한 나머지 국가들과 큰 격차를 보였다. 이스라엘의 노벨상 성과는 세계 인구에서 차지하는 비중에 비해 수상자 비율은 50배가 넘는다. 이스라엘은 튜링(Turing) 컴퓨터 과학상 수상 부문에서 세계에서 세 번째로 높은 순위를 차지하고 있다. 컴퓨터 과학 분야에서 탁월한 이론 연구를 한 사람들에게 수여하는 괴델(Gödel)상은 수상자의 30%가 이스라엘인이다.

『스타트업 국가』[112]라는 책에서 저자들은 이스라엘이 오늘날 세계에서 혁신과 기업가 정신이 가장 많이 집중된 곳임을 강조했다. 그들은 세계의 몇몇 기술 리더들의 말을 인용하고 있다. 구글 CEO 에릭 슈미트는 미국이 이스라엘의 뒤를 이어 세계 기업가들에게 가장 적합한 곳이라고 했다. 빌 게이츠는 "이스라엘에서 일어나고 있는 혁신의 종류는 기술 사업의 미래에 매우 중요합니다."라고 언급했다.[113] "이스라엘에서의 이틀 동안 저는 세계의 다른 지역에서의 1년보다 더 많은 기회들을 보았습니다."라고 필립스 메디컬(Philips Medical)의 폴 스미스(Paul Smith) 부사장은 말한다.[114]

이 책의 저자들은 이스라엘의 테크노 기업가 생태계의 기원을 설명하려고 시도한다. 그들은 그것이 독창성을 낳는 고민과 필요, 유대인 −이스라엘의 천재성, 군대와 안보의 필요성, 반항적이고 무례하고 비정통적인 문화, 그리고 이스라엘을 특징짓는 비계층적인 사회구조의 결과라고 말한다. "그것은 재능에 관련된 이야기일 뿐만 아니라 완고함, 권위에 대한 단호한 질문, 단호한 결단력에 관한 이야기입니다. 그리고 실패, 팀워크, 사명감, 위험 감수, 영역을 초월한 창조성에 대한 독특한 접근법에 관한 이야기이기도 합니다."라고 그들은 기술하고 있다.

"1960년대 이스라엘이 우방국에 요구했던 군수품 공급 요구 거부와 함께 내려진 금수조치는 이스라엘이 직접 무기 개발을 추진하도록 하였습니다."라고 수년간 IAI[115]의 최고재무책임자였던 메나셰 사기브(Menashe Sagiv)는 말한다. "그 문제가 바로 이스라엘 국방 산업의 발전을 위한 돌파구가 되었습니다. 안보에 대한 요구와 이스라엘에 정치적으로 편향될 수 있는 외부 국가들에 가능한 한 의존하지 않으려는 욕구가 기술 개발에 대한 실존적인 필요성으로 이어졌습니다. 이 기간 동안 개발된 많은 군사 기술들은 이스라엘 경제 발전에 기여했고, 민간 기술 개발을 위한 중대한 촉매제 역할을 함으로써 수출에도 큰 도움이 되었습니다."

라비(Lavi) 프로젝트는 이스라엘 정부가 IAI를 통해 이스라엘 최초의 제트 전투기를 개발하려는 시도였다. 이 프로젝트는 기술적으로 성공했음에도 불구하고 경제적, 정치적 이유로 인해 중단되었다. "라비 개발 프로젝트가 종료된 후 관련된 다른 군수업체들과 마찬가지로 IAI는 일종의 위기에 처했습니다. 하지만 라비 프로젝트에서 축적된 지식은 다른 기술 개발에 도움이 되었습니다. 당시 대부분의 군수업체들은 이스라엘 국방부를 위해서만 생산했지만, 이스라엘 국방부는 그들을 재정적으로 지원할 여력이 없었습니다. IAI는 미사일, 위성, 통신 시스템, 정보 및 항공기 개선 등 글로벌 표준을 충족시키는 제품을 개발했습니다. 몇 년 후 IAI는 이미 수출 지향적인 기업이 되었는데 매출의 85%가 수출에서, 15%만이 이스라엘 국방부에 대한 판매에서 발생했습니다."라고 사기브는 회고한다. 이러한 위기는 다시 한번 돌파구를 향한 원동력이었다.

기술 환경

1990년대 중반, 나(Adam Reuter, 저자)는 엠 시스템스(M−Systems)의 재무 위험 관리 컨설턴트로 일했다. 당시 이 회사는 직원이 백 명도 안 되는 아주 작은 첨단 기술 회사였다. 소유주이자 CEO인 도브 모란(Dov Moran)은 어느 날 복도에서 나를 붙잡더니 그들이 개발한 새로운 것을 보여주었다. 그는 나를 작은 방으로 데리고 가 유리로 만들어진 길고 긴 전자 막대를 꺼냈다. 그는 그 새로운 장치가 무엇에 쓰일 것인지 자세히 설명했다. 돌이켜 보면, 나는 세계 최초의 디스크 온 키

(disk-on-key)를 본 몇 안 되는 사람 중의 하나였다. 이스라엘 첨단 기술 분야에서 가장 저명한 인물 중의 한 명인 모란은 40개 이상의 특허를 가지고 있다.

이스라엘의 기술 환경은 군, 기타 보안 기관의 기술 부서, 학계, 이스라엘 스타트업, 이스라엘 글로벌 기술 기업, 해외 글로벌 기업의 R&D 센터 등 5개를 중심으로 구성된다.

성공의 많은 부분은 이 다섯 가지 요소가 긴밀하게 연결됨에 있으며, 함께 힘을 늘리기 위해 스스로를 키우는 기술 생태계를 만드는 데 있다. 학문으로부터 지식, 기술 그리고 사람이 배출되고 서로 연결된다. 스타트업은 매각할지 아니면 성장할지를 결정해야 한다. 죽은 스타트업이 만들어내는 퇴비 위에 새로운 회사가 성장한다. 대기업의 연구개발 인력은 자신의 스타트업을 만들기 위해 회사를 떠난다. 때로는 실패 후 복귀하기도 하고, 때로는 스타트업을 더 큰 회사에 매각하고, 때로는 글로벌 이스라엘 회사로 성장한다. 이 터빈에서 만들어진 에너지는 속도를 높이고 이스라엘 경제 전체에 활력을 불어넣는다.

현재 이스라엘의 기술 환경은 이스라엘인의 특성을 반영하고 있다. 그것은 절대 만족하지 않고, 어떤 문제도 해결할 수 있다고 자신하며, 무한한 주도권을 추구하며, 변화와 혁신을 사랑하는 특성이다.

공공의 이익이 민간보다 크기 때문에 첨단기술 산업에 정부가 개입해야 한다는 점에는 이견이 없다. 만약 벤처캐피탈 펀드가 회사에 투자했다가 실패하면 회사는 물론 투자자들에게도 큰 고통이다. 하지만 이 실패를 거울삼아 또 다른 기업이 잇달아 등장한다면 이것은 국가 차원에서 중요한 수확이 된다. 이러한 현상의 인상적이고 울림 있는 사례가 '베터 플레이스(Better Place)'인데 수십억 달러의 손실을 입었다. 하지만 이를 통해 현재 다국적 기업과 스타트업의 개발 센터에 있는 많은 지식 집단이 등장했다.

　이스라엘에서 인프라를 만들고 기술 기업의 설립을 추진하는 데 있어서 정부의 깊은 참여는 1980년대 말, 특히 벤처 캐피탈 투자를 장려하기 위한 정부의 요즈마(Yozma) 프로그램의 설립과 함께 시작되었다. 이것은 벤처 캐피탈 펀드에 투자함으로써 하이테크 산업의 성장을 장려하기 위해 고안되었다. 기업가들에게 큰 이점은 정부가 기업가의 1.50달러 당 1달러를 투자하는 것이다. 이것은 투자의 40%가 정부에 의해 충당된다는 것을 의미하고, 또한 5년 후에는 편리한 가격에 정부 지분의 주식을 살 수 있는 권리를 제공함으로써 정부를 파트너십에서 배제할 기회를 부여했다. 각 벤처 캐피탈 펀드는 이스라엘 벤처 캐피탈 투자자(이스라엘의 투자자들은 투자 참여를 통해 벤처 캐피탈 선진사례를 배우는 기회를 가짐), 외국 벤처 캐피탈 회사, 그리고 이스라엘 지주 회사 또는 은행으로 구성되었다. 10년 후 요즈마 펀드는 약 150개의 이스라엘 스타트업에 투자된 것으로 추산되었고, 그들의 생존율은 65% 였다. 참고로 이 업계의 전 세계 생존율은 40%에 불과했다. 이스라엘 모델이라고 불리는 이 프로그램은 아일랜드, 한국, 러시아, 싱가포르, 호주, 뉴질랜드 및 일본과 같은 많은 다른 나라의 국가 프로젝트에 영감을 주었다.

　수년간 이스라엘의 첨단기술 장려에 참여해 온 그 프로그램의 선장은 경제부의 수석 과학자였지만, 스스로도 새로운 사고가 필요하다고 결론내렸다. 관련 예산은 수년간 계속해서 줄어들고 있었지만, 위험하고 새로운 R&D 프로젝트에 자금을 조달해야 할 필요성은 증가하고 있었기 때문이다. 하지만 산업계의 요구를 처리하기 위한 정부 프로젝트를 개발하는 데 너무 많은 시간이 소요되었고, 이 기금은 오래된 산업 등을 지원하는 데 결코 충분치 않았다.

전 수석 과학자인 아비 하손(Avi Hasson)이 전략적 작업을 위해서는 새로운 비전이 채택되어야 하며, 이를 개발하기 위해 올바른 정부 권한이 확립되어야 한다고 주장했다. 기업의 위험 자금 조달 요구 사항의 바다에서 적은 정부 예산이 해줄 수 있는 것은 크지 않지만, 첨단 기술 산업의 경제적 영향은 해당 산업에 고용된 9%의 인력 이상의 광범위한 대상으로 확대될 것이며, 경제적 번영은 관련 산업과 인구 전반에 걸쳐 영향을 미칠 것이다. 2015년 이스라엘 정부는 '국가 연구, 개발 및 기술 혁신 기관'을 설립하기로 결정했으며, 이 기관은 각각 다른 유형의 요구와 고객에 초점을 맞춘 6개의 서로 다른 단위를 통해 이러한 모든 문제를 해결하도록 설계되었다.

스타트업 분야는 스타트업을 지원, 장려 및 육성하고 이러한 요구를 충족시키기 위해 짧고 유연한 기간 내에 운영되는 고유한 프로그램을 개발하기 위해 설계되었다.

반면 성장 분야는 성숙한 기업을 다루며 그들의 고유한 과제를 정리한다. 이를 위해 성장을 방해하는 규제를 줄이고, 기업에 필요한 인적 자본 문제를 해결하며, 자회사 인수를 지원하는 등 고유한 문제 해결을 담당한다.

전통적인 산업 현장과 그들의 과제는 스타트업과 다르다. 여기에는 경영 관리를 위한 인프라 개발과 생산 및 공급라인의 혁신적인 프로세스 구현 등에 대한 투자가 필요하다.

기술 인프라 분야는 유전자 조직 은행, 나노 기술 센터, 전자기 프로젝트 등과 같이 국가적 이점을 가진 R&D 인프라 구축을 다룬다.

공공-사회 분야는 첨단기술의 성공에 더 많은 인구가 참여하도록 설계되었으며, 여기에는 아랍인과 초정통파 유대인의 통합이 포함된다.

새로운 기관에서 운영되는 마지막 영역은 국제분야다. 연구 개발 분야의 협력은 세계적인 정보와 자본의 흐름 속에서 이스라엘을 통합하기 위해서는 지속적인 투자가 필요하다. 이러한 지원을 통해 유럽과 이스라엘 간의 'European R&D program'이나 동아시아와 이스라엘의 협력을 강화하는 활동을 할 수 있다.

새로 설립된 국가 혁신 기구(National Authority for Innovation)를 아하론 아하론(Aharon Aharon) 전 애플 이스라엘 최고경영자(CEO)와 아미 아펠바움(Ami Appelbaum) 전 케이엘에이 텐코 사장이 이끌도록 했다. 이스라엘 정부와 크네세트는 혁신은 NAI가 헌신해야 하는 국가 자원이라는 새롭고 강화된 성명을 보냈다.

스타트업 국가

이스라엘에서는 8시간마다 스타트업이 만들어지는데 1년에 1천 개 이상의 스타트업이 탄생하는 셈이다. 이는 모든 비교에서 엄청난 숫자다. 하지만 이러한 스타트업 중 상당수는 고위험 수준에서 운영되며 대부분은 살아남지 못한다. 초기 과제는 작은 회사들을 작은 기술 회사로 변화시키고 그들을 중대형 회사로 성장시키는 것이다. 스타트업은 성장의 원천이지만 생존과 성장을 위한 도전은 엄청나다.

비록 큰 기술 회사들이 수출의 대부분을 가져오지만, 경제 성장을 위한 작은 기술 회사들의 역할은 여러 관점에서 중요하다. 새롭게 성장하는 회사들은 규모가 크고 이미 자리 잡은 회사들보다 더 많은 직원을 채용하고 있다. 그들은 다양성을 만들고 경제에 위기가 닥쳤을 때 국가의 실업에 대한 위험을 줄이는 역할을 할 수 있다. 그들은 일반적으로 글로벌 거대 기업들과의 치열한 경쟁에 노출되지 않는 틈새 시장에서 활동한다.

노키아(Nokia)는 핀란드에서 가장 큰 고용주였고 절정에 달했을 때는 핀란드 전체 국민의 약 8%에 해당하는 노동자에게 직간접 고용을 제공했다. 하지만 노키아의 붕괴는 핀란드 경제를 침체로 빠트렸다. 다양한 산업의 더 많은 기업으로 경제가 구성될수록 위험은 낮아진다. 경제학자가 아닌 이스라엘 시인 예후다 아미차이(Yehuda Amichai)는 상황을 다음과 같이 잘 묘사했다. "편백나무 같지도 않고, 갑작스럽지도 않고, 내 전부 같지도 않고, 그냥 풀밭처럼."116

IVC 조사에 따르면 이스라엘의 첨단 기술 산업은 이스라엘 노동시장의 약 10%를 직접 고용하고 있다. 21세기 초부터 2015년 말까지 이스라엘에서 10,604개의 스타트업이 설립되었으며 5,298개의 회사가 문을 닫았다. 이 숫자들은 인구 규모에 비해 매우 예외적일 뿐만 아니라 세계에 비해 절대적인 측면에서도 극적이어서 미국과 중국과 같은 큰 국가만이 더 높은 데이터를 제시할 수 있다. 21세기 초에 조달된 자본의 60% 이상이 이스라엘 벤처 캐피탈 펀드에서 나왔다. 2015년 기준 투자의 85% 이상이 주로 미국에 기반을 둔 외국 펀드에 의해 이루어졌다.

이스라엘 스타트업의 다양성은 매우 빠른 속도의 비즈니스 환경, 다양한 자금 조달 주체, 잘 갖춰진 첨단기술 환경에 의한 기술 주도권, 이기종 기술을 융합하여 새로운 비즈니스 모델 제안 등에 따른 이스라엘만의 독특한 산물이다. 아이디어, 연구, 승인, 자금 지원, 실현 사이의 시간은 크게 단축되었다. 웨이즈는 2천만 명 이상의 사용자를 확보하는 데 4년이 채 걸리지 않았다.

2015년 11월, 세계 최대의 스타트업 액셀러레이터117 매스챌린지(MassChallenge)는 보스턴과 런던에 이어 예루살렘에 세 번째 액셀러레이터 센터를 설립한다고 발표했다. 이 프로그램은 선정된 기업가들에게 글로벌 시장에 진출할 수 있도록 4개월간의 상담과 지도를 무료로 제공한다. 매스챌린지의 설립자이자 CEO인 존 하손(John Harthorne)은 피플 앤 컴퓨터(People & Computers)와의 인터뷰에서 이스라엘을 기업가 정신이 뛰어난 사례로 보고 있으며, 예루살렘 액셀러레이터 센터가 이스라엘 정부, 예루살렘 개발청 및 프로젝트에 수백만 달러를 투자할 예루살렘 지방 자치 단체와 협력을 시작하였다고 말했다. 예루살렘을 선택하는 것은 사소한 선택이 아니다. 예를 들어 예루살렘이 이스라엘에서 완전한 와이파이 접속이 가능한 첫 번째 도시였다는 점을 보면 그 결정을 더 명확히 이해할 수 있다.

정션(The Junction)은 벤처 캐피털 펀드인 Genesis, Bank Leumi, Deloitte, 법률 사무소 Meitar Liquornik 및 글로벌 하이테크 기업 SAP 사이에서 협업하는 독특한 액셀러레이터다. 정션은 남부 텔 아비브의 상부에 위치하며 기업가들에게 6개월 프로그램을 제공한다. 이 기간 동안 기업들은 공용 공간에 초대되어 Eco-Systems 회원들과 상담하고 그들의 능력을 최대한 발휘하여 스타트업을 운영할 수 있도록 초대된다. 액셀러레이터 관리자들의 증언에 따르면 지금까지 112개의 스타트업이 이 프로그램에 참가했다. 그들 중 53개 스타트업이 투자를 유치했고, 3개의 업체가 투자 유치, 매각, 상장 등을 통해 총 1억 3천만 달러의 자금을 조달했다. 이것은 확실히 인상적인 성과다.

액셀러레이터와 함께 전 세계적으로 공동 작업 공간 현상은 빠르게 확대되고 있으며 여기에는 임원, 워크샵, 투자자 클럽 등을 위한 다양한 프로그램이 포함된다. 애플과 실리콘 밸리의 다른 스타트업과 같이 차고 시대의 스타트업들은 요즘 스타트업 현장의 스타일리시하고 최신 유행을 따르는 작업 공간을 사용하기까지 먼 길을 거쳤다.

위워크(WeWork)는 기업가, 프리랜서, 스타트업 및 소기업을 위해 공유 작업 공간, 커뮤니티 및 서비스를 제공하는 미국 회사다. 2010년에 설립되었으며 본사는 뉴욕에 있다. 이스라엘에서는 벤지 싱어(Benzy Singer)118의 관리하에 텔 아비브(Tel Aviv), 헤르즐리야(Herzliya) 및 비어 셰바(Beer Sheva)에서 6개의 건물을 운영하고 있다. 위워크의 설립자 중 한 명이자 CEO는 이스라엘계 미국인 기업가인 아담 노이만(Adam Neumann)이다.

또 다른 공유 작업 공간은 라이브러리(the Library)로서, 미그달 샬롬(Migdal Shalom)에 있는 텔아비브 지방 자치 단체에서 할당한 공간에 자리하고 있다. 개발자들은 4개월 동안 이 지역을 공정한 가격으로 사용할 수 있다. 조용하고 개별적인 업무를 위한 전화 부스부터 특이한 소파, 의자, 바, 뷔페까지 공유 작업 공간의 인테리어 디자인은 글로 설명하기 어렵다. 디자인은 매우 절충적이고 거주자의 창의성에 영향을 줄 수 있도록 되어 있다. 그것은 마치 공간이 모든 것이 가능하다고 말하는 것 같다.

이스라엘에는 많은 곳에 작업 공간이 있으며, 공간에 대한 철학은 제한된 공간 밀도, 다양한 상호 작용, 경험 많은 기업가와 어깨를 나란히 할 수 있는 능력, 기업가들이 돌파구에 초점을 맞추는 것이다.

액셀러레이터 및 작업 공간과 함께 경제부 수석 과학자의 허가 아래 기술 인큐베이터가 운영되고 있다. 기업가 팀은 공동 작업 공간이나 액셀러레이터를 통해 스타트업을 시작하고, 프로그램이 끝날 때 데모데이에서 성과를 보여준 뒤 인큐베이터에서 1년 반 동안 더 활동을 이어갈 것으로 기대된다.

그래서 이스라엘에서는 초기 단계부터 성장이 완료될 때까지 이니셔티브를 개발하고 다음 단계로 넘어가는 틀이 만들어졌고, 이는 아이디어가 완전히 실패하는 경우도 있지만 때로는 성공하는 경우도 있다. 성공하는 경우는 소수이지만, 그들은 자신의 아이디어를 개발하는 데 전념하는 전 세대의 젊은이들뿐만 아니라 그들을 지원하는 모든 자금 조달 및 금융 업계를 자극하고 영감을 주기에 충분하다.

모든 혁신적인 기술은 믿을 수 없을 만큼 많은 기회를 제공하는 새로운 나라와도 같다. 옛 지도에는 "terra incognita", 즉 미지의 나라라고 불리는 광대한 영토가 있었다. 이 영토에는 많은 탐험가들이 모였는데 일부는 정착하여 부를 축적하기도 하고 그렇게 하려고 하다가 사망한 이들도 있었다. 그런 탐험가들처럼 이스라엘 사람들은 새로운 지평선이 열릴 때마다 표적을 정한다. 전 세계가 풍부한 기술 제품과 서비스에 현혹될 때, 가장 먼저 발견되는 것 중에는 이스라엘 스타트업이 있다.

인터넷 버블 당시와 마찬가지로 기술적 깊이가 얕은 애플리케이션 분야에 자금이 투자되는 경우가 많다고 주장할 수 있다. 그러나 도브 모란(Dov Moran)[119]의 다음 이야기에 주목해야 한다. "세상을 바꾼 애플리케이션들이 있다고 해서 그것들을 모두 하나의 작품으로 취급하는 것은 실수입니다. 왓츠앱(WhatsApp)을 예로 들면, 그것은 우리 모두가 소통하는 방식을 바꿨습니다. 제가 보기에 그것은 예술 작품입니다."

이스라엘이 스타트업의 서식지라면, 새로운 작물을 항상 검사해야 한다. 검사의 기준은 바로 새로운 작물의 성장이다. 속도, 수량, 그리고 기술의 깊이가 올바른 검사 기준이어야 하며 더 전통적인 시장에서 관행처럼 한 회사가 어떻게 도약하고, 성장하고, 쇠퇴하는지를 판단하는 것이 아니다. 이것은 완전히 다른 잣대가 필요하다.

지난 몇 년간의 수확물에는 잘 알려진 Waze, Taboola, Outbrain, Gett 등 다양한 스타트업이 포함된다. 제타랩스(ZetaLabs)는 어떤 파일 홀더에도 들어갈 수 있는 작은 모바일 프린터를 개발했다. 칼투라(Kaltura)는 오늘날 모두가 사용하는 온라인 비디오를 위한 개방형 플랫폼을 개발했다. 예보(Yevvo)는 라이브 비디오 스트림에서 공유를 가능하게 하는 애플리케이션이다. 탭리즌(TapReason)은 사용자의 개인적인 특징에 따라 푸시 메시지를 전송함으로써 비침습적인 방식으로 애플리케이션의 사용을 증가시킨다. 콴도(Quando)는 고객 로그를 판매자의 달력에 맞춰 조정하여 서비스 제공자의 일정을 쉽게 잡을 수 있도록 한다. 브리조미터(BreezoMeter)는 대기 오염 정보에 대한 접근에 중점을 두고, 하이파크(Hi-Park)는 정보 공유를 통해 주차 위치를 파악하는 것을 돕는다. 수확량의 종류도 다양하고 양도 엄청나다.

이스라엘 스타트업들은 공유된 업무 공간, 엑셀러레이터와 인큐베이터, 벤처캐피털 펀드 및 민간 엔젤의 도움을 받아 무리를 지어 운영된다. 새로운 기술 세계는 새로운 기회를 창출한다. 새로운 분야가 열리는 모든 곳에서 당신은 특별한 가치를 찾는 이스라엘 스타트업을 발견할 수 있다.

우주 클럽

1979년 3월 26일, 워싱턴DC 백악관 잔디밭 위에서 추운 날이었다. 이스라엘과 이집트의 역사적인 평화 협정은 이집트의 안와르 사다트(Anwar Sadat) 대통령, 이스라엘의 메나켐 베긴(Menachem Begin) 총리, 지미 카터(Jimmy Carter) 미국 대통령에 의해 서명되었다. 1948년 5월 15일 다비드 벤구리온(David Ben-Gurion)이 새 국가 수립을 선언한 다음 날, 이집트 군부의 이스라엘 침공 당시 시작된 전쟁 상태는 그 추운 날 워싱턴에서 끝났다. 이집트 앵커는 서정적인 순간에 이스라엘 시인 나오미 셰머(Naomi Shemer)의 시를 인용했다. "내일은 모든 사람은 오늘 꿈꿨던 것을 무엇이든 자신의 손으로 세울 것이다."

아이작 벤-이스라엘(Isaac Ben-Israel) 교수의 의견에 따르면, 평화 협정 서명 행사는 이스라엘 우주 프로젝트의 탄생을 가져왔다. "평화 협정에 서명한 후에는 이집트 시나이 상공으로 사진 촬영을 위한 비행기를 보낼 수 없었기 때문에 메나켐 베긴 총리는 우주 프로그램을 시작하기로 결정했습니다."라고 과학기술부의 이스라엘 우주국 위원장이자 총리실에 국가 사이버 본부를 설립한 벤 이스라엘(Ben-Israel)은 말한다.

도중에 발생했던 여러 어려움에도 불구하고 이스라엘의 우주 산업은 돌파구를 열고 있다. 이스라엘은 세계 우주 클럽에 가입한 7번째 국가다. 소련은 스푸트니크 1호로 우주에 위성을 발사한 첫 번째 국가였고 그것은 세계를 놀라게 했다. 두 번째 국가는 미국이었는데 미국은 소련의 기술적인 승리에 충격을 받았다. 서유럽 국가들은 각자의 나라들이 그 두 강대국과 경쟁할 수 없다는 것을 이해했고 유럽 우주국(ESA)을 설립했다. 그들은 세 번째로 우주로 위성을 보냈고 중국,

인도, 일본, 그리고 이스라엘이 그 뒤를 따랐다.

"이스라엘 크기의 국가가 우주에서 활동을 수행하는 것은 자연스러운 일이 아닙니다."라고 벤 이스라엘은 말한다. 다른 우주 기관들은 각각 예산과 인구면에서 이스라엘보다 훨씬 큰 국가들에 의해 만들어졌다. 하지만 이스라엘은 안보상의 필요성 때문에 그렇게 해야만 했다. 1988년 이스라엘 최초의 위성이 발사됐다. 그 이후로 20개 이상이 발사되었다.

그러나 이스라엘에 불리하게 작용한 것은 작다는 단점뿐만이 아니었다. 벤 이스라엘은 동쪽 이웃 국가들 때문에 "물리학이 요구하는 대로" 이스라엘의 위성을 동쪽으로 발사할 수 없었다고 지적한다. 지구의 자전 방향을 따라 동쪽으로 발사하면 이스라엘은 에너지와 돈을 절약할 수 있지만, 이스라엘의 동쪽에는 요르단, 이라크, 사우디아라비아, 이란과 같은 광대한 국가들이 있으며 이들 대부분은 이스라엘에 적대적이다. 따라서 지구의 자전과 반대로 서쪽으로 발사해야 했다.

예산 문제는 물리적인 어려움과 함께 이스라엘의 해결책인 경량위성을 만들어 냈다. "이스라엘 위성은 다른 위성보다 10배 이상 가볍고, 위성에 관계된 모든 하드웨어의 경량화는 특별한 해결책이 필요했습니다. 카메라 렌즈의 유리를 한편으로는 간편하면서도 다른 한편으로는 고해상도가 가능한 다른 소재로 교체할 필요가 있었습니다. 위성 엔진을 작동시키는 데 사용되는 에너지원을 (지구에서 풍선을 가져와야 하는) 가스에서 우주에 풍부한 태양열 전기로 교체했습니다."라고 벤 이스라엘은 말한다. 돌이켜 보면, 그것은 이스라엘이 매우 중요한 경제적 자산을 창출한 것으로 드러났다. 현재 발사 비용이 1킬로당 50,000달러인 것을 감안할 때, 가벼운 위성이 유리한 점을 가지고 있으며 이 문제에 대한 이스라엘의 기술은 도움이 되었다.

많은 이스라엘 기술자와 과학자들이 현재 마이크로 위성(10~100kg)과 나노 위성(1~10kg)을 개발하고 있다. 이스라엘의 우주 산업은 지구 저궤도(LEO)에 배치된 고해상도 사진 위성과 정지궤도(GEO) 통신 위성에 중점을 두고 있다.120 거기에 더해 이스라엘은 원격 감지, 통신 위성, 영상 해독 등에도 초점을 맞추고 있다. 이와 같은 기술력과 차별화로 이스라엘의 위성은 세계 무대에서 선두 주자로 여겨진다.

"이스라엘 우주항공산업(IAI)은 통신 위성 분야와 관측 위성 분야 모두에서 이스라엘 우주 산업의 국가적 본거지 역할을 합니다. 오늘날 위성은 '국가의 눈'이며 따라서 변화하는 위협에 비추어 볼 때 이스라엘 국가에 전략적으로 중요합니다."라고 IAI의 CFO인 에얄 유니언(Eyal Younian)은 말하며 항공 우주에 대한 낮은 정부 투자는 큰 문제라고 덧붙인다. "이는 필요한 인프라에 대한 투자의 전체 부담이 IAI에게 온다는 것을 의미합니다. IAI는 공기업이기 때문에 비즈니스 표준에 따라 작동해야 하며 그 부담은 매우 큽니다."

그러나 문제는 여기서 끝나지 않는다. 성공을 위해서는 위성 산업에 필요한 막대한 투자를 감당할 수 있는 대량 생산이 필요하다. IAI는 특정 국가, 특히 안보 분야와 관련된 국가를 대상으로 수출하는 것에 제약이 있으며, 이는 결과적으로 수출 대상 시장이 작아지는 것을 의미하기 때문에 기본 투자금을 회수하는 가능성에 영향을 미친다.

"여기에 이스라엘의 높은 인건비를 더하면 명확한 그림이 그려질 것입니다. 인공위성 분야에 대한 국가의 자체 투자 없이는 글로벌 플레이어가 될 경제적 가능성은 없습니다."라고 유니언은 단언한다.

우주에 관해 이스라엘은 성공적이지만 섬은 아니다. 우주는 한편으로는 세계적인 협력의 장소이고 다른 한편으로는 시민, 군사, 지역의 경제적 이익이 이루어지는 공간이다. 그 분야에는 거대한 자아들, 상상력을 불러일으키는 아이디어들, 막대한 투자, 그리고 흥미로운 사람들이 존재한다. 이스라엘 우주국은 다른 우주 기관들과의 협력 체계를 만들고 강화하는 것에 초점을 맞추고 있다. 그러한 협력들은 개발비의 부담을 나누고, 연구 과제들을 위해 진보된 시스템들을 사용할 수 있도록 하며, 연구자들이 새로운 연구 방법들과 연구 개발의 국제 표준들에 접할 수 있도록 도와준다.

이러한 협력을 촉진하기 위해서는 많은 사업 기회를 창출하고, 전 세계 국가들과의 관계 개선이 필요하다는 것은 말할 것도 없다. 오늘날 이스라엘은 미국 NASA, 유럽 ESA, 이탈리아 ASI, 프랑스 CNES, 캐나다 CSA, 인도 ISRO, 일본 JAXA, 그리고 UN 우주국과 협력하고 있다.

이야기 중 가장 흥미로운 것은 비너스 프로젝트(Venus Project)다. 그것은 이스라엘과 프랑스의 협력으로 12개의 다른 파장을 가진 다중 스펙트럼 카메라를 우주로 보내 환경을 보호하는 것에 중점을 두었다. 처음에 그 프로젝트는 이스라엘이 경량 위성을 만들고 프랑스가 카메라를 공급하는 것이라고 정의했다. 그러나 위성의 가벼운 무게 때문에 특별히 가벼운 카메라가 필요했는데, 프랑스는 어떻게 만들어야 하는지 몰랐고 카메라의 제작을 위해 국제 입찰을 발표했다. 이 입찰은 이스라엘 회사인 엘롭(Elop)이 수주했다. 결과적으로 이스라엘과 프랑스 양국 간의 기술 협력 프로젝트는 한 이스라엘 회사와 또 다른 이스라엘 회사 사이의 협력이 되었다. 자금의 절반은 이스라엘이 절반은 프랑스가 조달했다.

이스라엘의 우주 도전은 대단하다. 이스라엘의 혁신은 끝이 없지만, 이스라엘이 투자할 수 있는 R&D 재정은 다른 나라들에 비해 현저히 낮다. "오늘날 전 세계 50개 이상의 위성에 이스라엘 우주 부품이 쓰이고 있습니다."라고 벤 이스라엘은 말하며, 암석을 파고 화학 성분을 분석하는 이스라엘 회사인 리코(RICOR)가 제조한 냉각 시스템을 운반하는 화성의 큐리오시티(Curiosity) 탐사선 사례를 추가한다. 아큐비트(AccuBeat)가 만든 원자 시계들은 수십 개의 위성에 장착되어 날아다닌다. 이미셋(ImageSat)과 길랏(Gilat)은 세계에서 가장 큰 지상 통신 위성 방송국 제공업체 중 하나다.

"우리는 항공기에서 발사할 수 있도록 100kg 무게의 위성을 제작하기 위해 노력하고 있습니다. 우리는 미국 회사들과 경쟁할 수 있도록 독특한 위성 통신 특허에 공을 들이고 있습니다. 예를 들어 지구에서 주파수를 변경할 수 있게 해주는 디지털 위성과 같은 것입니다. 또 다른 예는 태양 에너지를 이용하여 고 궤도로 이동하는 저고도 위성의 발사입니다. 우리는 능력도 있고, 기술도 있고, 지식도 있습니다."라고 벤 이스라엘은 결론내린다. "우리는 오직 재정적인 자원만 부족합니다."

첫 번째 이스라엘 우주비행사인 일란 라몬(Ilan Ramon) 대령이 사망한 콜롬비아 참사 이후, 란 기노사르(Ran Ginosar) 교수는 이스라엘의 위성 칩에 대한 전략적인 필요와 심지어 미국으로부터 우주개발을 목적으로 하는 칩 수입에 따른 많은 제약에 대응하기 위해 라몬 칩스(Ramon Chips)라는 회사를 설립했다. 이 회사가 개발한 위성 칩은 오늘날 세계에서 가장 앞서있고 가장 빠른 성능을 발휘하는 칩 중 하나로 여겨진다.

우리는 이미 위성에서 지구로 너무 많은 데이터를 전송하는 것에 미래의 한계가 있음을 알고 있다. 이제 라몬 칩스는 사전 정의된 물체

나 특징에서 모든 것을 촬영하고, 처리하고, 개선하고, 발견할 수 있는 "독립" 위성을 지원할 수 있는 차세대 위성을 개발하고 있다.

학계 과학자들 또한 이스라엘을 우주 강국으로 정의하는 데 기여한다. 마얀 수마그낙-모르(Maayan Soumagnac-Mor) 박사는 최근에 와이즈만 연구소(Weizmann Institute)의 천체물리학 학부에서 박사후 과정을 밟는 파리 출신의 새로운 이민자다. 그녀가 다루는 특정한 분야는 별과 은하계의 분리인데, 이것은 우리가 받는 하늘 이미지를 이해하는 데 있어 중요한 단계다. 그녀는 젊고, 인상적이며, 이상주의적인 여성으로 와이즈만 연구소의 연구 프로그램과 예루살렘에 성평등 유대교 회당의 설립에 시간을 보내고 있다.

우주 과학자들과 개발자들의 상상력에는 한계가 없어 보이지만, 예산의 한계 때문에 이스라엘은 작은 위성들에 초점을 맞추고 있다. 예상대로 어떤 이들은 이 위성들의 가치에 대해 의문을 제기한다. 이러한 회의론을 해결하기 위해 2010년에 가볍고 값싼(발사를 포함하여, 약 1억 달러) 위성들을 생산하기 위한 ULASTAT 계획이 시작되었다. 그 임무의 주요 목표는 초신성의 수명이 다했을 때의 폭발 과정을 이해하고 은하 중심에 있는 거대한 블랙홀들의 질량과 환경 조건들을 측정하는 것이다.

미래에는 나노위성 밴드와 무리를 발사하는 계획을 갖고 있다. 이 문제에 대해 이스라엘은 큰 이점을 가지고 있다. 위성 무리와 분리된 위성은 위성의 각 부분이 따로따로 날 때, 성단이나 비행 구조물을 날릴 수 있는 능력이 필요하다.

우리는 라몬 재단과 같이 이 주제에 대해 일어나는 많은 공적이고 교육적인 활동들에 주목하지 않고서는 이스라엘을 우주 강국으로 여기는 이 장을 마무리 지을 수 없을 것이다. 라몬 재단은 이스라엘의 미래 세대들이 우주와 과학에 대해 전국 학교에서 가르치는 것과 결합하여 개인적이고 사회적인 잠재력을 실현할 수 있도록 장려하기 위해 설립되었다. 심지어 칼부림이 한창이던 2015년 10월 예루살렘에서 세계 유수의 우주 기관 단체장들이 참여한 가운데 세계 우주연맹의 국제 회의를 개최하기도 했다.

새로운 기술, 새로운 기회

사이버 세계는 모든 사람에게 열려있는 새로운 영역이며 개인과 국가의 자산을 위협하는 테러리스트를 인지하는 것이 목적이다. 전 세계적으로 보안과 사이버 보호의 필요성이 중요해졌다. 이 분야에서 각 나라의 천재들은 다른 나라의 천재들과 경쟁한다. 물론 천재를 찾는 것에는 그들이 성장하는 인구의 규모뿐만 아니라 그들의 자질도 중요하다.

사이버 분야의 이스라엘 공로는 한편으로는 문제 해결에 창의성을 발휘하는 것이고, 다른 한편으로는 실존적 도전에 대한 이스라엘 국민의 특별한 자질에 있다. 수년간 이슬람 테러에 맞서온 이스라엘은 이 분야에서 특별한 역량을 개발해 왔다. 경험을 통해 취득된 지식은 정부의 보안 기관들과 사업 분야로 빠르게 흘러가고 공유된다.

IVC는 2017년 기준으로 약 430개의 사이버 회사가 이스라엘에서 운영되고 있으며, 이는 세계 시장의 20%를 차지한다고 추산한다. 이러한 수치는 나라의 크기에 비하면 그것은 엄청난 숫자다. 가장 잘 알려진 회사로는 길 슈웨드(Gil Shwed)에 의해 설립된 글로벌 이스라엘 회사인 Check Point와 CyberArc, Imperva, Trusteer, Radware와 같은 새로운 회사들이 있다.

***

바이오테크(Biotech) 스타트업들은 그 자체로 전 세계적이고 격동적인 영역에서 경쟁하고 있다. 체크캡(Check-Cap)은 장 내부를 촬영할 수 있는 캡슐을 개발했고, 사이렌시드(Silenseed)는 암 종양 치료제로 바늘로 보조하는 사탕 형태의 약물을 만들었고, 리워크(ReWalk)는 휠체어에 묶인 사람들이 똑바로 서서 걸을 수 있도록 지지하는 금속 팔다리의 뼈대를 만들었다. 세비셀(Savicell)은 혈액 검사를 통해 암 진단에 참여했고, 이뮤노버티브(Immunovative)는 환자의 면역 체계를 강화하는 데 중점을 두고 있다. 리포큐어(LipoCure)는 리포좀에서 약물을 억제하여 약물의 성능을 개선하고 있고, 미메드(MeMed)는 선구적인 진단 솔루션을 제공하는데 해당 시스템은 박테리아 감염과 항생제가 필요 없는 바이러스 감염을 구별한다. 옵티마타(Optimata)는 시뮬레이션 시스템을 개발하고 가상 환자에게 약물이 미치는 영향을 예측한다. 브레인스웨이(Brainsway)는 질병과 정신 및 신경 질환에 대한 솔루션을 개발하고 제조한다. 이 모든 것은 다양한 개발 단계에 있는 바이오메디컬 연구 개발 분야의 작은 사례들이다.

***

이스라엘이 세계적으로 매우 강력한 존재감을 가지고 있는 또 다른 분야는 미적 치료를 위한 기기들이다. 기술적인 발전은 글로벌 미적 시장에 혁명을 일으켰다. 한때 사람들은 신체 제모를 위해 전문가에게 가야 했지만, 이제는 집에서 편리하게 작고 친숙한 기기로 스스로 제모를 할 수 있다. 신체 제모뿐만 아니라 주요 미용 치료 분야에서도 이스라엘 기업의 우세가 두드러진다. 의료 미학 분야에서 가장 인정받는 기업들 중 일부는 루메니스(Lumenis), 시너론(Syneron), 홈 스키노베이션(Home Skinovations), 알마레이저(Alma Lasers)와 같은 이스라엘 기업이다. "국제회의에서 이스라엘 대표들은 강당에 참석한 사람들의 30~40%를 차지합니다."라고 현장 관계자는 말한다.

***

최대 벤처캐피털 펀드 중 하나인 카멜 벤처스(Carmel Ventures)의 매니징 파트너인 아비 지비(Avi Zeevi,)는 핀테크(인적 요소를 대체할 기술 기반의 금융서비스) 분야에서 가장 잘 알려진 이스라엘 인물로 평가받고 있다. 지비는 35년 넘게 하이테크 분야에 종사해 왔으며 "이스라엘 산업의 성공은 주요 금융기관과 투자자들로부터 널리 인정받았으며, 미래는 여전히 가능성으로 가득 차 있기 때문에 이스라엘은 핀테크 세계에서 중요한 글로벌 플레이어가 될 좋은 기회를 갖고 있습니다."라고 믿고 있다.

이스라엘은 어떻게 여기까지 이르게 되었을까? 지비는 그 이유에 대해 다음과 같이 설명한다. "현재 금융 서비스 산업은 많은 기회를 창출하면서 근본적인 비즈니스 및 기술 변화를 겪고 있다는 것을 기억하는 것이 중요합니다. 이스라엘은 이 분야와 연관이 되는 기술에 대한 지식과 경험을 보유하고 있습니다. 실시간 분석, 알고리즘, 빅데이터, 위험관리, 사기방지, 보안과 같은 기술들은 모두 금융 서비스를 더욱 소비자 친화적으로 만들 수 있습니다. 여기에 모바일 서비스를 강화하여 금융 시스템 접근에 어려움을 갖는 소비자들을 끌어들이는 것을 목표로 합니다. 이스라엘 핀테크 기업들은 사기방지 분야의 엑티마이즈(Actimize), 은행 솔루션 분야의 펀드테크(Fundtech), 판매시점관리 솔루션 분야의 리타릭스(Retalix), 인터넷 범죄예방 분야의 트러스티어(Trusteer),

보험 분야의 사피엔스(Sapiens) 등 자신들의 분야에서 리더가 된 사례가 많았습니다."

"주로 월 스트리트와 런던을 중심으로 글로벌 금융 서비스 산업에 종사하는 수천 명의 이스라엘인들이 있으며 해당 분야에서 필요로 하는 사업과 기술 요구의 최전선에 있습니다."라고 지브는 말한다. "그 이스라엘인들 중 다수는 이스라엘 핀테크 산업에 도움이 되는 깊은 이해와 지식을 가지고 고국으로 돌아옵니다."

바클레이(Barclays)와 씨티(Citi)는 이스라엘에 대규모 R&D 센터를 보유하고 있다. 비자(Visa)는 이스라엘 기업들과 협력을 발전시키겠다는 의지를 밝혔다. J.P. 모건은 이미 이스라엘에 R&D 센터를 두고 꾸준히 성장하고 있는 금융시장의 선도기업인 썬가드(SunGard), 페이팔(PayPal), 그리고 인튜잇(Intuit)처럼 이스라엘에 대규모 혁신 및 R&D 센터를 열었다. 거의 일주일 단위로 이스라엘의 기술을 활용하고 이스라엘 핀테크에 투자하기를 열망하는 세계 유수의 금융 기관 대표단이 이스라엘을 방문한다. 의심할 여지 없이 이스라엘은 미국 이외의 지역에서 핀테크 분야의 선도적인 센터 중 하나다.

***

가장 뜨거운 기술 분야는 자율주행차다. 미래는 이미 도래했고, 자율주행차 개발 경쟁은 아마도 기술 세계에서 가장 생생한 경쟁일 것이다. 포드(Ford), 푸조 씨트로엥(Peugeot-Citroen), 도요타(Toyota), 그리고 제너럴 모터스(General Motors)를 비롯해 애플(Apple), 구글(Google) 등의 기술 기업들이 기술 역량 개발에 수십억 달러를 투자하고 있다. 구글은 이미 캘리포니아 도로를 달리고 있는 자율주행 시험차를 가지고 경쟁에 뛰어들었고, 폭스바겐(Vokswagen)이 3억 달러를 투자한 이스라엘 겟, 제너럴 모터스가 5억 달러를 투자한 리프트(Lyft), 우버(Uber)가 6억 8천만 달러에 인수한 오토(Otto), 그리고 탈레스(Thales)와 발레오(Valeo) 등의 유럽 기업들도 있다. 스타트업들은 시장이 관련 기술에 목말라 있다는 점을 잘 알고 있다.

자율 주행 자동차 기술은 독립적인 이동뿐만 아니라 차량 정보 시스템, 네비게이션 시스템, 연료 등과 관련이 있다. 자동차 회사들은 개발에 도움을 줄 수 있고 업계의 다른 회사들보다 우위를 제공할 수 있는 기술을 찾고 있다.

따라서 이스라엘의 많은 스타트업들이 이 새로운 분야에 빠르게 뛰어드는 것은 당연하다. 2016년 8월 자율주행차 프로젝트 추진을 위해 포드가 이스라엘 사입스(SAIPS)라는 회사를 수천만 달러에 인수한 것은 현재 벌어지고 있는 변화의 또 다른 이정표다. 아직 초기 단계인 이노비즈(Innoviz), 넥사(Nexar), 아나고그(Anagog), 발렌스(Valens), 아거스(Argus) 그리고 인텔(Intel)이 인수한 가장 유명한 NASDAQ 상장 기업인 모빌아이 등이 있다. 이외에도 많은 창업가들이 이 분야에 추가적인 이스라엘 기업들의 진출을 가속화하고 있다.

12 인구학적 이점

이스라엘은 고령화되는 세계에서 젊은 국가로서 상당한 이점을 가지고 있다. 최근 몇 년간은 고용의 순환에서 제외되는 인구가 있었지만, 이제 이스라엘은 세계와 관련하여 변화하고 인구통계학적 혁명을 경험하고 있다.

OECD에서 가장 젊은 국가

UN의 예측에 따르면, 2018년의 880만 명에 비해 2050년에는 1,200만 명의 사람들이 이스라엘에 살 것이라고 한다. 이 예측은 유럽에 대한 UN의 예측과는 매우 다르다. 현재 약 7억 4천만 명의 유럽 인구가 2050년에는 7억 명으로 감소할 것이라고 보고 있다. 이런 면에서 이스라엘은 흐름을 역행하고 있다.

인구 연령은 경제에서 매우 중요하다. 경제 성장은 생산하고 필요로 하는 젊은 노동력을 기반으로 한다. 젊은 노동력은 소비하고 경제에 도움을 주는 가족을 형성하여 일과 생산을 중단한 노인 인구를 돕는 중요한 역할을 한다.

이스라엘은 OECD에서 가장 젊은 인구를 가진 나라이며 그 수치도 눈에 띈다. 이스라엘의 중위연령은 30세인데 반해, OECD 국가의 중위연령은 42세다. 뿐만 아니라 여성 1인당 3.2명의 이스라엘 출산율은 OECD에서 여성 1인당 평균 출산율이 2.2명에 미치지 못할 경우 인구가 감소하는 것으로 판단하는 기준을 유일하게 넘어서고 있다. 사실 멕시코를 제외한 나머지 32개 OECD 국가들은 모두 인구 감소와 붕괴 과정에 있다.

선진국의 여성 평균 출산율은 1.7명에 불과하고, 그 결과는 인구 고령화와 인구 고갈로 이어지고 있다. 인구통계학적 예측에 따르면, 오늘날 8천만 명의 독일의 인구는 2060년에는 이민자를 포함하여 6,800만 명이 될 것으로 예상된다. 미국 통계국의 연간 인구조사에 따르면, 2060년에는 미국 인구의 55%가 65세 이상이 될 것이다.

경제적으로 가장 영향력이 큰 연령대인 24~34세 연령대에 대한 인구통계학적 전망을 분석하는 것은 매우 중요하다. 이 연령대는 다른 어떤 연령대보다 더 열심히 일하고, 가정을 꾸리며, 경제 내 소비자 수요에 기여하는 바가 크며, 더 큰 기업가적 위험을 감수한다는 것이 특징이다. 이러한 요인들의 조합으로 이 연령대의 경제적 기여도가 가장 높다.

인구통계학 연구자인 야코프 파이텔슨(Yakov Faitelson)이 실시한 통계 연구에 따르면, OECD 국가에서 이 중요한 연령대의 비중이 2010년에서 2030년 사이에 평균 14% 감소할 것이라고 한다. 상황은 특히 일본, 한국, 그리고 유럽에서 더 심각하다. 이 연령대의 증가를 경험할 OECD 국가는 2010년 비중 대비 다음의 수치로 증가하는 뉴질랜드(3%), 튀르키예(4%), 멕시코(11%), 그리고 이스라엘(28%)이다. CBS는 이스라엘의 중위 연령은 2035년에 30세에서 31세로 증가할 것이며,

사실상 이스라엘은 OECD에서 유일한 젊은 국가로 남을 것이라고 예측한다.

이스라엘에서는 고령화 국가에 큰 부담이 되는 '부양 비율'의 문제는 없다. 부양 비율은 노인 인구를 부양하는 노동인구의 수로 정의된다. 2035년 독일과 일본은 근로자 100명당 노인 65명 이상의 부양비율을 갖게 되는데, 이는 이스라엘보다 2.5배 높은 수준이다. 평균적으로 OECD 국가 전체에서 이 비율은 이스라엘보다 2배 이상 높아질 것이다.

이 특별한 현상은 경제 동향에 극적인 영향을 미친다. 이스라엘은 시류에 역행하고 있으며, 이것은 특히 선진국과 비교하여 미래 경제에 긍정적인 영향을 미칠 것이다.

노동력 가입

이스라엘 전체 인구에서 아랍 인구는 약 20%인 반면, 초정통파의 인구는 10%이다. 2017년 국가 보험 연구소의 빈곤 보고서에 따르면, 초정통파 가정의 48%와 아랍 가정의 51%가 빈곤선 이하로 살고 있는데, 이를 합하면 가난하게 사는 이스라엘 가정의 83%를 차지한다.

일자리를 원하는 초정통파 사람들

초정통파 부문의 분리는 국가 설립을 추진한 데이비드 벤구리온을 필두로 하는 지도자들의 열망에서 시작되었다. 이들은 홀로코스트에서 대부분 파괴된 초정통파의 특별한 삶의 방식 중 일부를 보존해

주고자 했다. 원래 의도는 1만 명의 소수를 위한 것이었지만, 수년에 걸쳐 이스라엘 전체 인구의 약 10%로 늘어났다.

초정통파와 세속적인 일반인 다수 사이에 긴장감이 있다. 일반인에는 전통적이고 유대교를 중시하는 이스라엘인이 포함되는데 그들은 IDF에 복무하고 노동력 참여율이 훨씬 높다. 시간이 지날수록 초정통파는 "성전의 수호자"가 되는 것을 넘어 그들이 사회 구성원으로서 기본적으로 해야 하는 일들을 해야 한다고 요구받는다. 국가가 그들이 성경 연구에 집중할 수 있게 그들을 지원하도록 하는 법령은 그들의 수가 수십만 명이 아니라 수만 명이었을 때 만들어졌다.

역설적이게도 한동안 정부는 군에 입대하지 않는 사람은 누구나 정부 연금을 잃지 않고는 일할 수 없다고 결정했다. 이것은 젊은 초정통파 남성들이 합법적으로 일하러 가는 것을 막는 결과를 초래했다. 그들 중 일부는 임시직으로 일했고, 현금으로 월급을 받았기 때문에 지하경제에 기여했다. 또한 이러한 과정은 초정통파가 공부를 하지 않아 성스러운 연구에서 탈락한 사람들의 집단을 여전히 보존하도록 강요했고, 일을 하지 못하게 막았다.

게다가 아동수당에 대한 대규모 이전 지출은 아랍권뿐만 아니라 초정통파에서도 부모의 경제적 책임 없이 자녀를 점점 더 많이 낳게 하는 촉매제가 되었다. 이러한 정부의 이전 지출은 남성과 여성 전체 인구가 생계를 유지하지 못하고, 노동과 생산의 영역에 통합되지 않도록 하는 주요 요인이 되었다. 여러 가지 면에서 이러한 경제적 합의는 사회와 경제 분야에서 초정통주의 공동체를 강화하고, 수년간 고립과 분리를 촉진해 그들을 사회의 은둔자로 만드는 상황을 초래했다.

전체 인구가 일하지 않기를 선호할 때 사회의 빈곤율은 높아질 수밖에 없다. 일반 인구의 5%가 빈곤선 이하에서 살고 있는 것에 비해, 초정통파의 빈곤선 이하 비율은 거의 50%에 달한다. 수년간 초정통파 빈곤선에 해당하는 많은 사람들이 일하지 않게 해준 추가적인 자금 지원 방법은 해외의 부유한 정통 유대인들의 대규모 기부에 기반을 둔 "자선적인 기부"를 제공하는 셀 수 없는 비영리 단체들을 통해 받은 자금이었다. 따라서 정치적, 종교적 이유와 심각한 정치적 오류가 상황을 악화시켰다.

2003년 초 예시바 학생들에게 지급되는 아동 수당이 삭감되었다. 당시 재무 장관이었던 베냐민 네타냐후가 이 움직임을 주도했다. 이후 취업을 장려하기 위해 소득세도 인하되었고, 고용을 촉진하는 금융 수단 즉, 근로자들에게 보조금을 지급하는 마이너스 소득세가 만들어졌다. 그렇게 할 수 있었던 사회적, 정치적 배경은 당시 이스라엘 경제가 겪고 있던 심각한 경기 침체에서 비롯되었다. 이 당시 경기 침체는 2000년 닷컴 버블의 붕괴와 2001년 시작된 제2차 인티파다, 그리고 내부 정치 구조의 변화에 기인했다. 새로운 정책의 목표는 세 가지였다. 국가 예산을 절약하고, 노동력 참여 비율을 늘리고, 1990년대 후반 특징이었던 빈곤율을 낮추는 것이었다.

***

2013년의 '빈곤과 사회 격차' 보고서는 이것을 역사적인 추세의 변화로 공식화했다. "다년간의 접근 방식은 빈곤 상태의 정체가 무너지는 것을 고려하여 2008년부터 발전을 볼 것이라고 예상한다."라고 국민 보험 연구원은 기록했다. 이것은 이스라엘의 거의 모든 빈곤 데이터가 개선되었음을 입증하는 빈곤 보고서의 놀라운 발견에 비추어 볼 때 그렇다. 국민 보험 연구원들은 빈곤 데이터가 감소한 이유를 지적했다. 저임금 근로자들은 고용 증가로 인해 더 많은 소득을 얻기 시작했다. 임금의 증가는 특히 노동 시장에서 보통 배제되는 인구 집단에서 두드러졌다.

***

"어머니는 일을 안 하셨고, 아내는 일을 하지 않았지만, 저에게는 일하는 딸 셋, 아들 넷이 있습니다. 국가 봉사를 하는 큰 딸, 골라니 여단에서 근무하는 둘째 딸, 셋째 딸은 전투 구급대원이 되고 싶어 하고, 막내는 8200부대에 들어가기를 원합니다. 젊은이들은 어른들보다 강합니다. 왜냐하면 그들의 강함은 인정에서 오는 것이지 학식 있는 사람들의 명령에서 오는 것이 아니기 때문입니다... 저는 에디 카드(사람이 죽을 경우, 다른 이들의 생명을 구하기 위해 그 사람의 장기를 도움이 필요한 사람들에게 기증하는 것에 동의하여 서명한 카드)에 서명했습니다... 얼마 전제 며느리가 저에게 그것에 서명하는 것이 할라차(Halacha, 유대인 법)에서 허용되는 것인지 물었습니다."라고 네투레이 카르타(Neturei Karta, 가장 극단적인 초정통파) 간부이자 이스라엘에 대항하는 초정통파 거리의 대규모 시위를 이끌었던 예후다 메시 자하브(Yehuda Meshi Zahav)는 말한다. 오늘날 그는 자신이 설립한 ZAKA 단체의 대표이자 회장이다.

"이념적인 논쟁들이 있었지만, 그 나라에서 태어난 젊은이들은 또 다른 세대의 가난한 사람들을 키우고 싶어 하지 않습니다. 그들의 세계관은 바뀌었습니다... 오늘날 대학, 전문대학 그리고 심지어 테크니온(Technion)에서 공부하는 초정통파들이 있습니다. 그것은 아직 전반적인 현상은 아니지만 새로운 추세인 것은 분명합니다. 최근 초정통파들의 50% 이상이 노동 시장에 참여하고 있습니다."라고 메시 자하브는 덧붙인다.

메시 자하브가 말했듯이, 느리지만 중요한 변화의 과정들이 초정통파 인구 사이에서 일어나고 있다. 인터넷 사용, 일반 학업에 참여하기, 직업 훈련 등이 여기에 해당한다. 초정통파 인구의 경제 상황 개선과 대규모 집단에서 일어나는 소비 습관 변화는 생활 방식에 영향을 미치는 사회적, 정치적 변화를 이끌었다. 인터넷과 스마트폰은 그들에게 벽 너머에 존재하는 가능성을 엿보게 한다. 위키피디아는 그들이 존재를 알지 못했던 전 세계를 열어준다. "세대의 위대한 리더"들의 이탈과 "학습자 사회"의 해체는 흔히 '초정통파의 봄'이라고 불리는 현상에 기여한다.

***

랍비 야코프 리츠만(Yaakov Litzman)은 이스라엘 초정통파의 지도자 중 한 명으로 여겨진다. 그는 제2차 세계 대선 말 유럽의 한 구조 캠프에서 태어났다. 아내와 딸 그리고 대가족이 나치에 의해 살해된 홀로코스트 생존자인 그의 아버지는 구조 캠프에서 어머니를 만나 결혼했다. 17살 때 리츠만은 브루클린으로 이주하여 그곳에서 자랐다. 그는 후에 랍비, 크네세트 의원, 크네세트 재무위원회 위원장, 이스라엘 정부의 보건부 장관이 되었다. 그는 세 명의 아들과 두 명의 딸, 수많은 손자, 그리고 심지어 한 명의 증손자까지 대가족을 이루고 있다. 랍비 리츠만은 초정통파에게 일하러 갈 것을 요구한다. "초정통 교리를 공부하지 않는 사람들은 일하러 갈 것입니다."라고 그는 말하며 "우리는 예시바에서 그냥 돌아다니는 사람들은 필요하지 않습니다."라고 덧붙였다.

물론 이러한 과정의 원동력은 삶 그 자체이다. 변화의 과정에는 많은 초정통파 가정의 경제적 어려움, 오늘날 초정통파 남성과 여성에게 열려있는 가능성, 그리고 사회적 정치적인 여러 이유가 존재한다. 미국의 브루클린에서는 초정통파 남성의 90%가 일을 한다. 이스라엘에서는 50%만 일을 해야 할 이유가 없다.

초정통주의 사회는 예전에는 국민들이 알지 못했던 초정통파들이 갖고 있었던 국가에 대한 인식에 큰 변화를 겪고 있다. "이스라엘은 종교에 반하는 시온주의 국가가 아닙니다. 우리 모두의 국가이며 우리는 그 국가의 지도에 참여해야 합니다."라고 리츠만은 말한다.

2017년 기준으로 초정통파 여성의 노동력 참여율은 10년 전 40%에서 72%로 뛰어올랐다. 이 비율은 정부가 2020년으로 설정한 목표에 이미 도달했으며, 2017년 60%였던 이스라엘 전체 여성의 노동 시장 참여율을 크게 상회한다. 초정통파 남성의 참여율도 32%에서 50%로 뛰어올랐다. 더 많은 초정통파들이 노동 시장에 관련된 학원에 등록하고 해당 과목을 공부한다.

기회로서의 이스라엘 아랍인

2004년 바카 알 가르비예(Baka al-Gharbiyye) 대모스크와 사범 대학 옆에 세워진 알 카세미(Al-Qasemi) 공과대학이 세워졌다. 역사 내내 성공적이었던 사범 대학과는 다르게 공과대학은 실패했으며, 2012년에는 문을 닫을 것인지 아니면 앞으로 나아갈 변화를 시행할 것인지를 결정해야 할 때였다. 최초로 이 대학 교수진에 받아들여진 여성이자 나중에 사범 대학의 총장이 된 달리아 파딜라(Dalia Fadila) 박사는 공과대학의 수장으로 임명되었다. 그녀는 공과대학을 사범대 캠퍼스로부터 분리하기로 결정하고 모스크로부터 멀리 떨어진 새로운 건물로 이사했다.

파딜라 박사의 관리하에 이 대학은 실무 엔지니어, 보완 의학 학교, 직업 훈련 학교, 의료 훈련 학교, 금융 학교, 그리고 최근에는 루핀 기술 대학(Ruppin Technology College)과 함께 공학 분야의 학사 프로그램을 성공적으로 진행해 왔다. "아랍 사회의 문제는 우리가 선진 사회의 비전으로 인도할 자유 진보적 리더십을 가지고 있지 않다는 것입니다. 선진 사회는 갈등이 아닌 명확한 제도적·교육적·윤리적 인프라를 갖고 있습니다."라고 파딜라 박사는 말했다. "우리는 스스로 책임을 져야 합니다."

파딜라 박사는 티라(Tira)에서 6명의 자녀를 둔 가정에서 태어났다. 교육부 책임자였던 그녀의 아버지는 그녀가 전체 아랍 부문에 심어주려고 하는 개념, 즉 아랍인들은 이 나라에서 소수이며 '소수는 우수해야 한다'는 생각을 자녀들에게 심어주었다.

"당신이 이스라엘에 살고 있다고 결정하는 순간, 이스라엘에 소속된 단체의 일부가 당신의 정체성을 입력합니다." 그녀는 자신을 무슬림이자 이스라엘인, 아랍인과 팔레스타인인으로 정의한다. 이 모든 정체성은 때로는 충돌하고 때로는 평화롭게 공존한다. 물론 무엇보다도 파딜라 박사는 현대인의 독자적인 사고와는 대조적으로 종족의 사고에 복종하는 것이 얼마나 큰 피해를 주는지 이해하고 있다. 그녀는 자신이 설립한 영어 교육 네트워크를 위해 많은 책을 썼는데, 그 책들은 모두 'I am'으로 시작한다. "개인에게 정당성을 부여하는 것만이 변화를 가져올 수 있습니다."라고 그녀는 말하며 "언제까지 우리가 처한 상황을 다른 사람들의 탓이라며 울 것인가요? 설령 그렇다고 해도 지금은 우리 자신을 책임지고 우리 자신을 발전시킬 때입니다."라고 마무리한다.

"인구 중 아랍인은 17.5%입니다. 그들은 어디에 있나요?" 마이크로소프트의 R&D CEO 요람 야코비(Yoram Yaacovi)는 물으며 "왜 최근까지 우리는 마이크로소프트의 지원자로서 아랍인의 이력서를 전혀 받지 못했나요? 그들은 마이크로소프트에 이력서를 보내지 않은 이유를 '합격될 가능성이 없어서'라고 설명합니다. 우리는 해당 주제를 배우기 위해 많은 노력을 기울이고 있으며 다양한 평가 방식을 가지고 있습니다. 여러 주장 중 하나는 아랍 인구가 집중하는 노력 분야가 첨단기술 분야 일자리의 집중도와 일치하지 않는다는 것입니다. 하지만 아랍 마을과 헤르츨리야(Herzliya) 사이는 지리적으로도 문화적으로도 거리가 있습니다. 아랍 문화권에서 한 번에 일을 얻지 못하는 것은 자아에 큰 타격을 주는 일입니다. 이것을 이해하고 난 후, 우리는 접근 방식을 바꿨고 오늘날 우리는 아랍인의 이력서를 받고 있습니다. 게다가 우리가 내부조사를 해본 결과, 매니저뿐만 아니라 우리의 채용 담당자들도 마이크로소프트에서 아랍인 직원들을 매우 보고 싶어 하는 것을 알게 되었습니다. 하지만 아랍인들에게는 관문을 통과하기 어렵게 하는 다른 사람들이 그들을 바라보는 '무의식적 편견'을 가지고 있다는 것을 발견했습니다. 편견을 갖고 있던 사람들은 아랍인들이 군복무를 하지 않았고 그로 인해 성숙함과 경험이 부족하다고 생각했습니다. 그들은 더 어리고, 배경도 다릅니다. 이 문제를 해결하기 위해 아랍 여성 한 명을 고용했으며, 관리자들을 보내 '무의식적 편견'에 관한 강의를 듣게 했습니다. 우리는 이 주제에 대해 어떤 해결책도 가지고 있지 않지만, 노력하고 있고 희망이 있습니다."

2013년 나스닥에서 상장된 엔지모텍(Enzymotec)을 시작하고 개발한 수비 바시어(Subhi Basheer) 박사는 사회심리학자인 아내와 세 딸과 함께 지금도 살고 있는 도시 사크닌(Sakhnin)에서 태어났다. "이스라엘 시스템은 인구의 20%를 활용하지 못하고 있습니다. 이곳 아랍권에는 매우 성공한 사람들이 있는데, 이스라엘이 그들을 놓치고 있다는 사실은 전체 산업의 손실입니다."라고 바시어 박사는 우리에게 아랍 인구에 내재되어 있는 인구통계학적 이점을 강조하면서 말했다.

고용시장의 다각화

고용 부문의 가장 큰 이야기는 여성이다. 1969년에는 남성의 약 70%가 노동 시장에 참여한 반면 여성의 참여율은 30%였다. 2014년에는 남성의 약 70%가 여전히 노동력에 참여하고 있지만 여성의 비율은 거의 남성과 동등한 수준으로 변화했다. 이러한 극적인 증가는 이스라엘의 노동력 참여율 상승의 주요 원인 중 하나다. 이 분야에 관해 이스라엘은 현재 OECD의 많은 고소득 국가 중 선두 주자이다.

또 다른 통계는 노동력에서 남녀 평등 추세를 증명한다. 2009년 이후 남녀 실업률에 있어서 큰 차이가 없었다. 과거에는 여성의 실업률이 남성의 실업률보다 더 높았다. 1991년부터 1992년까지 남성의 실업률은 9.2%에 이르렀고, 여성의 실업률은 13.9%였다. "그가 가정의 부양자이기 때문에" 남성을 해고하지 않겠다는 생각은 사라졌고, 2009년 이래로 이 부분에는 거의 격차가 없어졌다.

극적인 변화가 발생한 또 다른 독특한 그룹은 노년층이다. 2014년에는 55세에서 64세의 사람들의 65%가 일을 하는 것으로 나타났는데, 이는 10년 전 이 그룹의 50%와 비교했을 때 큰 상승이 있었음을 알 수 있다. 물론 정년 연장이 변화의 일부를 차지한다. 그러나 장기적인 관점에서 볼 때 이것이 향후 몇 년 동안 이어질 추세라는 것은 분명하다.

모빌아이의 회장인 암논 샤슈아(Amnon Shashua) 교수는 Calcalist의 자본시장 부문 부 편집자인 에티 아프라로(Eti Aflalo)와의 인터뷰에서 "우리의 가장 큰 도전들 중 하나는 초정통파와 아랍인들을 첨단 기술을 포함하여 고용 시장에 통합시키는 것입니다."라고 말했다. "그들 역시 그들이 경제에 통합되어야 한다는 점을 잘 이해하고 있고, 현재의 정부 수당이 아랍 부문의 성장을 위해 충분하지 않습니다. 첨단 기술은 그들을 첨단 기술 사업가가 되도록 유도합니다. 이것은 여러분의 조직 문화로 사업을 설계하고, 의미 있는 일과 생계와 함께 초정통파 사회의 가치를 보존하는 것을 의미합니다. 이것은 아래로부터의 혁명입니다. 토라(Torah) 기관은 간섭하지 않습니다. 저는 그들이 모르는 것을 말하는 것이 아니고, 그리고 거기에는 이야기되지 않은 변화가 있습니다. 저는 초정통파 스타트업들을 위한 사업 제안 대회에 참가했습니다. 우리는 2만 셰켈을 초기 단계의 6명의 우승자들에게 제공했습니다. 240개의 스타트업들이 경쟁에 참가했습니다. 그것은 많은 수였고, 그들은 모두 초정통파의 스타트업이었습니다. 5천명의 사람들이 시상식에 참석했습니다. 그것은 마치 노벨상처럼 보였을 것입니다. 시상식은 저녁 8시에 시작했고, 저는 이것이 뉴스 방송에 나와야 하는 이유라고 생각했습니다."

고용 문제는 초정통파와 아랍권에만 해당되는 것은 아니다. 예를 들어 이스라엘 케미컬(Israel Chemicals Ltd)의 CFO인 코비 알트만(Kobi Altman)은 말한다. "우리는 주변부를 포기해서는 안 됩니다. 이 인구는 아직 이스라엘의 성공으로 인한 상대적인 성공을 누리지 못했습니다. 남부 경제활동의 거의 4분의 1을 차지하고 아랍계와 베두인계 소수민족의 최대 고용주이기도 한 회사에서 일하는 사람으로서, 저는 이것이 국가적 사명이라고 생각합니다. 디모나(Dimona)에 살고 이스라엘 케미 컬에서 일하는 35세에서 40세 사이의 사람이 만약 일자리를 잃는다면, 아마도 평생동안 실업자가 될 것이라는 것을 안다는 것은 상상할 수 없는 일입니다."

Part 04

미래의 섬

13 진행 중인 3가지 혁명

1차 혁명: 풍부한 물

　　나중에 지브 야르(Ze'ev Yaar)가 된 지브 리슈니츠만(Ze'ev Lishnitzman)
은 갈릴리(Galilee)에 있는 야브니엘(Yavne'el) 마을의 아이였다. 그의 아
버지 하임 리슈니츠만(Haim Lishnitzman)은 1882년에 그의 부모, 형제,
자매들을 데리고 팔레스타인으로 이주했다. 그들은 두 개의 땅을 사서
"먼 러시아 땅처럼 검은 흙"으로 불린 땅을 경작했다. 그들 옆에 살았
던 아랍인 친구들처럼, 아이들은 매일 방과 후에 돌을 제거하고 파종을
위한 땅을 만들기 위해 들판으로 맨발로 걸어갔다. 그들은 손쟁기로 쟁
기질하며 무거운 돌들을 쌓았다. 아이들은 저녁이 되어서야 배고프고
매우 피곤한 상태로 집으로 돌아왔다. 그들의 어머니는 마당에서 구워
낸 피타를 방구석에 놓아두었다. 그들은 뜨거운 피타를 올리브유에 담
갔다. 피로가 그들의 배고픔을 이어받아 다음날까지 그들을 압도했다.
　　그들의 아버지 하임은 그들과 함께 있지 않았다. 그는 다음 파종
시즌을 위한 씨앗을 살 충분한 돈을 벌기 위해 텔아비브에서 일했다.
"아버지가 돌아오면 우리는 열린 고랑에 심어진 씨앗을 보고 비가 내
리기를 기다리곤 했지만, 하늘은 강철과 같았어요. 심지어 비 한 방울

내리지 않았고, 우리가 빵을 만들 수 있는 씨앗은 마른 땅에서 헛되이 낭비되었어요." 아버지는 다음 시즌을 위한 더 많은 씨앗을 사기 위해 돈을 벌러 텔아비브로 돌아갔고, 아이들은 돌을 쌓고 손쟁기로 쟁기질 하러 돌아갔다.

이스라엘은 사막의 가장자리에 위치한 나라로, 지구를 둘러싸고 지구 온난화로 확산되는 전 지구적 사막 지대와 접해 있다. 사하라 사막과 아라비아 반도를 포함한 사막 지대는 위도 20도에서 30도 사이에 위치한다. 이스라엘은 위도 30도와 33도 사이에 위치하고 있다. 강우량의 3분의 2가 이스라엘 표면의 3분의 1에 내린다. 특히 북쪽과 중앙의 일부에서는 네게브와 산에 떨어지는 비가 거의 없다. 따라서 이스라엘은 세계 사막화 과정의 최전선에 있다.

이스라엘의 물수지는 마이너스다. 이스라엘이 존재하는 동안, 심지어 그 이전에도 이 땅은 평균 강우량이 공급할 수 있는 것보다 더 많은 물이 필요했다. 특히, 급격한 인구 증가로 인해 물 부족 문제가 더욱 심각해졌다. 이스라엘에서 연간 약 70억 입방미터(BCM)의 비가 손실되고, 대부분의 물(70%)이 대기로 증발한다. 오직 30%의 빗물을 모아서 사용할 수 있다. 이스라엘 강수량의 자연적 기준은 연간 1.4에서 1.8 BCM이고, 반사막 기후의 기준은 일련의 축복받은 비와 가뭄의 연속이다.

세계 은행(World Bank), 국제 통화 기금(International Monetary Fund), 국가 정보 위원회(National Intelligence Council), 그리고 다른 여러 연구 기관에 따르면 세계 인구의 약 3분의 1이 2025년까지 심각한 물 부족에 직면할 것이라고 한다. 우리는 더 많은 가뭄과 더 많은 대수층 탈수 현상이 발생한다는 소식을 듣는다. 물이 너무 부족해서 사막 국가들의 배타적인 영역이 아닌 적절한 물을 가진 국가들의 물 자원을 둘러싼 전쟁이 일어날 것이라는 예측이 있다.

물이 더 귀하고 희귀한 상품이 될 주요 이유는 실질적인 지구상의 인구 증가, 제3세계 국가(주로 중국, 인도, 중앙 아프리카)의 중산층 증가와 관련이 있다. 생활 수준 향상의 주요 영향은 인도와 중국의 쌀과 밀 소비에서 육류 소비로의 전환에 있다. 채소 1kg를 생산하는 데 약 2,000리터의 물이 필요한 반면, 육류 1kg를 생산하는 데 약 10,000리터의 물이 필요하다.[121]

도시화된 세계에서 도시 물 운송 시스템의 대규모 유출뿐만 아니라 기후 변화와 지하수 오염은 물을 값비싼 상품으로 만들 것이다. 이 책의 마지막 부분에서 뉴욕과 같은 현대 도시는 도시 관로를 통과하는 물의 약 30%가 손실되고 있고, 시카고는 약 25%를 잃고 있다는 것을 아는 것은 놀라운 일이다. 중동과 동남아시아의 주요 도시에서 이러한 비율은 50% 또는 심지어 60%에 이를 수 있다.[122]

전 세계적으로 8명 중 1명은 깨끗한 물에 접근할 수 없다. 세계보건기구(WHO)가 발표한 다른 사실들은 매년 350만 명의 사람들이 오염된 물로 인해 사망할 것이고, 그중 150만 명이 5세 미만의 어린이가 될 것이라고 한다. 이러한 사망의 98%가 개발도상국인 제3세계에서 발생할 것이다. 항상 전 세계 병원에 있는 침대의 절반은 안전한 식수 부족, 열악한 위생 상태와 위생과 관련된 질병으로 고통받는 환자들이 차지하고 있다. 주요 요인은 특히 개발도상국에서 하수의 약 80%가 초기 처리 없이 강, 호수 및 해안 지역으로 흘러가기 때문이다. 그 문제는 대개 아무런 조치 없이 지속되고 있다.

국제적인 연구에 따르면, 세계 인구는 2015년 74억 명에서 2030

년 83억 명으로 증가할 것으로 예상된다. 이 수치는 식수, 위생, 그리고 특히 식품 산업에 대한 수요를 증가시킬 것으로 보인다. 예를 들어, 물 발자국 네트워크(Water Footprint Network)에 따르면, 빵 한 조각을 생산하는 데 필요한 물의 양은 40리터이다. 밀 1kg을 만들기 위해 필요한 물의 양은 1,300리터이고, 종이 한 장을 생산하는 데는 10리터의 물이 필요하다. 시간당 1메가와트를 생산하는 데는 3만 리터의 물이 소요된다.

물의 위기는 그 자체로 깨끗한 물의 부재보다 훨씬 더 파괴적인 영향을 미친다. 물 부족 국가의 여성과 아이들은 다른 것을 위해 사용할 수 있는 시간이 거의 없이 기본적인 욕구인 물을 얻기 위해 매일 몇 시간을 소비해야 한다. 아이들은 방치되고, 잊혀진 인간의 형제애에 대한 기본적인 개념뿐만 아니라 배움과 개인적인 발전과 같은 것들이 방치되어 버린다. 사실 깨끗한 물과 같은 기본적인 생필품이 부족할 때, 공동체 전체의 건강이 위험해진다.

이스라엘의 인구는 건국 이래로 13배 증가했다. 수년에 걸친 심각한 물 부족, 특히 국가 초기의 인구 증가로 인해 물 문제가 최우선 순위에 놓였다. 이에 대한 대처는 한쪽으로는 수요에, 다른 쪽으로는 공급 측면이라는 두 가지 평행선에서 이루어졌다. 수요 측면에서는 "물 원칙"이라는 장기적인 캠페인이 실시되었다. 또 다른 건조한 나라 모로코에서 이스라엘로 이민 온 미리암 벤 아루시(Myriam Ben Arush)는 예루살렘에서 어렸을 때부터 수년 동안 모두가 어떻게 물을 절약하도록 교육받았는지를 생생하게 기억했다. "많은 사람들이 목욕을 자제하고 샤워를 하도록 교육받았습니다. 샤워기를 하고 비누칠을 할 때는 물을 잠갔습니다. 우리는 공공장소의 정원에 물을 공급하는 관개 시설의 수도관 라인이 터질 때마다 즉시 지자체에 알렸습니다. 우리는 또한 정원에 적정하게 물을 줄 수 있도록 했습니다." 그러나 민간의 모범적인 물 절약과 정교한 관개 방법으로 부족한 물을 해결하는 데는 한계가 있고, 물 문제는 공급 측면에서 해결책이 나와야 한다.

물 문제를 다루려는 이스라엘의 시도에는 크게 두 가지 중요한 시기가 있다. 국가 물 공급망(The National Water Carrier)과 이전의 야콘－네게브(Yarkon－Negev) 선은 비교적 물이 풍부한 북쪽의 물을 건조한 남쪽으로 퍼내는 방식으로 대응했다. 우기에는 갈릴리(Galilee) 해의 물을 이용해 산의 대수층과 심지어 해안의 대수층까지 물을 끌어왔다. 이와 병행하여 갈릴리 해 주변에 소금물 운반선이 설치되어 염수 샘을 다른 길로 향하게 했다.

갈릴리 바다의 수위는 강박적인 정도로 국가적 관심사가 되었다. 갈릴리 바다는 이스라엘이 건국한 이래로 주요 수원지였고, 따라서 여러 해 동안 국가 분위기에 영향을 미쳤다. 가뭄에 시달리는 시기에는 주요 수원의 탈수에 대한 두려움이 국가의 전염병 규모로 커졌고, 언론과 방송국은 날마다 수원지의 높이에 관한 기사를 내보냈다. 가장 큰 수원이지만, 국제적인 기준으로 갈릴리 바다는 매우 큰 호수에 불과하다. 물의 공급원일 뿐만 아니라 휴가와 캠핑, 기독교인들의 순례지, 심지어 상업적인 어업의 용도로 이용되었다. 당시에도 지금과 같은 사고방식으로 하천의 상당 부분이 증가하는 인구를 위해 사용되었다. 이와 함께 황량한 지역의 수원을 찾는 전문 지식도 개발되었다. 현재의 기술은 우리가 저수지의 위치를 파악할 수 있을 뿐만 아니라 저수지의 크기와 수질, 그리고 그곳에 구멍을 내고 도달하는 최선의 방법을 결정할 수 있게 해준다. 예루살렘 히브리 대학의 대기 과학부 연구자들은 주로 비행기에 요오드화은을 분사하여 구름 속의 모든 잠재적인 비를 추출하는 독특한 기술을 개발했다.

그러나 이 중 어느 것도 증가하는 인구의 물 수요를 해결하기에는 충분하지 않았다. 심각한 위기가 눈앞에 닥쳤다. 수년에 걸쳐 갈릴리 바다의 수위는 겨울에 높아지고 여름에는 낮아진다. 일반적인 수위의 추세는 수년간의 가뭄의 결과로 남아있는 것보다 더 많은 양이 흡수되어 수년 동안 감소하는 것이 특징이다. 그 변화는 수위가 "검은 선"으로 떨어질 때까지 "상부 레드 라인"에서 "하부 레드 라인"으로 전환되는 것이었다. 매년 이스라엘은 더 많은 물을 끌어 모았다. 수위가 해수면보다 낮은 상태에 도달한 지하수, 산지 대수층, 해안 대수층에서도 같은 모습이 나타났는데 이것들이 지하수에 침투하여 염분을 형성했다. 또한 갈릴리 바다와 지하수 모두에서 수질이 나빠졌다. 염분이 생기는 과정은 농업에 피해를 안겼다. 동시에 지하수는 생활 폐수, 처리된 폐수, 살충제, 농업 비료, 매립지, 독성 산업 금속, 미세 유기 오염 물질 등으로 오염되었다.

물 위기가 환경에 미친 영향은 심각했다. 20세기 초에 이스라엘에는 7만 에이커의 습한 서식지(호수, 개울, 늪, 겨울 풀)가 있었다. 그 이후로 대부분 지역이 건조해졌고, 2000년대 초에는 거의 완전히 사라졌다. 그것은 동물과 식물의 다양성에 영향을 미치는 심각한 환경 위기였다.

사막에서의 승리

이스라엘이 성공한 물 혁명은 물 공급이 줄어드는 진짜 위험에 처한 나라부터 물이 부족하지 않은 나라까지 다양한 배경이 존재하기 때문에, 물과 관련된 혁명을 표현하는 적절한 단어를 찾기는 쉽지 않다. 오늘날 물은 강은 물론이고 자연과 대수층으로 환원되고 있다. 습한 서식지가 회복되고, 농경지와 푸른 숲이 넓어지며, 수영장과 공원이 건설되고 있다. 염분 지대와 사막화의 과정이 방향을 바꾸고 있다.[123]

담수화 엔지니어링 회사 IDE의 CEO인 아브샬롬 펠버(Avshalom Felber)는 50년에 걸친 물 혁명을 세 가지 하위 혁명으로 구분한다. 첫 번째는 1960년대 폐수 혁명이다. 두 번째는 1980년대 중반에 정의된 물 가격의 경제적 합리화로, 도시 소비자에게 물에 대한 적절한 경제적 가격을 창출하고 농업에 대한 물 보조금을 줄였다. 세 번째는 21세기 초의 담수화 혁명이다.

펠버의 논리는 간단하다. 물을 만드는 데 경제적 비용이 들기 때문에 물을 절약해야 한다고 주장한다. "인도나 중국과 같은 나라에서는 물 가격이 매우 저렴해서 물은 아끼려고 노력하는 자원이 아닙니다." 제 3세계의 많은 국가는 물의 가격을 올리려고 노력하지 않기 때문에 홍수의 방식으로 밭에 물을 공급하고 있다. 하지만 이런 일은 선진국에서도 일어난다. 런던 시청은 오래된 파이프라인에서 물의 50%가 손실된다고 밝혔지만, 영국에서는 물이 "너무 저렴"하기 때문에 심각하게 바라보지 않고 있다. 펠버는 이스라엘의 물 가격 상승이 물을 아끼기 위한 기술을 만드는 전체 산업의 변화를 가속화했다고 추정한다. 이러한 현상의 예로는 네타핌(Netafim)과 난단(NaanDan) 같은 드립퍼(dripper) 제조업체, 이 분야의 세계적인 리더인 아라드 테크놀로지(Arad Technologies)와 아미드 정수 솔루션(Amiad Water-filtration Solutions)과 같은 수도 계량기 제조업체, 그리고 파이프라인의 폭발을 감지하기 위한 혁신적인 기술을 구축하는 타카두(TaKaDu)와 같은 첨단 기술 회사가 있다.

세계적으로 물 위기가 증가하고 있다. 심지어 미국, 러시아, 호주, 불가리아 같은 나라들과 특히 중동과 북아프리카는 이스라엘이 이미 대처하고 있는 물 문제로 고통받고 있다. 카자흐스탄에서는 아랄(Aral) 지역이 말라버려 수십만 명의 주민들이 난민이 되었다. 시리아 난민 문제의 일부는 몇몇 담수화 시설로 해결될 수 있고, 현재 아프리카에서 온 유럽의 많은 난민이 실제로 물 부족 난민이라고 주장하는 사람들이 있다. 이것은 과연 유럽의 피할 수 없는 운명일까?

이스라엘에서는 세계 여러 지역의 다른 물 관련 법과 대조적으로 세 가지 기본 원칙이 수립되었다. 이스라엘 법에 따르면 모든 수원은 공공 재산이다. 민간 수자원에 대한 소유권은 없으며 모두 국가가 관리한다. 이와 비교하여 미국 법에서는 물은 역사적으로 땅의 소유자에게 귀속된다고 명시하고 있다. 최근 몇 년 동안 캘리포니아의 광대한 지역에 극심한 가뭄으로 인해 콜로라도 강에서 로스엔젤레스 시로 양수되는 물이 줄었다. 역사적으로 농부들이 이 물을 소유했기 때문에 그들은 원하는 모든 물을 공급 받았다. 그들은 물을 범람시켜 밭에 물을 주는데, 이것은 물의 증발로 인한 극도로 낭비적인 관개 시스템이다. 이런 비효율성은 부조리를 낳고, 로스엔젤레스 시 주민들은 그 대가를 치르게 된다.

이스라엘의 물 정책의 성공은 재무부, 정부, 의회가 현명하고 단호하게 변화한 것에 기인한다. 2006년 수자원 법을 개정하여 정부와 크네세트의 소관이 아닌, 90억 셰켈의 예산으로 수자원 관리청(Water Authority)이 설립되었다. 수자원 관리청의 설립 목적은 서로 다른 이해 관계와 목표를 가진 많은 기관에 관련되는 행정 및 규제 권한을 집중하는 것이었다. 정부 부처와 공공 대표자들은 한 테이블에서 다수의 의견에 따라 결정을 내리고, 정부 부처는 이를 반대할 수 없다. 일련의 결정과 행정 조치는 역사의 흐름을 바꾸었고, 물 가격에 대한 보조금 지급을 중단하고 실질 경제 수준에 맞춰 물 가격을 올리는 것을 결정했다. 필요한 투자와 담수화 시설의 설립에 있어서, 대수층과 자연 보호 구역 및 하천의 재활을 위해 물을 양수하기로 결정했다. 모든 지방 당국이 지자체의 물 문제를 책임지는 수자원 회사법이 통과되었다.

이스라엘에서는 11년 이내에 세계에서 가장 큰 해수 담수화 플랜트 5개가 건설되었으며 연간 총 생산량은 약 600 MCM(백만 입방 미터)에 달한다. 첫 번째 담수화 플랜트는 2005년 아쉬켈론(Ashkelon)에 건설되었으며 연간 120 MCM을 공급한다. 2007년에는 45 MCM의 공급량으로 팔라마침(Palamachim) 플랜트가 설립되었고, 2년 후에는 145 MCM의 하데라(Hadera) 시설이 완공되었다. 2013년에는 또 다른 45 MCM 용량의 시설이 팔라마침(Palamachim)에 추가로 건설되었으며, 전체 담수호 플랜트 중 약 150 MCM를 공급할 수 있는 가장 큰 시설이 소크(Sorq)에 문을 열었다. 2017년에는 마지막 시설이 연간 100 MCM의 용량으로 아쉬도드(Ashdod)에 건설되었다.124 이 시설들은 이스라엘 도시 물 소비량의 90%를 공급한다.

상대적으로 높은 에너지 소비로 인해 해수 담수화 비용은 보통 터널이나 지하수에서 담수를 퍼내는 것과 같은 대안보다 높지만, 항상 대안이 있는 것은 아니며 저수지의 급속한 고갈은 세계적으로 심각한 문제다. 세계 수자원 정보(Global Water Intelligence)에 따르면 세계 인구의 약 1%가 매일 필요로 하는 담수를 공급받지만, 유엔은 2025년이면 세계 인구의 14%가 담수에 의존할 것으로 예상한다.

세계에는 거의 2만 개의 담수화 시설이 있다.[125] 소크의 담수화 시설은 세계에서 가장 크고 생산량 기준으로는 세계에서 두 번째(최대 규모는 사우디아라비아)로 큰 역삼투압 담수화 시설이다. 높은 에너지 소비로 인해 담수화 시설에 대한 전 세계적인 비판이 있지만, 소크 담수화 시설은 그 규모에 비해 세계에서 가장 에너지 소비가 적다.

담수화된 물은 염도나 청결성 면에서 자연수보다 훨씬 더 높은 품질을 가지고 있다. 대수층의 염소가 리터당 2백에서 3백 mg이라면, 담수화된 물은 리터당 20에서 40mg 수준이다. 이스라엘에서는 담수화된 물과 천연자원의 물을 섞어 물의 질을 높인다. 예를 들어 비어 셰바(Beer Sheva)에서는 2005년에 리터당 225mg의 염소가 있었지만, 2010년에는 리터당 60mg로 떨어졌다.[126]

담수화 플랜트에 이어 이스라엘의 운송 시스템도 개선되었다. 새로운 양의 물을 흡수하고 이송할 수 있도록 파이프라인을 확장했고, 예루살렘 서쪽의 해수 담수화 플랜트에서 수로를 건설했다.

처리된 폐수의 반환은 물을 얻기 위한 투쟁에서 또 하나의 중요한 극적인 성과다. 폐수가 수자원 부문의 중요한 대체 물 공급원이라는 사실뿐만 아니라, 재활용 자체는 지속 가능한 개발과 자연 및 육지와 바다의 환경 보존 모두에서 중요한 가치를 가지고 있기 때문이다. 이스라엘에서 매년 생산되는 약 500 MCM의 폐수 중 약 460 MCM이 재생 처리되고 있으며, 매년 약 425 MCM의 폐수가 농업 용도로 사용된다. 즉 폐수의 90% 이상이 재활용되는 셈이다. 이는 이스라엘이 이 분야에서 세계적인 선두 주자이며 2위인 호주가 약 22%, 스페인이 18%, OECD 평균이 5~15%의 재활용률을 갖고 있는 것을 봤을 때 훨씬 더 놀라운 성과이다.

펠버는 "남부 지역이 완전히 말라가는 캘리포니아에서도 처리된 폐수의 12%만 재사용하고 있습니다."라고 하며, "하지만 이스라엘은 크기가 작기 때문에 이점이 있습니다. 농업을 위해 별도의 물 네트워크를 구축하는 데 경제적 논리가 있습니다."라고 한다. 전 세계의 대표단이 이스라엘이 어떻게 이런 일을 했는지를 조사하기 위해 방문하는 것은 놀라운 일이 아니다. 처리된 폐수의 품질이 우수하고 소비할 수 있지만 이스라엘의 농부들만 사용한다는 점에 주목해야 한다. "1980년대에 17억 입방미터 중 10억 입방미터가 넘는 담수가 농업 용도로 사용되었다면, 오늘날 이스라엘이 생산하는 전체 22억 입방미터 중 3억 입방미터만 농업 목적으로 사용됩니다."라고 펠버는 덧붙였다.

이 문제를 다루는 정부 기업인 매코롯(Mekorot)은 이스라엘의 모든 폐수를 완전히 활용하고, 아직 손대지 않은 폐수의 배출을 완전히 중단하겠다는 야심찬 목표를 세웠다. 동시에 이 활동에서 국제 수준의 전문적인 표준을 세웠고, 이것은 모범 사례로 여겨지고 있다.

수질 지수를 국가별로 평가한 딜로이트 연차 보고서에서는 이스라엘이 100점 만점을 받아 물 부문 1위를 차지했다. 이 점수는 담수화 분야에서 물 재생, 물 손실, 국가 수자원 시스템, 첨단 기술의 적용, 운송 분야의 우수성 등을 평가하여 산출되었다.

"우리는 시민들이 더 이상의 정화 없이 수도꼭지를 열고 물을 바로 마실 수 있는 소규모 국가에 속해 있습니다. 우리는 농업으로 물을 돌려주는 데 있어 세계적인 리더입니다. 국내 소비용 물의 90%가 처리되어 고품질의 농업용으로 전환됩니다. 우리의 물 감가상각은 세계에서 가장 낮은 국가에 속합니다. 12,000km에서 약 3% 정도만 유실되며 두 개의 국가 운송 회사를 별도로 갖고 있습니다."라고 매코롯의 전 CEO인 시몬 벤-하모(Shimon Ben-Hamo)는 자랑스럽게 말한다.[127]

물론 유출수를 이용한 농업의 가장 큰 장점은 더 이상 하늘의 자비에 의존하지 않기 때문에 농부들의 예측 능력을 향상시키는 것이다. 소년 지브 리슈니츠만은 더 이상 배고프지 않기 위해 비를 내리게 해 달라고 기도할 필요가 없다.

평화의 물

1998년은 요르단 사람들에게는 특히 어려운 해로 기억되고 있다. 그해 요르단의 수도 암만을 강타한 심각한 수질오염 위기는 실질적인 정치적 위기로 이어졌다. 주요 처리시설에서 국내 소비자들에게 공급되는 물이 최저 품질기준 이하로 떨어졌고, 문제의 오염으로 요르단에 의회 조사위원회가 설치되어 수자원 장관과 요르단 총리가 해임되기에 이르렀다. 정부도 위기로 교체되었고, 정부의 불안정성에 대한 두려움도 컸다.

1994년은 이스라엘 자체에 물의 여유분이 전혀 남아있지 않았던 시기였지만, 이스라엘 정부는 이스라엘—요르단 평화 협정의 일환으로 매년 50 MCM의 물을 요르단으로 할당하기로 결정했다. 평화 협정에 대한 이스라엘의 약속에 따라 인접국에 물을 이송하는 매코롯은 요르단 사람들에게 최적의 수질을 보장할 것임을 분명히 했다. 매코롯은 요르단으로 이송되는 물이 최고 품질이 되도록 모든 필요한 조치를 취했다. 2016년부터 지상과 공중과의 접촉을 방지하기 위해 매코롯은 현재 갈릴리 해에서 이송되는 유사한 수량에 더해 매년 50 MCM을 하심(Hashemite) 왕국에 추가로 이송하기 위해 새로운 파이프라인을 건설하고 있다. 그 대가로 물은 에일랏(Eilat) 만에 위치한 남부 도시 아카바(Aqaba)에 건설될 요르단 담수화 공장을 통해 이스라엘로 이송될 것이다.

요르단 사람들은 북부 지역을 위한 식수를 공급받을 것이고, 이스라엘은 남부 요르단에서 공급되는 남부 아라바(Arava) 지역의 농업용 관개용수를 공급받게 된다. 시리아에서 계속되는 내전 이후 수백만 명의 난민들이 그 나라의 북부에 정착했고, 물이 필수적인 자원이 되었기 때문에 이것은 요르단에게 매우 중요하다.

팔레스타인 자치정부(Palestinian Authority, PA)는 1967년까지의 요르단 시기에는, 헤롯왕 통치 시기(기원전 37년~기원전 4년)와 이스라엘 왕국 시대(기원전 928년~722년)에 지어진 고대 수도관을 사용하였다. 요르단 사람들은 또한 직경이 좁은 350개의 작은 드릴을 뚫어 물을 공급했는데, 총 공급량은 연간 66 MCM에 불과했다. 이 물의 대부분은 농업에 사용되었고, 오직 4개의 팔레스타인 도시에서만 집에 수돗물이 공급되었다.

오슬로 협정 이전 이스라엘 민간 행정 기간 동안, 국가 물 공급망 (National Water Carrier)은 새로운 이스라엘 정착지에 물을 공급하기 위해 만들어졌다. 이 기관은 모든 팔레스타인 마을과 도시를 국가 수도 시스템으로 연결했다. 팔레스타인 도시를 지원하기 위해 깊은 우물도 뚫었다. 따라서 1967년부터 1995년까지 이 기간 동안 이스라엘은 서안 지구에 대한 물 공급을 주로 농업용으로 연간 66 MCM에서 118 MCM 으로 늘렸고, 이는 주로 도시로 공급되었다.

오슬로 협정 이후 오랜 시간 동안 발전이 있었다. 이스라엘 시스템과 팔레스타인 시스템이 수렴되는 모든 지점에 라인과 웅덩이를 구축하고 계측기를 설치했다. 많은 마을과 마을이 수도 시스템에 연결되었고, 주택을 위한 물 분배망이 구축되었다. 물 개발에 대한 투자의 탄력으로 인해 상수도 공급은 1995년에 연간 118 MCM에서, 2006년에는 연간 180 MCM으로, 2015년에는 다시 210 MCM으로 증가했다. 따라서 오슬로 협정에서는 양측의 영구적인 협정이 체결되면 이스라엘이 PA에 연간 200 MCM을 공급한다는 내용을 담고 있지만, 이스라엘은 영구적인 협정이 체결된 것은 아니지만 이미 해당 역할을 이행했다.

또한 오슬로 협정에 따라 시추를 결정하고 승인하는 수문 위원회, 지표면 위에서 무엇을 할 것인지 결정하는 엔지니어링(파이프, 카운터 등) 위원회, 하수 위원회 그리고 가격 결정 위원회 등 4개의 분과 위원회로 공동 위원회가 설립되었다. 이 위원회들은 다른 위원회와 마찬가지로 팔레스타인 측에서 기능하지 않고 있으며, 물의 가격도 오슬로 협정에 따라 결정되며 이스라엘로부터 상당한 보조를 받고 있다.

팔레스타인의 현장 관리는 여전히 매우 열악하다. 승인된 시추 작업 중 일부가 작동하지 않고, 공학 및 수문학적 오류가 빈번하게 발생하며, 기술적인 과실이 있다. 동시에 공동 위원회의 승인을 받지 않은 수백 개의 해적 시추가 있는데, 비록 PA는 자신들에게 책임이 없다고 주장하지만 이를 전력망에 연결시켜 작동을 가능하게 했다.

폐수 공동 위원회는 팔레스타인의 인구 증가, 그들이 받은 상당한 국제 기부금, 그리고 그들 국민의 증가하는 요구에도 불구하고 어떤 처리시설도 건설하기를 거부했기 때문에 2015년까지 작동하지 않았다. 서안 지구의 하수는 인근 하수의 원천이 되었다. 나블루스(Nablus) 강, 헤브론(Hebron), 켈트(Kelt), 키손(Kishon), 알렉산더(Alexander), 키드론(Kidron) 등 많은 지역이 오염되었고 건강에 심각한 위험을 초래하고 있었다. 1996년부터 2002년까지 기부금을 제공하는 공여국들은 PA에 상하수도 프로젝트를 위해 5억 달러 이상을 제공했다. 그중 2,500만 달러만이 알 비레(Al Bireh)에 있는 하수 처리 시설에 투자되었고, 제리코(Jericho) 정화 공장에는 약 3,200만 달러가 투자되었다.[128] 이 계획들은 나블루스(Nablus), 툴카렘(Tulkarem), 제닌(Jenin), 살피트(Salfit), 라말라(Ramallah), 키드론(Kidron), 헤브론(Hebron) 등의 지역 동의를 전제로 추진되었다. 프로젝트가 추진된 후 이스라엘 정부는 라말라, 나블루스, 헤브론에 여러 하수 시설을 건설하는 데 성공했지만, 다른 지역 당국은 여전히 강과 주변 지역을 오염시키고 있다.

하수도 문제 해결책을 가로막는 주요 문제 중 하나는 팔레스타인 소비자들이 그들이 받는 물에 대한 비용을 지불하지 않는다는 것이다. 이스라엘과 팔레스타인 사이의 같은 선상에 위치한 주요 수도 계량기는 이스라엘 정부가 매코롯에 지불하며, 이는 PA로부터 징수된 관세로부터 부채의 일부를 상쇄한다. 팔레스타인에서는 물에 대한 가치가 없기 때문에, 팔레스타인의 주민과 지방 자치 단체는 절약할 동기가 없다. 물은 낭비되고 있으며, 팔레스타인 보고서에 따르면 도시의 물 33.6% 이상이 누수되고 버려지고 있다. 많은 팔레스타인 농부들은 가장 낭비적인 관개 방법인 홍수로 그들의 밭에 물을 주고 있다.

오늘날 물에 관한 국제법이 없다. 많은 국가에서 강이 나라에서 나라로 흐르거나, 공유 수역에 대한 논쟁이 있음에도 물 관련 국제법은 존재하지 않고 있다. 제안된 국제법은 승인되지 않았다. 그러나 국제법이 있었다고 하더라도 국가 간의 합의가 우선한다. 이스라엘과 PA 간에는 오슬로 협정이 존재하며, 이 협정의 많은 부분이 이스라엘에 의해 채워지고 있다.

국제법 초안은 자연 지수에 해당하는 세 가지 기준을 갖고 있다. 즉 국가에 속해 있는 강이나 해안의 길이, 역사적 용도, 대체가 가능한 수원지 여부이다. 산지 대수층은 이스라엘과 팔레스타인 사이의 분쟁 대상이다. 팔레스타인은 수원에 대한 출처가 유대(Judea)와 사마리아(Samaria) 지역인 만큼 산지 대수층에 대한 권리를 결정한다고 말한다. 이스라엘은 저장 지역과 천연 샘이 바로 권리의 기준이어야 한다고 주장한다. 이것은 세계의 많은 다른 나라가 갖고 있는 기준을 사용하여 주로 그린 라인 국경(요르단 강 사안에서는 동 예루살렘을, 이집트에서는 가자지구를, 시리아에서는 골란고원을 각각 구분해 부르는 용어)의 서쪽 지역에 있는 지역을 의미한다.

역사적 용도라는 두 번째 기준은 소유 측면과 역사적 용도 모두에서 이스라엘에게 유리한 조건이다. 이스라엘의 산 대수층을 소유한 것은 1950년대부터다. 역사적 용도 측면 또한 이스라엘의 용도가 80%, 팔레스타인이 20%였다. 오늘날 기준은 팔레스타인 35%, 이스라엘이 65%를 사용하고 있다.[129]

가장 흥미로운 세 번째 기준은 당사자들이 직면한 대체 가능한 수원지에 대해 이야기하고 있다. 팔레스타인은 동쪽에 산 대수층을 가지고 있다. 그곳에서 매년 70 MCM을 생산할 수 있으며 그렇게 하도록 결정되어 있다. 관로 누수를 방지하면 기존 도시와 마을의 물 수요가 많은 지역에서 매년 최소한 10 MCM이 더 추가로 확보될 수 있다. 게다가 더 정교한 관개 시스템이 뒷받침된다면 연간 30-50 MCM이 추가될 수 있다. 가자지구와 북부 사마리아의 담수화는 연간 15 MCM을 추가로 제공할 수 있다. 모두가 팔레스타인이 대답하기를 거부해서 오랫동안 기다려온 "YES"라는 답변을 기다리고 있다. PA는 이스라엘에 의존하지 않고 물 공급을 연간 200 MCM에서 거의 400 MCM으로 두 배로 늘릴 수 있다. 그들이 이스라엘에 해를 끼치려는 욕망보다 그들의 복지를 더 원하고 있기만 하다면 말이다.

***

이스라엘의 물 수요에 대한 대처는 또한 다양한 기술 개발을 통해 이루어졌다. 예를 들면 심차 블라스(Simcha Blass)에 의해 개발된 농업에서 소비되는 물의 양을 극적으로 줄여주는 점적 관개 방법 발명 등이 그것이다. 한 줄에 나무를 동시에 심고 같은 조건에서 사는 나무들을 조사한 결과, 주변 환경이 동일하지만 그중 한 그루가 비정상적으로 크게 자라는 식으로 각각의 성장이 달랐다. 자세한 조사를 통해 그 이유를 알 수 있었는데, 나무 근처에 물을 주기 위해 설치된 파이프에 작은 구멍이 생겨 느리지만 지속적인 이슬비를 내리는 역할을 했던 것이다. 또 다른 사례는 블라스에게 뿌리 근처의 파이프를 파면서 거의 관개시설 없이 자라는 식물을 보여준 농부의 이야기와 관련이 있다. 이들 이야기에서 아이디어를 얻어 개발된 점적 관개 방식은 수확량을 향상하면서 작물의 물 소비를 극적으로 변화시켰다.

점적 관개 기술의 발명에 기초하여 네타핌(Netafim)이 설립되었다. 인구가 증가하는 세계에서 물, 비료, 그리고 살충제 등을 덜 사용하면서 더 많은 작물을 재배하려는 네타핌의 비전은 점점 더 중요해 보인다. 전 세계의 물 70%가 농업에 사용되고, 개발도상국에서는 그 수치가 80% 이상이다. 세계의 농업 지역의 20%만이 관개 시설에 의해 경작된다. 나머지는 여전히 비의 자비에 의존한다. 관개 지역 중 80%는 홍수에 의존하고 있는데 이것은 물 낭비와 작물 감소 외에도 온실가스 배출에 부정적인 영향을 미친다. 네타핌의 CEO인 란 마이단(Ran Maidan) 과의 인터뷰에서, 그는 담수화 또는 폐수를 재활용 등을 통해 물의 공급량을 늘리는 방법을 바꿈으로써 세상이 개선될 수 있다고 말한다.

"좋은 낙수 시스템은 농작지에 설치된 파이프의 길이나 그 안에 있는 낙수의 양 또는 땅의 기울기에 영향을 받아서는 안 됩니다. 각 점적의 유량은 동일해야 하며 물의 품질이 다르고 수압이 낮더라도 문제되지 않아야 합니다."라고 그는 말한다. "네타핌은 이러한 과제를 해결하고 점적 관개 기술의 선두에 서기 위해 점적 관개에 상당한 R&D 자원을 투자하고 있습니다. 또한 가볍고 얇고 때때로 극한의 온도 차이를 견딜 수 있도록 파이프 자체에도 많은 투자를 하고 있습니다. 이렇게 개발된 파이프는 10년 이상 동안 큰 문제 없이 유용하게 사용할 수 있습니다. 우리는 원격 지휘 통제 시스템에 상당한 금액을 투자합니다. 이 시스템을 통해 이스라엘에서 중국에 있는 과수원의 관개 및 비료 공급을 실시간으로 제어할 수 있습니다."

선거 승리 연설에서 "한 방울당 더 많은 작물"의 비전을 국가 목표로 정의한 인도의 나렌드라 모디(Narendra Modi) 총리는 몇 년 안에 인도의 모든 농경지가 첨단 시스템으로 관개될 것이라고 선언했다. 목표는 인도의 식량 안보를 강화하고, 연간 농업 순환 횟수를 1회에서 3회로 늘려 경제를 개선하는 것이다.

인프라와 관개 시스템에 수십억 달러를 투자하는 중국에도 같은 규칙이 적용된다. 이러한 시스템을 도입하면 일반적으로 관개를 담당하는 개발도상국 농부들, 특히 농촌 여성들의 삶의 질은 극적으로 개선될 수 있다. 괭이를 들고 가서 물길을 열거나, 개울이나 우물에서 물을 퍼내는 노력을 줄일 수 있다. 관개용 수도꼭지를 여는 여성과 휴대폰으로 관개를 제어하는 여성의 차이는 상당하다.

최근에는 식물의 뿌리에 "앉아서" 식물의 물 부족 정도에 따라서만 물을 옮기도록 관개 시스템에 명령을 내리는 탐지기가 개발되었다. 이것은 실제 일어나고 있는 공상 과학 소설이다.

물 부족에서 탄생한 네타핌은 이 분야에서 세계적인 선도기업이 되었다. 결론적으로 우리는 미국 국가안보회의(NSC)의 세스 시겔(Seth M. Siegel) 위원의 저서130에서 이스라엘의 "모든 한 방울을 위한 투쟁 ─이스라엘의 경험이 갈증에서 세계를 구하는 방법"이 40억 인구의 삶을 바꿀 수 있는 위기를 막는 열쇠를 쥐고 있다는 그의 말을 인용하겠다. 시겔 위원은 혁신적인 발전이 전 세계의 물 위기에 대한 해결책일 뿐 아니라 이스라엘을 외교적으로 고립시키려는 시도에 대한 대응이라고 주장한다. 150여 개국이 이스라엘에서 탄생한 기술을 이용해 자국민을 갈증에서 구하고 있다. 시겔 위원은 "물 외교가 이스라엘이 직면한 증오와 불법화 운동에 맞서 협력을 위한 새로운 관문을 열어 준다."고 썼다.

2차 혁명: 에너지 독립

이스라엘은 건국 당시부터 에너지 수입국이었다. 주로 석유와 석탄의 정제된 제품들에 대한 외부 에너지 공급원들에 대한 의존도는 거의 절대적이었다. 비록 이스라엘은 세계에서 가장 부유한 석유와 가스 생산 지역의 중심부에 위치해 있지만, 정치적인 고립과 아랍 국가와의 많은 대립으로 걸프만 국가나 사우디아라비아로부터 석유나 가스를 수입할 수 없었다. 그러므로 이스라엘은 필요한 석유를 먼 곳에서 수입해야 했고, 그 석유는 지중해를 항해하는 배들에 의해 운반되었다. 이것은 그 국가가 존재하는 내내 대처해야 하는 심각한 안보 및 지정학적 문제였다. 그 지역에서 전쟁이 발발하면 이스라엘이 고립될 것이라는 두려움은 항상 존재했다. 선박들은 항구에 도착할 수 없을 것이고, 국가는 경제와 국민에게 심각한 경제적, 사회적 손상을 입힐 에너지 부족으로 고통받을 것이다.

이 지역에 존재하는 잠재력과 지정학적 고립으로 인해 석유와 가스 탐사가 활발하게 추진되었지만 21세기 초까지 해당 지역에서 그러한 에너지원을 찾는 것은 꿈에 불과했다. 많은 전문가들이 이런 저런 지역에서 상당한 양의 석유와 가스 저장고가 발견될 가능성이 있다는 추정치를 내놓았다. 이스라엘 증권거래소는 시추를 위한 자금을 조달하는 통로 역할을 해왔지만, 결과는 항상 우물이 말라 있다는 것이었다. 이 모든 것은 2000년 얌 테티스(Yam Tethys)라는 프로젝트의 성공으로 바뀌었는데, 그 프로젝트의 파트너십 권리 보유자는 노벨 에너지(Noble Energy)와 여러 이스라엘 회사들이었다. 프로젝트의 이름은 이 지역의 지질학과 해양 환경에 중요한 역할을 했던 고대 바다에서 유래되었다. 프로젝트의 결과로 많은 해양 가스 저장고가 발견되었다. 그중 가장 중요한 것은 이스라엘의 남부 해안에서 서쪽으로 30km 떨어진 곳에서 발견된 매장량이 30BCM으로 추정되는 메리 가스 저장고(Mary Gas Reservoir)였다.

2004년 초부터 천연가스는 과거에 사용되었던 석유 대신에 이스라엘의 몇몇 발전소를 운영하기 위한 새로운 에너지원이 되었다. 그것은 대기를 오염시키는 발전소의 수를 줄였고 전기 생산 비용을 낮췄다. 메리 B 가스 저장고는 약 23 BCM의 가스를 공급한 후 말라버렸다. 이는 전체 저장고 부피의 약 87%에 해당하며 1억 4천 2백만 배럴의 석유를 수입한 것과 비슷한 양이었다. 2012년에는 저장고의 가스 잔액이 비상 상황에서만 공급되도록 결정되었다. 주목할 점은 이스라엘의 전기 공급의 전략적 중요성 때문에 천연가스로 운영되는 이스라엘 전력 회사(IEC) 사업부의 대부분이 중복성 때문에 석탄을 사용할 수 있고, 심지어 필요할 때 석유와 디젤유로 운영될 수도 있다는 것이다.

개발된 또 다른 공급원은 정치적인 이유로 이스라엘을 우회하는 장거리 경로를 통해 이집트에서 요르단, 시리아, 레바논까지 천연가스를 수출하는 데 사용되었던 이집트 기업들 소유의 아랍 가스 파이프라인이었다. 그중 작은 지점은 북쪽 시나이(Sinai) 해안의 엘 아리쉬(El‐Arish)에서 이스라엘의 아쉬켈론(Ashkelon) 시까지 수중 파이프라인을 통해 조용히 건설되었다. 2008년 초 이 파이프라인은 7.5 BCM 물량을 공급하기로 협정이 체결된 후 이스라엘 전력 회사(IEC)에 공급하기 시작했다. 이스라엘은 이집트의 최대 수출 시장들 중 하나가 되었고, 이집트는 이스라엘 소비 가스의 약 40%를 담당하는 최대의 천연가스 공급자가 되었다.

2010년 이집트 운동가들은 이스라엘에 판매되는 가스의 가격이 너무 낮다고 주장했지만, 무바라크 행정부는 이러한 생각들을 거부했다. 2011년 이집트 쿠데타 이후, 이집트 국민들은 정치적인 이유로 이스라엘로 가스의 공급을 중단하라는 요구를 했다. 그 후 몇 달 동안, 북부 시나이를 가로지르는 육로에서 수십 건의 방해 행위가 이스라엘에게 경제적으로 해를 끼치려는 테러리스트 조직들에 의해 자행되었다. 방해 행위는 가스의 흐름을 간헐적으로 중단하는 데 성공했지만 요르단, 시리아, 레바논으로도 가스 공급이 중단되는 결과를 초래했다. 이스라엘 전력 회사는 회사 예산보다 수십억 달러가 더 드는 비용으로 석유와 석탄을 수입해야 했다. 이스라엘 전력 회사는 전기료의 급격한 인상을 승인할 수밖에 없었고, 이로 인해 이스라엘 경제는 수십억 달러의 피해를 입었다. 2012년 이집트는 이스라엘에 가스를 판매하기로 한 합의를 일방적으로 취소한다고 공식적으로 발표했다.

경제적 기적

2009년 초에 이스라엘 해안에서 타마르 가스 저장고(Tamar Gas Reservoir)가 발견되었고, 2010년 말에는 리바이어던 저장고(Leviathan Reservoir)도 발견되었다. 타마르 저장고는 약 306 BCM, 리바이어던 저장고는 약 622 BCM으로 21세기의 첫 10년 동안 깊은 해저에서 발견된 저장고 중 세계에서 가장 큰 천연가스 매장량이 되었다. 카리시(Karish)와 타닌(Tanin)과 같은 여러 작은 저장고의 추가적인 발견으로 약 980 BCM의 누적 가스 매장량이 발견되었으며, 몇 년 안에 이스라엘은 세계 가스 매장량의 0.5%를 보유하게 되었다. 이는 별 것 같지 않게 들릴지 모르지만, 전문가들은 미래의 전기 소비를 계산할 때 이 매장량들은 이스라엘이 앞으로 수십 년 동안 사용할 충분한 양이라는 데 동의한다.

가스 발견은 게임의 규칙을 극적으로 바꿨다. 이스라엘은 에너지 수입에 기반을 둔 나라에서 점점 더 자국 자원의 에너지에 기반을 두고 미래에는 가스를 수출할 수 있는 나라가 되었다. 가스를 발견하는 것은 또 다른 축복을 가져다 주었다. 석유나 석탄과 달리 가스는 상대적으로 깨끗한 에너지 자원이다.

2016년 6월 헤르츨리야(Herzliya) 회의에서 유발 슈타이니츠(Yuval Steinitz) 에너지부 장관은 "우리의 추정과 미국과 유럽 에너지 위원회의 추산에 따르면, 우리는 아직 발견되지 않은 2,200 BCM의 가스를 더 가지고 있습니다. 그것은 다른 4개의 리바이어던 저수지 또는 8개의 타마르 저수지와 같은 양입니다."라고 말했다.

다양한 추산에 따르면, 로열티 및 직접세와 간접세로 인해 향후 30년 동안 이 가스 저장소로부터 발생하는 정부 수입은 약 800억 달러에 이를 것으로 예상된다.[131]

주목해야 할 점은 유럽을 중심으로 이스라엘과 천연가스의 대규모 소비국 사이의 거리가 멀어 이스라엘은 '에너지 섬'이며, 천연가스를 쉽게 수입하거나 수출하기 어렵다는 것이다. 거리가 멀어지면 더 긴 파이프가 필요하다. 2016년 9월에 열린 장관급 협의에서 중·서유럽 국가로의 가스 수출과 관련하여 이스라엘, 그리스, 키프로스는 이 공동 가스관을 어떻게 추진할 것인지에 대한 지침을 개발했다. 키프로스에서도 대규모 매장량이 발견되었으며, 그리스가 이 파이프라인의 유럽 진출 거점이 될 것으로 추정된다. 키프로스와 이스라엘로부터 가스를 수입하여 가스 공급원을 다양화하려는 유럽연합이 자금 지원을 하는 이 파이프라인에 대한 경제 및 공학적 타당성 조사가 완료되었다는 점에서 논의는 중요했다.

하지만 그 지역에는 소비자들도 있다. 2016년 9월, 리바이어던(Leviathan) 파트너십은 요르단의 국가 전력 회사(National Electric Company)와 15년 동안 약 100억 달러 규모의 가스 계약을 체결했다. 추정에 따르면, 기본 가스 계약은 45 BCM(리바이어던 저장고 가스 매장량의 약 7%)에 달할 것으로 예상된다. 이를 위해, 제즈릴 밸리(Jezreel Valley)와 베이트 시안(Beit She'an) 지역을 관통하는 파이프라인이 건설될 것이고 요르단 전력 회사(Jordan Electric Company) 소유의 파이프에 연결될 것이다. 요르단 사람들은 이 가스가 매년 약 6억 달러를 절약할 것이라고 추산한다. 가스 공급은 리바이어던 저장고의 공급 개시와 천연가스 수송에 필요한 시스템 완성을 시작으로 진행될 예정이다. 튀르키예로의 수출을 위한 추가적인 계획도 논의되고 있다.

2017년 기준으로 이스라엘 에너지 소비의 65%가 자체 에너지원에서 나온다. 자체 공급원의 90% 이상이 타마르 저장고의 천연가스를 기반으로 한다. 이스라엘 전력 회사는 이스라엘 에너지 소비의 약 60%를 제공하고, 이스라엘이 생산하는 총 전력의 약 50%를 생산하기 위해 민간 전기 공급자들과 대규모 발전소들은 90%가 넘는 비율로 그들이 필요로 하는 전기를 위해 천연가스를 사용한다.[132]

이스라엘의 지도자들은 다른 방식으로 생각을 시작할 수 있다. 전기를 절약하려는 국가의 관점에서, 전기가 상대적으로 저렴해지기 때문에 깊고 황량한 네게브 지역(도시 지역이 없어 오염을 견딜 수 있는 곳)에 석유화학과 알루미늄과 같은 에너지 집약적인 공장을 설립하도록 장려할 수 있다. 이스라엘은 석유화학과 알루미늄 제품을 수입하는 국가에서 이를 수출하는 국가로 전환할 수 있다. 미래에 이스라엘 교통 부문도 이를 활용하여 가스를 이용하는 대중교통을 구축할 수 있을 것이다. 2020년에는 가스 발전 시설이 총 13,500메가와트의 용량으로 운영될 것으로 예상된다. 약 4,800메가와트의 석탄 시설은 여전히 남아 있을 것이다.

이런 맥락에서 2013년 이후 이스라엘의 지속적인 전력 수요 증가 속도가 느려진 반면, 다른 한편으로는 민간 전력 생산업체의 생산 능력은 꾸준히 증가하고 있다는 것은 흥미로운 사실이다.

배럴의 가격

이스라엘은 고유가가 경제적인 문제일 뿐만 아니라 지정학적인 문제이기도 한 소수의 국가 그룹에 속해 있다. 그러한 이유는 석유가 자국의 적들을 부유하게 만들기 때문이다. 예를 들면 이 그룹에는 가스와 석유의 거대 보유국인 러시아로부터 위협을 받는 동유럽 국가들이 포함된다. 이란뿐만 아니라 몇몇 아랍 국가들과 석유 수출국들은 이스라엘의 적이었고 여전히 이스라엘의 적이다. 여기에 이들 국가 중 일부가 세계 최대의 무기 수입국이라는 사실까지 더해지면, 이스라엘이 가능한 한 낮은 석유 가격을 선호하는 것은 당연하다.

산유국들이 더 편집증적으로 대규모 군대를 보유하고 있는 이유는 풍부한 석유 매장량을 보호해야 하기 때문일 것이다. 국내총생산(GDP)의 80%가 석유에서 나오는 리비아는 GDP의 8%를 국방비에, 제품의 45%가 석유 기반인 사우디아라비아는 GDP의 12%를 국방비에 투자한다. 국가 전체 수입 중 42%가 석유 수입인 이라크는 5%를 안보에, GDP의 26%가 석유 수입인 이란은 이라크와 비슷한 비율을 안보에 투자한다. 전 세계의 수치를 비교하자면 GDP에서 차지하는 세계 평균 석유 수입은 3%이고, 세계 국방비는 GDP의 1.7%이다.[133]

따라서 유가가 2014년 중반 평균 100달러 수준에서 이후 배럴당 평균 약 50달러 수준으로 자유낙하한 것이 경제적 및 지정학적 측면에서 이스라엘에 도움이 된다는 것은 놀라운 일이 아니다. 이스라엘은 사우디아라비아와 직접적인 군비 경쟁을 벌이고 있지는 않지만, 2015년 10월 말 기준으로 유가가 이 수준을 유지한다면 세계 3위 산유국(미국, 러시아에 이어)의 외환 보유액이 6,600억 달러에서 2020년까지 제로 수준으로 떨어질 것이라는 IMF의 전망이 나온다면 나쁠 것이 없다. 2015년부터 2017년까지 전 세계 산유국들은 연간 약 3,600억 달러의 손실을 입었다는 점에 주목해야 한다. 제재 체제에서 벗어나 서방 시장에 석유를 수출하기 위해 복귀한 이란도 역사적으로 적당한 이 가격 때문에 축하할 수는 없는 상황이다.

리비아와 이라크는 또 다른 걱정거리들을 가지고 있다. 리비아는 분열된 후 더 이상 국가라고 부를 수 없고, 다양한 부족들이 그 부분을 통제하고 유전 지대를 놓고 다툰다. 이라크의 상황 또한 불안정하다. 북부의 쿠르드족은 그들 자신이 만든 자치권을 통제하고 자체적으로 석유 수출을 하면서 생긴 수입을 바그다드의 중앙 정부로 이전하지 않는다. 따라서 수니파와 시아파 간의 세계 전쟁의 중심에 있는 이 해체된 국가는 상당한 석유 수입을 잃었고 계속해서 손실을 보고 있다.

배럴 당 석유 가격 하락의 주요 원인은 가스와 석유의 셰일 혁명 이후 미국이 세계 최대 에너지 생산국으로 변모했기 때문이다. 이스라엘과 관련한 결의안 문제가 불거졌을 때, 석유 생산국들이 유엔 기구

투표에 미치는 영향 등 여전히 교역 상대국의 외교 정책에 미치는 막대한 영향력의 중요성을 미국이 과소평가하기는 어렵다. 도널드 트럼프의 대통령 당선은 미국의 석유와 가스 생산업체들을 강화시켰다.

두 번째 방정식은 유가 하락으로 인한 이스라엘의 경제 상황 개선과 관련이 있다. 오늘날 이스라엘은 주로 운송 목적으로 석유 증류액을 수입하고 있다. 이스라엘 경제는 주유소 휘발유 가격이 내려가고, 대중교통 요금이 인하되고, 운송 회사들이 돈을 절약하면서 바로 새로운 상황을 맞이하고 있다.

전기가 흐른다

이스라엘은 에너지가 넘치는 섬이다. 다른 많은 나라들과 달리, 이스라엘과 이웃 국가들 사이에는 전력선이 없다. 이 회선들의 목적은 주로 시스템에서 발생할 수 있는 피크 시간대나 오작동을 지원하는 것이다. 이것은 필요할 때 다른 나라의 지원 없이 지속적인 전력을 공급하기 위해 노력하는 이스라엘 전력 회사에게는 큰 도전이다. 이스라엘의 피크 전력 소비는 2015년 8월 3일에 12,800 메가와트에 달했다. 그러나 언론이 약간의 패닉에 빠졌음에도 불구하고, 이 소비량은 이스라엘 전력 회사와 민간 생산 회사의 생산 능력인 15,000 메가와트에 한참 못 미치는 수준이었다.

누군가는 이스라엘 대중이 심리적으로 장기적 전력 공급 중단에 익숙하지 않다고 말해야 한다. 그 이유는 무작위적인 정전은 일반적으로 몇 시간 내에, 예외의 경우 며칠 내에 이스라엘 전력 회사 직원들에 의해 해결되고 있기 때문에, 경제에 미치는 피해는 무시할 수준이다.

어쨌든 전력 보유량은 최고 수요보다 약 25% 이상을 여유분으로 가져가며 꾸준히 증가하고 있다.[134] 2006년 가자지구의 하마스나 헤즈볼라가 발전소를 겨냥해 로켓과 미사일을 발사했을 때도, 발전소와 응급팀이 숙련되었기 때문에 정전은 없었다. 어쨌든 2011년부터 아이언돔 미사일 시스템이 등장해 피해를 최소화했다.

재생 에너지

데이비드 벤구리온(David Ben-Gurion) 초대 총리는 1955년에 재생 에너지를 구상했다. "우리의 과학자들과 연구는 값싼 공정으로 바다를 달구고, 우리나라 특히 네게브(Negev) 지역에서 태양 에너지를 이용하고, 바람을 이용하여 전력을 생산하는 새로운 연구 분야에 집중해야 합니다."

이 분야의 주요 기업인 시쿤 앤드 비누이(Shikun & Binui) 그룹의 최고 재무 책임자인 탈 라즈(Tal Raz)는 "지속 가능성의 개념, 무엇보다 가장 먼저 재생 가능 에너지의 개념이 많은 이스라엘 기업의 깃발에 새겨져 있습니다."라고 말한다. "우리는 환경적인 이유와 이스라엘 경제의 강화를 위해 선진화된 전기와 재생 에너지 전략을 촉진하기로 했습니다." 다양한 재생 에너지 프로젝트가 이스라엘 네게브 전역에 분산되어 있다. "현재 건설 중인 네게브에 대형 태양열 발전소 건설을 위한 아샬림(Ashalim) 프로젝트는 110 메가와트를 제공하고 약 10억 달러의 비용이 소요됩니다. 이는 진정으로 벤구리온의 비전을 실현하는 것입니다."라고 라즈는 이야기한다. "이 시설은 환경 분야에서 높은 국제 표준에 의해 유지되고 있으며, 직원 권리를 보호하고, 이해관계자와 가치를 공유하며, 이 지역 주민들의 일자리와 경제 발전을 창출하고 있습니다."

이스라엘은 2010년 OECD에 가입하면서 2015년까지 전체 에너지 부문의 최소 5%를 재생 가능 에너지에 기반을 두겠다고 약속했다. 실제로 그 목표는 그보다 늦게 달성되었다. 2020년까지 10%에 도달하겠다는 OECD의 약속은 현실적으로 보이지 않는다. 재생 가능 에너지 프로젝트를 관리하는 GE 이스라엘의 선임 엔지니어인 이스라엘 로젠(Israel Rosen)은 "이는 달성할 수 없는 목표입니다."라고 말한다. 상대적으로 깨끗하고 저렴한 에너지 자원이며, 이스라엘 소비자에게 비싼 재생 가능 에너지에 투자하려는 정부 관료들의 열정을 차갑게 만든 가스의 발견만으로는 목표가 달성되지 않을 것이라고 설명할 수 있다.

태양 에너지

이스라엘에서 재생 가능 에너지원에서 나오는 대부분의 전기는 태양 에너지로 생산된다.[135] 이들은 태양광 발전 생산 주체이며, 2017년 기준으로 여름 수요가 최고조에 달할 때 생산량이 약 600 메가와트에 이른다. 작은 필드의 몇 메가와트에서 큰 필드의 수십 메가와트까지 약 25개의 필드가 태양 에너지를 제공한다. 태양 에너지 생산은 낮과 계절의 태양 복사 강도에 따라 다르며 구름, 안개 및 기타 교란의 영향을 받는다. "영원한 태양의 땅" 네게브에 태양광 필드가 설치되어 겨울에도 높은 수확량을 공급할 수 있다. 태양광 발전에 대한 세금은 이들 필드에서 생산된 전기를 일정 비율로 구입해야 하는 의무가 있을 때 보조된다. 보조율은 전 세계 태양광 패널의 가격과 설치 비용이 감소함에 따라 수년에 걸쳐 점차 감소하고 있다.

거의 모든 집의 지붕에 있는 "태양열 보일러"를 모르는 이스라엘 사람은 없다. 이 열사이펀 시스템은 이스라엘의 특허인데, 태양 광선을 이용하여 물을 고온으로 가열하여 많은 양의 전기와 에너지를 절약하는 방식이다. 이스라엘은 이미 1970년대에 모든 신축 아파트의 지붕에 태양열 온수기를 설치하는 구속력 있는 법안 덕분에 다른 어떤 나라보다 태양 에너지를 잘 활용한 나라였다. 이 법안은 아랍의 석유 금수 조치에 따른 에너지 위기의 결과로 1976년에 제정되었다. 이것은 필요성에 따라 새로운 시도가 성공한 이스라엘의 흥미로운 사례다. 크네세트 연구 및 정보 센터의 자료에 따르면, 2012년에 이스라엘 전체 가구의 85%에 태양열 온수기가 설치되었고, 이를 통해 가정의 전기 소비가 약 80%, 전체 전기 소비의 약 4%가 절약되었다.

***

세계가 태양 에너지를 생각하기 전인 1950년대에 이 분야를 개발하고 이스라엘에서 태양 에너지 활용을 이끈 선구자는 해리 즈비 타보 (Harry Zvi Tabor) 박사였다. 연구와 응용 분야에서 국제적으로 인정을 받은 그는 1955년에 태양광 흡수를 위한 검정색 코팅과 태양열 방출 방지 기술을 개발했는데, 이것은 이스라엘 태양광 기술의 첫 번째 돌파구였다. 즉 덜 효율적인 거울 기술에 비해 태양 에너지 흡수 효율을 크게 높인 선택적 표면의 개발이 큰 역할을 했다. 이것은 이스라엘을 태양열 기술 분야의 세계적인 리더로 만들었고, 지중해와 호주 및 기타 많은 국가에서 태양열 온수기의 광범위한 사용을 허용했다. 이는 대기 오염을 줄이고 석유에 대한 정치적, 경제적 의존도를 감소시켰다. 21세기 초부터 중국은 거의 1억 개의 태양열 온수기를, 인도는 약 3천만 개의 태양열 온수기를 특히 이들 국가의 햇볕이 잘 드는 지역에 보급한 것으로 추정된다.

3차 혁명: 인프라와 교통

많은 경제학 연구에서 인프라 투자가 장기적인 성장을 가져온다는 명확한 증거를 제시하고 있다. 전기, 도로, 항만과 공항, 수자원 시스템, 통신과 같은 일반적인 인프라 프로젝트는 현대 경제학의 기초다. 인프라에 1달러를 쓸 때마다 향후 수익이 1달러 이상 발생하기 때문에 이들은 승수 효과가 있다. 예를 들어 발전소를 건설할 때 아이디어는, 발전소 건설 활동을 통해 고용을 창출할 뿐만 아니라 에너지를 활용하려는 사람들을 위해 발전소 주변에 산업 기반을 조성하고 미래 수익이 총 지출보다 더 많을 것이라는 데 기반한다. 이때 인프라 투자의 승수 효과는 선진국보다 개발도상국에서 더 높다는 점이 강조되어야 한다.

이스라엘은 상하수도 시스템의 설치와 개선, 전력원의 다양화, 통신 인프라의 추가, 추가 공항과 두 개의 항구에 대한 철도 및 도로의 건설 등 모든 유형의 인프라 프로젝트를 추진한다. 투자된 금액은 매년 수백억 세켈에 달한다. 인프라 프로젝트는 항상 그리고 오랫동안 진행되고 있기 때문에, 주변의 끝없는 공사는 이스라엘 사람들 모두에게 정상적인 현상으로 여겨진다. 그러나 이것은 이스라엘을 경제적으로 발전시키고 2035년에 1,150만 명의 주민(2017년 875만 명과 비교했을 때)을 지원할 인프라를 건설하는 혁명이다.[136]

"사막에 대한 승리"라는 하위 섹션에서 우리는 담수화와 오수의 재활용과 같은 물 인프라에 대한 투자 수익을 보여주었다. 에너지 장에서 우리는 이들 분야에 대한 투자 수익을 보여주었지만, 다른 투자 분야도 있는데 주요 투자 분야는 교통 인프라다. 이스라엘의 교통 인프라는 혁명의 한복판에 놓여 있지만, 이 책을 쓰는 시점에도 여전히 국제적 요구에 비교하면 뒤떨어져 있다. 부족함에 따른 개선점은 육상, 해상, 항공 운송 분야에 존재한다. 그러나 최근 몇 년 동안 시작된 보완 정책은 경제에 큰 가치를 가져올 것이다.

육상 교통

이스라엘은 길고 좁은 나라로 텔아비브라는 한 도시가 경제활동의 상당 부분을 차지하고 있다. 텔아비브로 들어가고 나가는 데 문제가 많다. 이스라엘에서는 저렴한 신용으로 차를 구매할 수 있기 때문에 매년 차량의 대수가 늘어난다. 웨이즈(Waze)와 같은 어플리케이션의 기여에도 불구하고 끝없는 병목현상을 막을 수가 없다. 도로와 철도 인프라의 개발은 성장과 삶의 수준 향상의 전조이며, 사람들이 이동을 통해 상당 부분 자유로움에서 오는 행복을 느끼게 한다.

일반적으로 도로에 추가로 경로를 만드는 것은, 근로자들이 길에서 시간을 낭비하지 않고 시간을 절약함으로써 기업의 생산성으로 연결될 수 있다고 알려져 있다. 하지만 많은 연구자들은 이에 동의하지 않는다. 특히 도로와 철도 기반 시설 측면에서 현대 경제의 성장과의 연결고리를 찾지 못했다는 연구들이 있다.[137] 대부분의 현대 국가에서는 이러한 기반 시설의 많은 부분이 이미 존재하고 있고, 운송 경로를 몇 배로 늘리는 데 소요되는 거대한 재정적 투자가 기대하는 성장을 보장하지 않는다.

최근 몇 년 동안 이스라엘의 도로에 대한 투자는 인터체인지의 추가와 기존 인프라 개선에 초점을 맞추어 다른 국가에 비해 높은 규모에 도달했다. 이는 여행의 편안함과 속도에 기여하고 도로 사고 건수의 감소에 기여하고 있다.[138] 도로 기반 시설 투자에 대한 동향을 분석한 결과, 최근 몇 년 동안 중부 지역에 대한 투자는 감소하고 주변부에 중점을 두어 하이파 및 북부 지역뿐만 아니라 남부 및 예루살렘에 대한 투자가 증가하고 있다. 그러나 자가용 구매가 꾸준히 증가하고 있다는 점에 비추어 볼 때 이러한 확장은 여전히 충분하지 않다.

　　이 문제의 해결책은 대중교통을 늘리는 것이지만 2000년부터 2014년까지 자가용으로 이동하는 비율은 연간 약 4% 늘어난 반면, 대중교통(고정된 버스 노선의 좌석 수와 버스의 수 기준)의 양은 2% 증가하는 데 그쳤다. 이 비율은 대중교통의 주요 소비자인 15세 이상 인구의 증가 비율과 비슷한 수준이다. 그러나 이러한 특성은 최근 3년 동안 개선되기 시작했다.

　　이스라엘 영토 대비 열차의 선로 길이는 OECD 국가의 평균에 약간 못 미치고 있다. 1990년대 이후 철도에 대한 투자가 증가했고 이에 따라 열차 이용도 증가했다. 그러나 아직 철도망은 상대적으로 부족하고, 이스라엘은 열차 이용과 도로 이용 비율에 있어서 선진국의 중간값보다 낮은 것이 현실이다. 모든 대중교통 분야와 마찬가지로 철도 분야에서도 네트워크를 구축하면 상당한 이점이 있기 때문에 추가적인 투자가 더 큰 한계 이익을 가져올 수 있다.

　　수년 동안 철도 운행 일정의 정확성에 대한 비판이 있었는데, 이는 당시로서는 정당한 주장이었다. 오늘날 이스라엘 철도의 부정확성은 많이 개선되었다. 이스라엘 철도는 시간표를 맞추는 것에 있어서 성능을 크게 향상시켰고, 선진국에서 인정된 기준에 부합한다. 2005년 과 2015년 사이에 기차를 타고 이동하는 승객의 여행 횟수가 2천7백 만 회에서 5천3백만 회로 증가했음에도 불구하고, 국제적인 척도로 측 정한 기차 도착의 정확도는 83.8%에서 95.4%로 증가했다. 이는 세계 에서 가장 높은 수준에 속하는 스위스와 독일의 정확도와 비슷한 수준 이다.[139]

후삼 비샤라(Husam Bishara) 철도 회장은 "철도는 교통 혁명에도 기여하고 있습니다."라며 "최근 몇 년간 철도는 이동 시간을 단축하고 열차의 빈도와 정확도를 높였으며, 승객 수는 2020년에는 두 배로 늘 어나 약 8천만 명에 이를 것으로 예상됩니다."라고 덧붙였다. "철도 서 비스 개선은 업무 방식의 간소화, 노동자 위원회 기능의 중요한 발전, 열차와 기관차 관리에 대한 집중에 기인하며, 특히 신기술을 서비스 개선에 활용했기 때문입니다."라고 비샤라는 말한다.

대도시 교통

거창한 계획에도 불구하고 일부 대도시권을 중심으로 대중교통이 여전히 부족한 실정이다. 대중교통 수준을 평가한 연구에서 OECD 23 개국 41개 대도시권을 대상으로 대중교통 이용 실태를 조사했다.[140] 이스라엘 수도권 중 텔아비브와 비어셰바 2개 지역의 대중교통 이용은 OECD 국가에서 관행적으로 사용하는 수준과는 거리가 있는 것으로 나타났다.

이스라엘이 최근 몇 년간 대도시 지역의 교통 문제를 다루기 위 해 내놓은 개정안 중에는 하이파의 메트로닛(Metronit), 예루살렘의 경전철, 텔아비브에 건설 중인 경전철 등이 있다.

교통의 두 가지 혁명 중 하나는 자전거 타기다. 도시의 도로들은 조금씩 자전거로 채워지고 독특한 길들이 만들어진다. 그것들은 그 도시에서의 출퇴근과 잠깐의 쉬는 용도로 그리고 거주의 중심지를 돌아다닐 수 있는 안전하고 친근한 방법이다. 공동 셔틀은 규제 장벽이 계속되는 가운데 초기 개발 단계에 있으며 점점 더 많은 기술이 접목되고 있다.

해상 교통

현대의 해운과 항구는 한 나라의 무역 환경의 중요한 부분이며 필수적인 생존적 조건이다. 항구의 효율성은 도로, 철도, 그리고 항구에 도달하는 상품을 위한 보관 창고 등 육상 인프라의 수준과 그 운영에 수반되는 통신 및 물류의 품질에 달려 있다. 육상 교통과 인프라가 발달한 나라만이 효율적이고 현대적인 항구의 존재를 가질 수 있다.

해상 운송을 통해 이스라엘을 오가는 승객들의 이동은 국제적인 측면에서 희박한 것으로 여겨진다. 이 항구의 중요성은 이스라엘의 항구를 통해 약 99%의 상품이 수출입되고 있다는 사실과 관련이 있다.[141] 연간 약 7,000만 톤의 수출입 물량 중 2억 7,000만 톤이 연료와 석탄이다. 두 품목은 대부분 하데라(Hadera)와 아쉬켈론(Ashkelon) 에너지 항구 그리고 아일라트(Eilat) 항을 통해 이루어진다. 이스라엘 상품의 대외 무역 규모는 2015년에 1,300억 달러로 추산되며, 이 중 수입은 약 700억 달러이고 수출은 약 600억 달러 규모다.

"우리의 비전은 이스라엘이 다른 목적지로 가는 항구의 역할을 하는 허브이자 지역 중심지가 되는 것입니다. 이것은 이스라엘의 세계화, 그 지역 내 위상, 고용 측면에서의 의미, 그리고 이스라엘의 땅에 많은 가치를 가져올 것입니다."라고 아슈도드(Ashdod) 항구의 CEO인 아이작 블루멘탈(Isaac Blumenthal)은 그가 이스라엘 국가의 장기적인 비전에 전념하고 있다고 덧붙였다. "항구의 CEO로서의 저의 헌신은 시민으로서의 헌신과 일치합니다."

정부는 항구의 경쟁력을 높이기 위해 아슈도드항과 경쟁할 남부항을 신설하고, 하이파 항과 경쟁할 만항(Bay Port)을 신설하기로 결정했다. 이 개혁은 본격적으로 진행되고 있다. 아슈도드에서의 입찰은 네덜란드 기업 TIL이 수주했고, 중국 기업 차이나 하버(China Harbor)가 공사를 진행하고 있다. 하이파에는 샤피르 엔지니어링(Shafir Engineering)과 애쉬트롬(Ashtrom)의 합작회사가 공사를 진행하고 있고, 운영 입찰은 중국 기업 SIPG가 수주했다. 항만의 예상 운영일은 2021년이다.

항공 교통

벤구리온 공항 2000 프로젝트는 운송 인프라의 능력을 더욱 향상시키기 위해 이스라엘의 주요 공항이자 거의 독점적인 공항에서 승객들의 출입국을 처리하는 능력을 변경했다. 일란(Ilan) 공항과 아사프 라몬(Assaf Ramon) 공항은 2018년 벤구리온 국제공항의 제2공항 역할을 할 것이다. 이 공항들은 국내선과 국제선 항공편에 사용될 것이며, 주로 유럽을 오가는 대형 제트기가 이륙할 수 있도록 기능할 것이다. 또한 미국과 극동과 같은 더 먼 목적지로 운행하는 항공편에도 사용될 것이다. 신규 공항들은 친환경 개념에 기반하여 건설된다. 예를 들어

터미널 중심부에 일종의 파티오 같은 장식용으로 복합 건물을 건설하기로 결정했으며, 이 복합 건물은 냉각 공기에서 응축되는 물을 축적할 수 있는 냉각 시스템을 갖출 것이다. 환경 경관의 조성은 여러 관개 시설이 필요로 하지 않은 지역 사막 식물을 기반으로 할 것이다.

***

인구, 에너지, 교통에서 진행 중인 3가지 혁명은 아직 그 효과를 다 발휘하지 못했고, 계속해서 힘을 실어줄 필요가 있다. 이미 시작되어 활발히 진행되고 있는 프로젝트도 마찬가지고, 아직 자리를 잡지 못하고 혼란스러운 프로젝트도 마찬가지다. 상대적 이점과 새롭게 등장하는 혁명의 만남이 만들어지면 이스라엘 사회와 경제 상황은 이미 존재하는 좋은 상황보다 훨씬 나아질 것이라는 데는 의심의 여지가 없다.

14 과제 — 해야 할 일이 아직도 많다

투덜대지만 전진한다

막테심 아간(Makhteshim Agan)의 전 CFO이자 현재 기업가인 앨리 아스라프(Eli Asraf)는 "현재 상황에 대해 만족한다면 변화를 일으킬 수 없습니다."라고 하며, 기업과 국가의 경쟁우위 연구로 유명한 마이클 포터(Michael E. Porter) 교수의 말을 인용한다. "불만족은 경쟁우위의 원동력이고, 자만심은 이를 마비시키는 원동력이다." 이와 같은 인식은 현 상황에 대한 불만을 표출하고, 이스라엘 경제와 사회에 인상적인 힘을 가지고 앞으로 나아가고 있는 이스라엘인들의 국가적 특성 중 하나이다.

기업들은 세상에 만족하지 않고, 성장하고 수익을 개선하기를 원한다. 언론도 만족하지 않으면서, 많은 발견을 통해 더 큰 영향력을 원하고 있다. 노동자들은 만족하지 않고, 임금을 올리고 노동조건을 개선하기를 원한다. 불행한 부모들은 자신의 아이들이 최고가 되기를 원한다. 이스라엘 사람들은 병원에서 더 나은 대우를 원하고, 음식이 더 맛있고, 몸은 건강하기를 원하고, 인터넷이 더 빨라지기를 원한다. 우리는 지도자들이 정직하고 똑똑하며 강하고 세심하기를 바란다.

탁월함에 대한 열망은 보상도 있지만 대가도 따른다. 만족하지 못하는 사회는 발전하고 성취하는 사회이다. 다른 한편으로는 정치인이 감옥에 갈 때마다 회색빛을 걸게 물들이고 스스로를 부패한 국가로 규정하는 사회이며, 사람들이 다른 곳으로 이주하여 더 잘 살고자 하는 사회이기도 하다. 이것은 이스라엘 대중들 사이에 만연한 분위기이며, 누구나 이를 인식하고 느끼고 있다.

앨리 아스라프(Eli Assraf)의 아버지는 "자랑스럽게 돌아보고, 열성적으로 앞을 바라보라."라고 말씀하시곤 했다. 경각심은 상황을 개선하는 힘을 가지고 있다. 자부심은 여러분에게 최고를 성취할 수 있다는 지식을 줄 수 있는 유일한 것이다.

영국으로 여행하던 키부츠 출신의 한 노인은 여왕의 궁전 중 한 곳의 아름답게 잘 가꾸어진 정원을 보고 감동을 받았다. 그가 왕실 정원사에게 그 비밀이 무엇이냐고 묻자 "저는 물을 주고, 비료를 주고, 잔디를 깎습니다."라고 대답했다.

"저도 그렇게 합니다. 하지만 당신의 잔디밭이 훨씬 더 좋아 보이네요."라고 노인이 말했다.

"몇 년째 이 일을 하고 있나요?"라고 그 영국인이 물었다.

"40년째 이 일을 하고 있어요."라고 그 이스라엘인이 대답했다.

"우리는 400년째 이 일을 하고 있어요."라고 정원사가 그에게 말했다.

이 이야기는 가능한 영역과 시간이 의미를 갖는 영역을 구분하지 않고 매우 짧은 시간 안에 우수한 결과를 요구하는 이스라엘의 접근 방식을 잘 보여준다.

우수한 국가 지위를 갖고자 하는 이스라엘의 조급한 요구는 OECD 가입의 맥락에서도 찾을 수 있다. 2010년 이스라엘은 세계 30대 국가들의 클럽에 가입했다. 다른 국가들과 비교한 결과 이스라엘은 대부분 중간 수준에 위치했고, 어떤 부분은 약간 높았으며, 어떤 부분은 중간보다 약간 낮았다. 그 결과는 확실히 합리적이지만 이스라엘 사람들의 눈에는 그렇지 않다. 이스라엘이 상위 3위 안에 들지 못하는 비교 자료가 발표될 때마다 이스라엘 사람들은 영혼 깊숙이 모욕을 당하는 느낌을 받는다. 이스라엘은 성장을 표현하는 여러 분야에서 높은 순위를 차지하고 있지만, 이 수치들이 덜 호의적일 경우 느끼는 끔찍한 모욕을 보상해 주지는 못한다. 이스라엘 사람들은 평균이 되는 것을 원하지 않는다. 그들은 모든 분야에서 그리고 즉각적으로 최고가 되기 위해 노력한다.

이스라엘 건국 이후 이처럼 짧은 시간 안에 OECD 가입은 칭찬할 만한 성취임에 의심할 여지가 없다. 그것은 또한 부담스럽고, 억압적 상황을 만들 수 있으며, 때로는 원치 않는 결과에 낙담하게 만들 수도 있다. 균형, 시야, 냉정함, 그리고 인내심은 이스라엘인들이 개선해야 할 부분이다. 그들은 원하는 만큼 잘하지는 못할지 모르지만, 그들이 생각하는 것보다 훨씬 뛰어나다.

윤리적 과제

이스라엘 대중에게 때로는 문제가 있는 것처럼 보여도 이스라엘은 모든 사람이 합법적인 재판을 받을 수 있고, 법 위에 군림할 수 있는 사람은 있을 수 없으며, 누구도 법에서 면제되지 않는다는 사실이 엄청난 사회적 힘으로 작용한다. 이스라엘 사람들은 다른 사람들보다 더 부패하지 않고, 다른 사람들보다 더 정의롭지도 않다. 그들은 지혜와 성숙함뿐만 아니라 이를 처리할 수 있는 대중의 힘도 가지고 있다.

포브스는 많은 경제학자들이 신뢰가 가난한 나라와 부유한 나라 사이의 차이를 설명하는 요인이라고 믿는다고 했다.142 이 접근 방식은 10년 넘게 이 문제를 연구한 세계 은행의 수석 경제학자 스티브 낵 (Steve Knack)에 의해 제시되었다. 신뢰의 경제적 가치는 직접적인 안전 에서부터 물리적 또는 디지털 분야의 안정성 그리고 정부 시스템의 기능 개선에 이르기까지 많은 요소를 포함한다. 무엇보다도 신뢰를 바탕으로 사업을 영위하는 기업은 부를 창출한다. 신뢰는 우리가 낯선 사람들에게 신용카드 번호를 줄 수 있을 뿐만 아니라 우리가 본 적이 없는 사업에 투자하고, 멀리 떨어져 있는 사람 또는 파트너들과 계약을 체결할 수 있게 한다. 서로에 대한 개인적인 신뢰와 지역 및 국제 시스템에 대한 사회적 신뢰는 모두에게 경제적 가치를 창출하며 서로 얽혀 있다.

행동경제학 연구자인 댄 애리얼리(Dan Ariely) 교수는 그의 저서143에서 엔론(Enron)이 파산한 지 몇 달 후인 2002년에 부정행위라는 주제에 관심을 갖게 되었다고 말한다. 우리 모두는 속임수를 쓰지만 그것이 도덕적이고 품위 있는 사람들로서 우리 자신의 눈에 우리의 양심과 이미지를 벗어나는 정도까지는 아니라고 애리얼리 교수는 말한다. 상식적인 범주를 벗어나는 것은 어려운 문제에 대한 혁신적인 해결책을 찾을 뿐만 아니라, 법을 우회하고 우리의 이익에 도움이 되는 방식으로 정보를 해석할 수 있는 능력을 가진 창의적인 사람들에게 흔히 발생한다. 그에 따르면, 한편으로는 창의성의 긍정적이고 바람직한 측면과 다른 한편으로는 창의성의 어두운 측면이 결합하여 우리를 문제의 국면으로 몰아넣고 있다고 한다. 애리얼리 교수는 또한 사람들이 자신의 나라가 다른 나라들보다 훨씬 더 기만적이라고 믿는 경향이 있다고 주장한다. "저는 이스라엘에서 자랐기 때문에, 세계의 다른 곳들에 비해 얼마나 많은 이스라엘인들이 부정행위를 하는지를 보고 특히 흥미를 느꼈습니다. 저는 실험을 하기 전에는 이스라엘인들이 미국인들보다 더 많이 부정행위를 할 것이라고 예상했습니다. 하지만 제가틀렸음이 밝혀졌습니다. 우리의 이스라엘 참가자들은 미국인들, 튀르키예인들, 캐나다인들, 영국인들과 같은 정도의 부정행위를 했습니다."

부패에 관해 2017년 1월부터 국제 투명성 기구(International Transparency Organization)가 발표한 기준으로 이스라엘은 28위이며, 34개 OECD 선진국 중에는 22위를 차지했다.144 이스라엘인의 눈높이에 비해 충분하지 않으며 확실히 개선할 점이 많다.

문화와 토론

심층적인 공개 토론과 교차 회의는 이스라엘 사회와 경제의 성공과 번영에 매우 중요하다. 논쟁에 대해 존중을 유지하고 공격성, 포퓰리즘, 매카시즘145을 줄이는 것은 매우 중요한 과제다.

텔아비브 대학과 워싱턴 조지타운 대학의 정치학자 요시 샤인(Yossi Shain)은 이스라엘에서 "부패라는 언어"가 종교적, 인종적 기반 위에서 문화적 투쟁의 도구가 되었다고 주장한다.146 "이스라엘의 정치적 훈계 문화는 통제 불능이 되었습니다."라고 샤인은 썼다. 이스라엘에서 부패에 대한 집착은 민주주의의 기초를 보존하는 데 필요한 비판의 한계를 넘어섰고, 그것은 국가와 경제를 운영하는 데 필요한 제동력과 균형을 손상시킨다. 광범위한 부패 담론으로부터 이익을 얻는 "도덕적 대리인"들 중에서, 샤인은 이스라엘의 "오만한 관료"와 반부패 조직을 지목했다. 샤인은 부패와의 싸움에 대한 미사여구는 탐사보도 언론인과 스캔들에 의존하는 헤드라인 사냥꾼뿐 아니라 고위 언론인, 법률 평론가, 주류 칼럼니스트들에 의해 전파되고 키워진다고 말한다. 무엇인가에 반대하는 모든 조직에는 무엇인가가 존재하고 심지어 강화되어야 한다는 본질적인 필요성에 대해 기억해야 한다. 부패에 집착하는 사회현상은 깊이 뿌리박힌 부조리다. 무엇인가가 소외되거나 사라지고 있다면 그것과 싸우는 연합이 무슨 필요가 있겠는가?

결과적으로 이스라엘 사람들은 법원이 정말로 비난의 대상이 되는지를 결정하기도 전에 언론에 등장하는 공인들에 대해 신속한 판단을 내리는 포퓰리즘적이고 폭력적인 사회에 살고 있다.

빈곤과 사회적 격차

이스라엘의 불평등은 주민들이 감당할 수 있는 수준보다 훨씬 높다. OECD 평균과 비교하면 매우 높은 수준이다. 여기에 빈곤의 차원과 사회적 격차의 강도가 더해지고, 용납할 수 없는 사회상이 이스라엘 사회의 눈앞에서 구체화되고 있다. 이는 높은 수준의 사회적 공정성을 요구한다. 흥미로운 것은 이 나라가 평등, 계급, 개인 결속이라는 영역에서 만들어진 가장 흥미로운 실험인 키부츠를 발명했다는 것이다.

불평등의 원인은 주로 노동 참여와 일에 대한 접근성의 격차뿐 아니라 일반 교육 수준과 직업교육 수준의 격차 때문이다. 이 책의 다른 부분에서 우리는 인구 빈곤의 본질과 특성 그리고 구성 요소를 언급했다. 그리고 세대를 이어가며 스스로 빠져나오지 못한 채 노예화된 빈곤의 순환을 지적했다.

***

2010년 이스라엘 정부는 전체 인구를 대상으로 2020년 고용 목표를 설정하면서, 초정통파 및 아랍인 등의 특별 인구에 대한 목표를 구체적으로 제시했다. 이에 대한 동기는 GDP 증가와 전반적인 생활 수준의 향상, 빈곤 감소 및 격차 해소에 기반하고 있다. 이들 인구의 고용은 아직도 잠재력을 실현하기에는 역부족이다. 더 많은 초정통파 유대인과 이스라엘 아랍인들이 합류할 것임에는 의심의 여지가 없다. 우리는 경제적, 사회적 그리고 도덕적 측면에서 중요한 소득격차의 감소를 더 많이 목격하게 될 것이다. 개발되고 교육된 환경 내에서 증가하는 약해지고 소외된 인구의 노동력 참여 증가는 다른 OECD 국가들의 기존 조건을 넘어서는 성과를 낳을 것이다. 이러한 목표가 결실을 맺기 위해 이스라엘은 폭넓은 국민적 공감대를 갖는 정부 정책을 시작했다. 이 계획은 민간 부문의 도움을 받아 교육과 해당 부문의 고용을 늘리는 것을 목표로 한다.

교육의 과제는 한편으로는 사회적 이동성의 열쇠 역할을 하고, 다른 한편으로는 세계에서 이스라엘의 상대적 우위를 보존하는 것이다. 국가는 지리적·사회적 주변부뿐만 아니라 중앙에서도 교육적 우수성을 육성하는 데 지속적으로 투자해야 한다. 그 지표는 연령, 종교, 성별 그리고 지리적 위치에 상관없이 각 아이가 자신의 기술을 활용할 수 있는 능력이어야 한다.

평등의 과제는 여성에 대한 동등한 급여와 권력의 위치에서 여성이 적절한 대표성을 가질 수 있도록 관심이 요구된다. 가치에 기반한다는 논리하에 존재하는 위반을 넘어서, 남녀 격차가 이스라엘의 사회와 경제에 부담이 되고 있다.

***

　　소득분배의 불평등을 측정하는 중요한 척도인 지니 지수에 따르면 이스라엘의 불평등 문제는 개선되고 있다. 화폐 소득과 비화폐 소득(예를 들면, 아파트 자가 사용으로 얻는 소득)을 측정하는 경제적 소득의 불평등을 측정할 때, 이스라엘의 불평등 정도는 2000년 51.5%에서 2015년 47.2%로 지속적으로 개선되고 있다.[147] 다시 기억해야 할 것은 추세가 중요하다는 것이다.

구조적 과제

　　이스라엘의 사업 부문에서 차지하는 고용 비용은 경쟁 국가와 비교할 때 높은 편이다. 프로그래머, 엔지니어, 생산직 근로자, 경제학자, 회계사 및 기타 중산층 근로자의 비용은 프랑스와 일본의 비용과 유사하다. 미국과 독일의 비슷한 직업과 비교할 때 표준임금의 약 85% 수준이다.

　　반면 총임금은 상대적으로 낮다. 고용주가 지급하는 비용과 근로자가 실제로 받는 급여의 차이는 국가에서 지급하는 높은 연금 지급액, 건강보험과 국민보험, 명절 선물, 기업 행사, 근로자 자녀 여름 캠프, 대중교통이 효과적이지 못해 회사가 지불하는 직원용 자동차 비용, 그리고 약자를 보호하는 대신 강자에게 혜택을 주는 히스타드루트(Histadrut) 노동조합의 비용 등에서 비롯된다.

　　따라서 사업 부문에 대한 높은 고용 비용에도 불구하고 근로자의 순임금은 상대적으로 낮은 편이다. 이 어려운 방정식은 높은 생활비로 인해 더욱 악화되며, 이것은 기업에 대한 엄격한 법률 제정의 결과이기도 하다. 소비재 기업들의 수익이 좋지 못함에도 불구하고 소매 가격은 높고, 생산자들은 높은 생산비 때문에 서서히 수입업자가 되고 있다. 훈련 비용, 지방 자치세, 노동 및 휴식법, 배상, 경비 등 이 모든 요소는 소비자 바구니의 가격을 매우 비싸게 만들고 식료품과 주택 가격 또한 비싸게 한다. 이스라엘 정부는 아파트, 자동차, 그리고 연료에 대한 세금에 탐닉해 왔다. 새 아파트 구입비의 30%는 세금이고, 차를 사거나 기름을 넣는 것의 50%가 세금이다.

2016년 OECD 보고서에 따르면 이스라엘의 높은 생활비는 식품, 은행, 전기, 가스, 철도 및 항만 산업 등 여러 분야의 독점 또는 과점 기업에서 비롯된다. 많은 부문이 정부에 의해 처리되거나 긴밀한 관리 하에 있다. 앞서 언급한 부문 중 대다수는 소비자에 대해 엄격한 보호주의 정책을 유지하는 히스타드루트 노동 연맹이 관리하는 강력한 노동자 위원회가 지배하고 있다.

그 보고서는 또한 코셔(kosher) 식품의 높은 가격을 언급하고, 식품 가격이 하락할 수 있도록 카슈루트 법(kashrut law, 코셔 법)을 시행하는 것보다 효율적인 방법들이 있다고 주장한다. 또 다른 문제는 해외로부터의 값싼 수입에 대처하는 것을 어려워하는 전통 산업 종사자의 수가 감소하고 있다는 점이다. "식품 산업은 기술과 효율성을 갖춘 전통적이고 수익성이 있는 산업의 훌륭한 예입니다."라고 비올라 그룹(Viola Group)의 경영 파트너인 하렐 베이트 온(Harrel Beit-On)은 말한다. "만약 공장이 충분한 국내 시장을 가지고 있고 수익성이 있다면, 왜 자본투자로부터 이익을 얻지 말아야 할까요? 어떤 이유에서인지 정부가 장려하는 투자 프로그램들은 마치 나라에 외화가 없는 것처럼 기술과 수출 쪽으로 쏠려 있습니다."

앨리 아스라프는 이스라엘의 중앙과 지리적-사회적 주변부 사이의 거대한 격차, 정부 독점, 안보 기관의 불균형한 힘, 공공 부문과 민간 부문에 해당하는 규범과 같은 몇 가지 중요한 문제들을 추가한다. "저는 이러한 문제가 처리될 수 있다고 낙관합니다. 이러한 문제를 해결하는 것이 필수적입니다."라고 아스라프는 말한다.

***

규제와 관료주의는 항상 이스라엘에서 사업을 수행하는 효율성을 저해해 왔다. OECD의 연구는 사업 진입에 대한 법적 장벽이 그 조직의 구성원들 사이에 존재하는 가장 어려운 장벽과 비교된다는 것을 발견했다. 다른 비교 연구들은 반경쟁적 체제가 노동 생산성을 증가시키는 국제적인 개선 사항들의 채택을 방해하는 경향이 있음을 보여준다.

예를 들어 경제부는 기업들이 특별한 전문성이 필요할 때 급여가 평균 급여의 최소 2.5배인 외국인 전문가를 고용할 수 있도록 하는 조치를 시작했다. 출입국 관리 당국의 번거로운 규제는 경제부가 좋은 의도로 막아온 장애물을 인식하지 못한 채 시행을 방해하고 있다.

국가 감독관이 대중의 관심을 끈 잘 알려진 사례는 공무원들이 만든 규제와 관료주의의 결과로 가스 인프라를 중소기업에 연결하는 데 엄청난 어려움을 초래했던 사례다.[148]

이스라엘에서 기업의 진입과 퇴출 장벽은 OECD에서 가장 높은 수준이다. 장벽들은 경제에서 적절한 자원의 배분을 방해하고 성공한 기업이 성장하기 어렵게 만들며, 실패한 기업이 새롭고 생산적인 기업을 위해 공간을 비워주는 것을 어렵게 만든다. 조사된 11개 지표 중 7개에서 이스라엘은 상위 3위를 차지했다.[149]

부동산 가격

이스라엘은 벨기에나 네덜란드 같은 OECD 국가들과 마찬가지로 상대적으로 작은 국가이다. 인구 증가의 추세로 보았을 때 수십 년 내에 인구 밀집도 높은 나라 중 하나가 될 것이다. 대부분의 건설은 중부 지역에서 이루어지는데, 대다수 인구가 주요 고용 지역 근처에 살기를 원하기 때문이다. 이스라엘 생활비의 주요 구성 요소 중 하나는 주택 가격이다. OECD의 국가의 국민이 집을 사기 위해서는 자신의 연봉의 90배가 필요한 것에 비해 이스라엘 사람이 가족을 위한 주택을 구입하려면 연봉의 140배가 있어야 한다는 사실은 더 이상 견딜 수 없다. 이 주제에 관해 끝없는 연구가 이루어졌고, 셀 수 없이 많은 프로그램이 만들어졌지만, 문제는 해결될 기미가 보이지 않는 것이다. 이 상황을 초래하는 중요한 요인 중에는 금융권 투자에서 얻을 수 있는 수익을 줄이는 낮은 이자율, 국가가 잃고 싶지 않은 아파트에 대한 높은 세금, 지속적인 인구 증가, 이스라엘 토지 관리청이 요구하는 높은 토지 비용 등이 있다.

규제, 관료주의 및 집행

비효율적인 규제와 번거로운 관료주의는 이스라엘의 생활비와 주택 비용을 결정하는 주요한 두 가지 요소다. 정부 부처와 크네세트는 민간 시장과의 접촉이 부족하고, 때때로 미확인 목표물을 어둠 속에서 쏘며, 서민들의 목표와 반대의 결과를 달성하는 선의의 사람들이 있다. 예를 들어 의심할 여지 없이 좋은 의도를 가진 가격 표시법이 상품에 반영되었을 때, 그것은 이스라엘의 생활비를 올렸다.150 또 다른 예는 호텔의 크기와 관계없이 모든 호텔 수영장에 인명 구조원을 의무화하는 법이다. 이러한 기준은 유럽 국가들의 관례와는 상반된다. 이것은 생명을 구하기 위해 중요한 요소인가? 아니면 이스라엘 생활비의 또 다른 요소인가? 이것은 무엇보다도 이스라엘의 호텔 비용이 세계의 경쟁자들에 비해 높은 이유를 설명한다. "핵심은 이스라엘은 독일에는 존재하지 않는 호텔에 관해 매우 엄격한 규제를 하고 있다는 것입니다."라고 관광부 장관 재임 시절에 노아즈 바르−니르(Noaz Bar−Nir)는 말했다.151 "우리는 정부의 규제, 경비원, 그리고 인명 구조원 덕분에 약 20%의 비용이 더 듭니다. 베를린에 있는 호텔로 가세요. 수영장이 있고 인명 구조원은 없습니다. 인명 구조원이 필요 없다고 말하는 것은 아니지만, 수영장 운영에 대한 부담도 없고 투숙객이 많지 않을 때도 항상 인명 구조원이 필요한 것은 아닙니다. 그 부분에 대해서는 호텔이 결정을 내릴 수 있어야 합니다."

이는 기업계와 정부 사이에 부패한 의도가 전혀 없는 건설적 논의 가능성에 대한 신뢰가 위기에 빠진 결과다. 이로 인한 비효율적인 규제와 겉으로 보기에 작아 보이는 소비자와 근로자에 대한 규제 당국의 온정주의가 커지는 것이 제일 큰 문제다.

***

2016년 OECD 보고서152에 따르면, 모든 OECD 국가 중에서 이스라엘이 제품 시장 규제의 심각성에서 1위를 차지하고 있다고 한다. 전 세대에 걸쳐 크네세트의 구성원들은 법률을 제정하는 것을 좋아한다. 이 규칙들을 준수하기 위해 공무원들은 많은 규정들을 만드는 것을 좋아한다. 수많은 법과 규정이 불필요한 것은 당연하다. 그 결과 이스라엘은 너무 많은 법과 규정으로 고통받고 있다. 이 모든 것을 집행하기 위해서는 대대적인 조사관과 경찰이 필요하다. 반면에 규제, 집행능력, 그리고 그 필요성에 대한 대중의 경멸은 일반적이다.

안보 부담

수년간의 위축과 군대의 엄청난 사회경제적 가치에도 불구하고 안보 부담은 여전히 국가 예산을 무겁게 짓누르고 있다. 최근 몇 년 동안 국내총생산(GDP)의 약 4.5%에 달하는 국방 예산 규모에 대한 논의는 이 문제에 대해 대중에게 폭넓게 노출되었지만 동시에 간과되고 있다. 국방 예산의 약 4분의 1이 퇴직자와 연금 수급자, 장애인 재활, 전사자 가족에 대한 지급에 사용된다. 재무부는 "국방 예산이 경제에 비해 너무 크다."라고 주장하는 반면, 국방부 관계자들은 이스라엘의 안보 요구에 성공적으로 대처하기에 예산이 너무 적다고 주장한다.

IDF, 종합안보국(Shabak, Shin Bet), 모사드(Mossad) 등을 포함한 국방비는 2017년 기준 약 5백 50억 셰켈로 GDP 대비 약 4.4% 수준이다.[153] 국방비 삭감에 대한 사회적 요구에 국민의 인식이 증가했음에도 불구하고, 국방비는 지난 몇 년간 실질적으로 증가했다. 그 주요 원인은 프로텍티브 에지(Protective Edge) 작전과 불안정한 중동지역의 방향성에 대한 불확실성 때문이었다. 거기에 PA와의 마찰 가능성이 존재한다. 이러한 불안정한 상황에서는 높은 안보비를 유지할 필요가 있다.

국방비 수준은 지난 5년간 실질적인 가치를 유지했는데, 이는 국민 1인당 약 7,000 셰켈에 해당한다. GDP 대비 이스라엘 국방비 지출 비율은 역사상 가장 낮은 수준이다.[154] 2016년 여름, 에일랏(Eilat)에서 열린 CFO 포럼에서 IDF의 효율화 프로그램 기획부장인 에이얄 하렐 (Eyal Harel)대령은 "IDF는 가장 낮은 예산을 가지고 광범위한 스펙트럼을 다루어야 합니다."라고 말했다. IDF의 다양한 방어 범위에는 이스라엘의 경제수역과 가스정을 보호하는 것, 사이버 전쟁, 그리고 중동 전쟁의 파급에 대한 방어 라인 구축 등이 포함된다.

2015년 7월 총참모장 가디 아이젠코트(Gadi Eisenkot)가 선언한 기디온(Gideon)이라 불리는 IDF의 중장기 계획은, 무엇보다도 그 존재와 우선순위 측면에서 혁명을 제시한다. 초기에는 장비를 갖추는 것에 중점을 두다가 나중에는 훈련과 인재 육성에 초점을 맞춘다. 프로그램을 위해 선택된 기디온이라는 이름은 우리의 생각을 자극한다. 기디온은 가나안의 영주민(이스라엘 민족)과 테러와 약탈을 자행했던 유목민(미디아 민족) 사이의 투쟁 시기에 미디아 민족에 맞서 싸웠던 성경에 나오는 이스라엘 장군의 이름이다. 기디온은 처음에 3만 2천명 정도의 전사를 모집하려고 했지만, 그 수는 1만 명으로 줄었고, 결국 300명으로 줄었다. 결국 전투에서의 성공은 그 300명을 적절하게 분류한 결과였다. 마찬가지로 현재의 기디언 중장기 계획은 주문을 간소화하면서 예산을 삭감하고, 수평적인 조직을 만들고, 부대 단위를 재편성하고, 아웃소싱의 사용을 늘리는 것이다. "IDF는 스스로를 젊고 역동적이며, 자랑스럽고, 윤리적이고, 효과적인 우수한 군대라는 비전으로 스스로를 정의했습니다."라고 하렐 대령은 결론지었다.

이스라엘은 약화된 오스만 제국과 그것을 대체하고자 했던 대영제국 사이의 역사적인 균열 속에서 탄생했다. 영국을 대체했던 두 강대국인 러시아와 미국은 이스라엘이 그들의 영향력을 넓히는 하나의 방법이라고 여겼다. 러시아는 이스라엘 국가 창시자들이 사회공산주의적 성향이 있기 때문에 영향력을 행사하기를 희망했고, 미국은 대규모 유대인 소수민족들이 미국에 거주하고 있기 때문에 그렇게 하기를 희망했다.

약해지는 미국과 성장하는 러시아 사이의 새로운 대결에서, 데이비드 패시그(David Passig) 교수는 이스라엘이 다시 한번 초강대국들 사이의 놀이터가 될 것이며, 지역 강대국인 이란과 튀르키예의 성장 이후에는 그들이 영향력을 미치는 영역을 놓고 또 다른 충돌을 할 것으로 예상된다고 주장한다.

패시그는 "과거는 이미 이스라엘이 이 지역 사람들의 위협에 대처할 수 있을 정도로 강력한 힘을 가지고 있다는 것을 증명했습니다.155 하지만 나라가 작기 때문에 세계 강대국들에 대처할 수 없습니다. 지역 강대국으로부터 올 수 있는 두 번째 위협은 영리한 외교적 대처가 필요하며, 이는 이스라엘의 존재에 대한 도전을 초래하는 중요한 문제입니다."라고 말한다.

보이콧과 보이콧 주동자들

최근 몇 년 동안 이스라엘 외교는 반이스라엘 또는 반유대주의의 확산이라는 새로운 도전에 직면하고 있다. 유대 국가가 설립과 함께 다른 모든 국가와 같을 것이고, 반유대주의 공격이 중단될 것이라는 시오니즘의 시작은 지나치게 낙관적인 것으로 드러났다. 그 유대 국가는 유대인들의 대표 상품이자 돌아갈 고향이 되었다. 전 세계에서 박해받는 모든 유대인들을 위한 피난처라는 이스라엘의 중심 비전은 일부 국가들로부터 비난과 시기, 악마화의 대상이 되었다. 반유대주의는 세상에서 사라지지 않았다. 홀로코스트의 기억은 반유대주의를 파괴하지 않았고, 아랍 국가들[156]의 열렬한 격려와 자금 지원으로 번성했고, 일부 유럽 국가들에 의해 지지를 받고 있다. "반유대주의는 유대인과 유대교에 대한 두려움의 투영이며, 이는 유대인 정체성을 해치지 않고 지역 국가에 소속될 수 있는 유대인의 적응 능력에서 비롯됩니다."라고 예호슈아(A. B. Yehoshua)는 말한다.[157]

이런 배경을 고려할 때, 이스라엘이 처한 모든 어려움에도 불구하고 이스라엘 국가의 힘과 성공은 불가사의한 것으로 받아들여지고 숨겨져 있는 위협적인 유대인 세력에 의존하는 것 때문이라고 여겨진다. 이러한 두려움은 반유대주의를 반이스라엘주의로, 그리고 반시오니즘으로 연결하고 서로를 키워준다.

예를 들어 2012년 반 명예 훼손 연맹(Anti-defaming League) 조사에 따르면 유럽의 많은 분야에서 유대인들이 비즈니스 세계에서 너무 많은 권력을 가지고 있으며, 그들이 살고 있는 나라보다 이스라엘에 더 충성한다고 믿고 있는 것으로 나타났다.

유대인 힘의 핵심은 국가 영토의 약점에서 비롯된다. 이러한 약점은 적응력을 제공했고 그들이 위험을 분산시키는 데 도움이 되었다. 이스라엘을 지킨 것은 안식일이 아니라 그들이 전 세계 수백 개의 공동체에서 안식일을 지켰다는 사실이다. 반유대주의는 천 개의 머리를 가진 히드라(Hydra)로 인식되며 이러한 약점으로부터 갖는 힘에 대한 두려움이다.

그렇다면 이스라엘 국가의 존재 속에서 유대인에게 필요한 것은 무엇일까? 반유대주의는 역사를 통해 입증된 이 힘을 약화시키는 것일까? 여러 세대에 걸친 유대 민족의 역사는 왕국이든, 특별한 영토든,

국가든 유대인이 안전하고 보호받는다고 느낄 때마다 유대인 인구의 증가와 번영이 있었다. 이는 이스라엘이 유대인의 성장에 핵심적인 요소였음을 증명한다.

2017년 기준으로 165개국이 이스라엘을 인정하고 외교관계를 유지하고 있다. 35개국이 외교관계를 맺고 있지 않거나 심지어 이스라엘을 인정하지 않고 있는데 대부분이 이슬람 국가이다. 인정하지 않는 국가들의 목록이 상대적으로 많음에도 불구하고 이는 이스라엘이 익숙했던 과거와 비교하면 매우 좋은 정치 상황이다.

이스라엘에 대한 보이콧이 새로운 것은 아니다. 그것은 단지 영토 "점령" 때문에 생긴 결과가 아니다. 심지어 1945년에도 아랍 연맹은 1948년에 설립된 (1945년에는 국가도 아니었던)이스라엘에 대해 공식적인 아랍 보이콧을 부과하였다. "팔레스타인으로부터 유대인에 의해 생산된 유대인 제품은 아랍 국가들에서 환영받지 못한다."라고 선언했고, 아랍 협회 회원국에게 어떤 형태로든 시온니스트 생산품의 구매를 거부할 것을 요구했다. 이스라엘 국가의 설립과 함께 보이콧은 여러 차원에서 확대되었다. 사실상 이스라엘과 거래 관계가 있는 제3자들까지 보이콧의 대상이 되었다. 보이콧이 이스라엘에 해를 끼쳤다는 것은 의심의 여지가 없지만, 그것이 아랍 연맹이 계획한 수준으로 성공하지 못했다는 것 또한 분명하다.

1970년대 초부터 라틴 아메리카와 중동에서 사회주의와 반식민지, 반제국주의 그리고 반서방 운동이 강화되면서 좌파 운동들은 소련과 협력하여 서구에 대항하는 이슬람 운동에 참여했다. 그리고 이스라엘을 이 모든 것의 원인 제공자로 규정했다. 이 시기에 이스라엘은 라틴 세계와 소련 축에 포함된 국가들과 그 위성들(중국과 인도를 포함)로부터 점점 더 고립되었고 세계 대부분의 국가에서 좌파 운동의 샌드백이 되었다.

보이콧으로 인해 이스라엘뿐만 아니라 세계의 많은 국가에 끼친 큰 피해는 1973년 10월 세계 에너지 위기 당시 발생한 석유 금수 조치였다. 보이콧의 공식적인 목적은 서방 국가들이 욤 키푸르 전쟁에서 이스라엘 편을 지지하지 않도록 압력을 가하는 것이었다. 이것은 대부분이 이슬람교도인 OPEC 국가들이 석유 가격이 자신들에게 너무 낮다고 믿고 있는 상황에서 공격적으로 가격을 인상할 수 있는 기회였다. 보이콧은 두 가지 주요 이유로 효과적이었다. 산업화된 국가들은 거의 전적으로 석유에 의존하고 있었고, 심지어 미국의 석유 매장량이 줄어들고 있었다. 거기에 이스라엘은 석유 수입국이었다.

정치적인 관점에서 볼 때 석유 금수 조치는 부분적으로 목표를 달성했다. 아랍-이스라엘의 분쟁에 일본, 캐나다, 서유럽처럼 중립적이라고 여겨졌던 국가들이 명백한 친 아랍적인 관점을 채택하기 시작했다. 이에 반해 미국은 이스라엘을 계속 지지했고 1973년 전쟁 중과 후에도 이스라엘에 무기를 공급했다.

보이콧의 결과는 수년 후에도 많은 다국적 기업들이 이스라엘에서 활동하는 것을 두려워했던 것에서도 느껴졌다. 하지만 자연이 공백을 용납하지 않는 것처럼, 이스라엘의 경제도 마찬가지였다. 펩시콜라는 이스라엘에 진출하는 것을 거부했지만 코카콜라가 진출하자 결국 펩시가 뒤따르게 되었다. 일본의 미쓰비시와 도요타는 이스라엘에 자동차 수출을 동의하지 않았지만, 일본의 스바루는 유럽의 모든 자동차 회사와 마찬가지로 동의했다. 마침내 미쓰비시와 도요타는 거대한 물결을 따랐다. 점점 더 많은 다국적 기업들이 이스라엘 보이콧에 동참

하기를 원하지 않으며 그럴 수도 없다는 점이 입증되고 있다.**158**

1980년대와 1990년대 초반까지 아랍 보이콧이 느슨해지는 추세였다. 이는 주로 이스라엘이 1979년 이집트, 1994년에 요르단과 평화협정을 체결한 것을 계기로 이루어졌다. 2017년 기준으로 현재 국가는 이스라엘과 외교를 맺고 있지 않지만, 상업적 기업들이 이스라엘과 비즈니스를 하는 경우가 있다. 이러한 기업들은 당국이 눈감아 주는 환경에서 이스라엘의 상품과 서비스를 간접적으로 구매한다.

이스라엘은 선택의 여지가 없었기 때문에 수년 동안 경제적인 보이콧을 감수하면서 살아가는 법을 배웠다. 종종 경제적 보이콧은 보이콧 효과가 미치지 않는 지역과 장소에서 이스라엘 경제를 작동시키도록 자극했다. 이스라엘 방위 산업이 아랍 국가에게 친숙하지 않은 것은 이해할 수 있는 현상이다. 따라서 이스라엘 기업들은 새롭고 추가적인 시장들을 발견하고 개발했고, 그들과 가까울 수 있는 아랍 시장들을 무시했다. 그러나 이스라엘 국가를 인정하지 않는 국가들이 있다는 것은 기정사실이고, 이스라엘인들은 이 문제에 대해 아무것도 할 수 없다.

보이콧을 통해 이스라엘에 압력을 행사할 목적으로 특별히 설립된 단체들은 어떤가? 예를 들어 BDS(Boycott, Divestment, Sanctions) 운동**159**은 어떤가? 신문을 구독하는 평범한 이스라엘인에게 묻는다면, 그는 분명히 BDS 보이콧이 이스라엘 경제를 해친다고 말할 것이다. 하지만 현실은 그것과 매우 거리가 먼 것으로 드러났다. 언론에 보도된 것과는 달리 BDS 조직 등이 실제로 미치는 경제적 영향은 전적으로 미미하다. 아마도 이러한 부족한 성공에서 가장 흥미로운 예는 이스라엘과 튀르키예의 광범위한 무역일 것이다. 2010년 이스라엘과 가자지구 간의 군사적 충돌 이후, 여러 면에서 이스라엘 정책에 반대 목소리를 내는 국가들의 물결을 이끌었던 에르도안 터키 대통령은 자국민과 다른 국가에게 이스라엘과의 경제적 유대를 중단할 것을 요구했다. 실제로 이러한 보이콧에도 불구하고, 양국 간의 무역은 2010년 31억 달러에서 2015년 45억 달러로 5년 만에 거의 50% 증가했다. 2016년 6월 블룸버그에 게재된 기사에서 저자들은 2005년 BDS 보이콧이 시작된 이후 2015년 말까지 이스라엘에 대한 외국인 투자가 3배 증가했고, BDS에 의해 지목된 주요 이스라엘 기업의 주식에 대한 외국인 지분이 크게 늘었다고 지적했다.

보이콧에 맞서는 투쟁은 흥미로운 형태를 취하는데, 예를 들면 미국 의회에서 이스라엘 지지자들의 지지를 동원하는 것이다. 공화당 하원 의원 피터 로스캄(Peter Roskam)은 이스라엘에 대한 보이콧 주동자들을 상대로 전쟁을 벌이기 위한 계획을 처음으로 추진했고, 그는 그 문제에 대한 법안을 입안했다.160 의회는 더 나아가 정부, 정부 기관 및 국제적 단체에 의한 이스라엘에 대한 보이콧, 비난 및 제재는 무역 협정을 규제하고 국가 간 관세를 줄이는 GATT의 비차별 원칙에 어긋난다는 법을 통과시켰다.

이와 함께 대서양 횡단 무역 및 투자 파트너십(Transatlantic Trade and Investment Partnership, TTIP)이라고 불리는 미국과 유럽 간 자유무역 협정 초안의 일부로, EU 국가들이 이스라엘 상품 보이콧을 자제하도록 의무화하는 조항이 있다. 미국 현지 입법자들은 외국이 이스라엘을 대상으로 보이콧을 전개한 것으로 밝혀지면 미국 내에서 활동할 수 없다는 내용의 규정과 법을 추가했다.

재정 면역(Financial Immunities) 기관은 이스라엘 경제에서 기업에 대한 경제적 보이콧의 영향을 조사하기 위해 다년간의 연구를 수행했다. 발견된 사실은 대부분 많은 기업이 보이콧의 레이더 아래에 있다는 것이다. 이러한 현실에도 불구하고 재정 면역은 이스라엘 기업의 약 98%가 소비자 보이콧에 취약하지 않다고 추정한다.

이스라엘 기업이 강세를 보이는 데는 여러 가지 이유가 있지만, 이 중 가장 중요한 것은 기기와 시스템에 내장되어 제품의 차별화를 만드는 이스라엘의 높은 기술이 세계 기술 분야의 핵심을 구성하고 있다는 것이다. 이스라엘 기술 기업의 기여는 컴퓨팅, 통신, 인터넷, 보안, 우주, 그리고 의학 분야의 세계에서 매우 중요하다. 이스라엘 기업이 보이콧에 대한 면역력을 가질 수 있는 추가적인 이유 중 하나는 그들 대부분이 최종 소비자가 아닌 기업들에게 B2B 형태로 제품을 판매하기 때문이다. 이스라엘 기업의 제품 또는 서비스는 외국 기업들의 "진행 중인 제품" 또는 "완제품"의 작은 구성 요소인 경우가 많다. 그렇지 않으면 제품이 판매대에 도착할 때까지 도매상과 소매상을 통과하기 때문에 "Made in Israel" 표시로 수출은 쉬운 일이 아니다. B2B 형태로 부품으로 공급되는 제품들은 "Made in Israel"로 표시되지 않는 경우가 많다.

다른 해결책들은 화이트 라벨 판매에서 나온다. 많은 이스라엘 기업이 대상 국가에서 그들 제품의 상당 부분을 이스라엘과 연결하기 어려운 자회사의 브랜드 이름으로 판매한다는 사실이 도움이 된다. 이스라엘 회사들은 또한 크고 잘 알려진 국제적인 회사의 자회사인 경우도 있다. 그렇다면 보이콧 주동자들은 어떻게 할까? 그 회사의 손자회사가 이스라엘에 있고 제너럴 일렉트릭이 판매하는 제품의 4분의 1에 해당하는 부품을 생산하기 때문에 그들은 제너럴 일렉트릭의 제품을 사지 않을 것인가? 또한 이스라엘 기업들이 다양한 제품과 서비스를 통해 많은 틈새 산업에서 운영된다는 사실은 특정 산업을 보이콧으로 표시하는 것을 매우 어렵게 만든다. 보이콧이 가능한 이스라엘의 주요 수출품은 오렌지였다. 그러나 이와 같은 우회 방법들이 존재하기 때문에 보이콧을 주도하던 국가들이 스페인에서 수출된 이스라엘 오렌지를 구매하던 시대는 끝났다.

어쨌든 이스라엘 기업들은 자사의 '이스라엘 특성'을 강조하지 않고 해결책을 구현하면서도 이러한 위험을 관리함으로써 비즈니스를 함에 있어 치명적인 문제는 없다. 이스라엘 수출기업은 향후 발전 방향을 틈새시장 공략 및 OEM 제품 개발, 파트너 체계 구축, 또는 강력한 다국적 기업과의 후원 계약 등에 초점을 맞추고 있다. 동남아시아 대부분 지역과 같이 '반이스라엘' 현상에 무관심한 국가들에서 이러한 전략은 이 지역이 세계 경제의 미래 성장 동력으로 평가되기 때문에 또한 유효하다.

이러한 것들을 말하고 있지만, 우리는 이스라엘에 대한 보이콧이라는 현상을 경시하지 않는다. 이는 추악함 속에 존재하는 반유대주의적 어리석음에 지나지 않는다.

이스라엘 사람들이 우려하는 또 다른 보이콧 유형은 문화적 보이콧이다. 경제 보이콧과 마찬가지로, 여기서도 이스라엘 신문의 헤드라인은 이스라엘에서 공연하지 않기로 결정한 예술가들을 호명하며 사실을 부풀린다. 하지만 자신은 오지 않겠다고 시끄럽게 발표하는 외국 예술가들이 소수인 반면, 기쁘게 이스라엘을 방문하여 공연하는 예술가들이 훨씬 많다. 데이터를 보면 외국 예술가들의 공연이 급증하고 있으며, 이스라엘의 문화 보이콧에 관한 이야기들은 허풍에 불과하다는 것을 알 수 있다. 추세를 보면 2010년 이스라엘에서 외국 예술가들의 공연은 22회였고, 2012년에는 42회로 늘었고, 2014년에는 70회로 급증했다. 2016년에는 122회, 2017년에는 140회 외국 예술가들이 이스라엘을 방문했다.[161]

7년 사이에 이스라엘에서 외국 예술가들의 공연 횟수가 6배나 급증했다. 이스라엘에 대한 문화적 보이콧에 관한 모든 이야기는 불균형적으로 부풀려졌을 뿐만 아니라, 단순히 이스라엘 대중을 오도하는 것인데 이는 부끄러운 일이다.

***

하지만 우리가 이 모든 것을 말한 후에도, 우리는 이스라엘의 많은 경제 예측가들이 우려스럽게 바라보는 몇 가지 "표준" 리스크 중 일부만 어느 정도 동의할 뿐이다. 여기에는 이스라엘의 높은 대외 무역 의존도, 글로벌 경기 침체가 미치는 영향, 특히 최근 수십 년간 성장의 상당 부분이 수출에 기반했다는 점이 포함된다. 이스라엘 증권 거래소의 투자금과 거래량 감소는 기관 투자자들의 포트폴리오에 유동성 위험을 증가시킨다. 또한 최근 전 세계적으로 표면화되고 있는 새로운 지정학적 위험을 미국과 중국, 미국과 러시아 간의 긴장 관계에 초점을 맞춰 추가할 수 있다.

CHAPTER   15 그렇다면 왜 이스라엘 사람들은 행복할까?

전 세계 시민들의 행복 지수는 이스라엘인들이 여러 해 동안 반복되는 불만과 실존적 도전에도 불구하고 다른 나라에 비해 상대적으로 행복하다는 것을 지속적으로 나타낸다.

갤럽 세계 여론조사는 행복도 면에서 이스라엘을 11위로 평가했고, OECD의 조사는 이스라엘을 17위로, UN이 발간한 2017년 세계 행복 보고서는 이스라엘을 156개국 중 11위로 평가했다. 이 순위는 이스라엘이 미국(13위), 독일(16위), 영국(23위), 프랑스(32위), 그리고 일본(53위)보다 앞선 위치에 있음을 의미한다. 이 조사는 브리티시 콜롬비아 대학(University of British Columbia), 런던의 경제 정치학 대학(the School of Economics and Political Science in London), 그리고 UN 개발 그룹(the UN Development Group)의 연구원들에 의해 실시되었다. 행복 보고서는 이스라엘이 14위에 올랐던 2012년에 처음 발표되었다.

주목할 점은 이스라엘이 지수에서 표준편차가 가장 낮은 국가 중하나로 꼽혔다는 점이다. 즉 응답자 간의 격차가 그다지 높지 않았다는 것을 의미하는데, 이는 대부분의 이스라엘인들이 다른 국가들에 비해 행복도가 거의 동등하다는 것을 의미한다.

보고서는 보고서에 수록된 각 나라의 3천 명 참가자들의 응답으로 구성되었다. 응답자들은 자신의 삶을 0점(완전히 견딜 수 없는 삶)에서 10점(가능한 한 최고의 삶) 사이에서 평가하도록 요청받았다. 세계의 평균 행복 수준은 5.3점이었다. 보고서에서 이스라엘이 받은 점수는 7.3점으로 매년 행복 지수가 상승한다.

하지만 놀랄 것도 없이, 대부분의 이스라엘 사람은 다른 나라들에 비해 그들이 좋은 위치에 있다는 것을 알지 못한다. 우리는 이것을 "이스라엘 역설"이라고 부른다. 이스라엘 사람은 행복하지만 어떻게 그것을 인식하지 못하는 것일까?

이스라엘 중앙 통계국(the Israeli Central Bureau of Statistics)의 사회조사(2013)에 의하면, 유대인 인구의 88%와 아랍인 인구의 73%가 자기 삶에 만족하고 있다고 한다. 자기 삶에 만족하고 있는 사람들의 비율은 꾸준히 증가하고 있다.

그러나 이러한 추세를 보여주는 것은 여론조사뿐만이 아니다. 이스라엘에 살 것인지, 유럽이나 미국과 같은 다른 나라에 살 것인지 선택권을 가진 이스라엘 사람들은 이스라엘에 사는 것을 선호한다. 예를 들어 성공한 이스라엘 기업가 에얄 왈드만(Eyal Waldman)은 왜 미국에 살지 않았을까? 왜 그는 미국에 멜라녹스를 설립하지 않았을까? "우선 저는 이스라엘 사람이고 첨단 기술 회사를 설립해서 성공할 수 있는 가장 큰 기회가 이스라엘에 있다고 믿기 때문입니다."라고 그는 대답한다. "제가 사람들을 채용할 때, 그들이 어떤 부대에 근무했는지 알고, 어떤 경험이 있는지 이해하고, 그들의 이력서를 믿을 수 있습니다. 이스라엘은 저의 고향이고, 이곳은 제가 성공할 수 있는 회사를 만들 수 있다고 확신했던 유일한 장소입니다."

왈드만은 "이스라엘 직원들은 팀에 대한 헌신이 더 많고, 목표를 달성하고 성공하기 위해 거의 강박적인 노력을 하는 사람들입니다. 이스라엘 직원은 훨씬 더 충성스럽고, 용기가 있으며, 실패를 두려워하지 않습니다."라고 설명한다.

"이스라엘에 사는 것은 필수가 아니라 선택입니다."라고 이스라엘에서 가장 흥미로운 첨단 기술 회사 중 하나인 모빌아이를 설립한 암논 샤슈아 교수는 말한다. "저는 보스턴에서 박사 과정과 박사 후 과정 동안 5년을 살았습니다. 팔로 알토에도 1년을 살았습니다. 저는 미국 제국이 제공할 수 있는 최고를 보았고 정말로 즐겼습니다. 하지만 이스라엘이 최고의 장소였습니다. 당신은 당신이 태어난 장소와 연결되어 있습니다. 여기에는 여러분에게는 가상이 아닌 실제의 친구들이 있습니다. 여기에는 여러분의 공통된 역사가 있습니다. 이것은 한 사람이 태어난 국가에서만 가질 수 있는 것입니다."

경제 상황이 꾸준히 개선되고 있는 것이 행복의 가능한 원인 중 하나다. 1950년대 중반 이후 이스라엘의 생활 수준은 꾸준히 증가했다. 또한 이스라엘로 이주한 이민자의 대부분은 출신국에 비해 개인의 경제적 상황이 상대적으로 개선되었는데, 주로 아랍 국가와 구소련에서 새로이 유입된 이민자들이었다. 이스라엘 사람들은 오늘이 이전보다 나아졌다고 느끼고 있으며, 개선이 지속될 것이라고 낙관할 여지가 있다. 지속적으로 경제적 여건이 개선될 것이라는 인식은 만족도에 큰 영향을 미친다.

또 다른 설명은 가족과 친구들과의 유대 관계에서 비롯된다. 중앙 통계국의 사회 조사에 의하면, 이스라엘 사람들의 95%가 가족 관계에 만족하거나 매우 만족하고 있다. 가족과 친구들은 매우 중요한 지지 관계망이다. 아이들을 양육하는 것은 부모와 조부모의 자기만족에 긍정적인 영향을 미친다. 이스라엘 대부분의 가족은 세 명까지 자녀들을 두고 있고, 19.9%의 가족은 4명 또는 그 이상의 아이들을 가지고 있다.

아나트 쇼샤니(Anat Shoshani) 박사는 헤즐리야(Herzliya) 학제 간 센터 심리학 대학원의 연구원이자 긍정 심리학 연구 및 적용 센터의 학술 이사다. 그녀는 이스라엘 사회 내에서 높은 연대의 이유가 군대뿐만 아니라 유대교의 문화적 요소에 뿌리를 두고 있다고 설명한다.162 "이스라엘 사회는 어린 시절부터 그룹으로 조직되어 있습니다. 젊은이들은 군대에 입대하고, 서로를 보호하도록 교육받고, 이 세상에 그들이 혼자가 아니라는 느낌을 얻습니다."라고 그녀는 말한다.

개인적인 영향력과 삶의 의미는 만족도를 예측하는 것으로 잘 알려져 있다. 이스라엘의 많은 근로자와 기술 기업에 존재하는 높은 수준의 창의성은 일에 대한 높은 만족도와 의미에 대한 인식으로 이어진다. 자신의 기여가 잘 인정받고 있다고 느낄 때, 자신에 대한 높은 만족감과 자부심으로 연결된다. 이는 또한 사람들이 자신보다 더 큰 무언가를 위해 기여하는 것이 매우 중요하다고 느낄 때, 함께 국가를 건설하는 이스라엘인들의 느낌과도 연결이 된다.

감정 연구를 위한 유럽 철학 협회의 회장이자 전 하이파 대학 총장인 아론 벤제프(Aaron Ben-Ze'ev) 교수는 이스라엘의 행복감은 주로 그 나라의 도전적인 성격의 결과라고 설명한다. "행복은 무엇보다도 자신을 깨닫고, 소속감을 느끼고, 장애물을 극복하는 것뿐만 아니라 행동에 의미를 심어주는 우리의 능력에 의해 측정됩니다." 그에 따르면, 이스라엘의 젊은 나이와 자신의 길을 형성하는 데 중요한 개인의 능력이 행복감을 증가시킨다고 한다. 장애물을 극복하는 것은 검증된 경험에 기초한 능력을 만든다. 이 젊은 나라의 과거와 현재는 개인의 능력과 힘을 키울 수 있는 기회로 가득 차 있다는 것은 의심할 여지가 없다.

이스라엘 사람들이 행복을 설명하는 데 중요한 변수는 디스토피아적 감정이다. 디스토피아는 유토피아의 반대말이다. 그곳은 지하 세계이며 재난과 슬픔이 공존하는 곳이다. 수많은 박해와 살인 그리고 신체적 학대를 겪은 민족의 아들로서, 이스라엘 사람들은 유대인의 역사 인식에서 자신들이 차지하고 위치가 역대 최고라는 것을 알고 있다.

가장 중요한 것은 아니지만 이스라엘 사람들의 행복에 대한 마지막 설명은 유전적 설계다. 연구자들은 이것이 사람이 행복할 수 있는 능력의 약 50%를 설명한다고 말한다. 이스라엘 사람들과 유대인들은 행복을 위한 유전자 구조가 있는 걸까?

당신은 어디에서 태어나시겠습니까?

1988년 여러 분야의 전문가들로 구성된 팀이 처음으로 지수를 만들었다. 이 지수는 18세에 살기에 가장 좋은 나라가 어디인지를 질문함으로써 세계 50개국의 순위를 매겼다. 즉 그것은 이 나라들의 미래를 예측하려는 시도였다. 당연히 미국이 1등을 차지했다.

하지만 25년 후의 상황은 매우 달라졌다. 2013년 이코노미스트 인텔리전스 유닛(Economist's Intelligence Unit, EIU)은 이것을 재평가하여 어떤 나라들이 건강하고 안전하며 번영하는 삶을 위한 최고의 기회를 제공할 것인지와 어디에서 아기가 태어나야 하는지 알아보기로 했다.

EIU 삶의 질 지수는 설문조사 결과를 주관적인 삶의 만족도, 즉 사람들이 얼마나 행복하다고 말하는 정도와 여러 국가의 객관적인 삶의 질 요소들을 연결한다. 놀랄 것도 없이 부유하다는 것이 다른 것보다 더 도움이 된다는 것이 밝혀졌지만, 그것이 중요한 전부는 아니다. 범죄 수준과 거리를 안전하게 걸을 수 있는 안전 정도, 공공 기관에 대한 신뢰, 건강 보장과 같은 것들도 관련이 있고 매우 중요하다. 전반적으로 EIU 지수는 11개의 통계적으로 유의한 지표를 고려했으며, 그들 중 일부는 지리와 같은 고정된 요소였다. 인구통계와 사회 및 문화적 특성과 같은 다른 부분은 시간이 지남에 따라 천천히 변하며 대부분의 요소들은 정책과 세계 경제 상황에 달려 있다. 미래지향적인 요소들도 평가에 포함되었다.

이 지수의 결과는 비록 2008년의 위기 이후 불과 5년이 지났지만, 어떤 면에서는 인류가 이보다 더 나았던 적은 없다. GDP 성장률이 전 세계적으로 낮은 단계에 진입했지만, 평균 소득 수준은 사상 최고치를 기록했다. 기대수명은 꾸준히 상승했고, 정치적 자유는 전 세계에 퍼졌다. 반면 2008년 위기는 유로존을 비롯한 다른 지역, 특히 실업과 개인 안보 측면에서 깊은 인상을 남겼고, 많은 곳에서 가족과 공동체 생활이 침해되었다.

2013년 삶의 질 지수의 결과는 가장 운이 좋은 아기는 스위스에서 태어나고 호주, 노르웨이, 스웨덴이 그 뒤를 이었다. 일반적으로 작은 경제 규모의 국가가 상위 10위권을 차지했다. 이스라엘이 20위를 차지한 것은 놀라운 일이었다. 이것은 전통적인 강대국에 속하는 이탈리아, 일본, 프랑스, 영국과 같은 나라들보다 앞선 순위였다. 이스라엘은 또한 가장 많이 순위가 뛴 나라 중 하나였다. 1988년 조사 이래로 이스라엘은 10계단이나 뛰어올랐다.

이스라엘에서 태어난 아기는 행운아다. 왜냐하면 이스라엘이 성공적인 국가라고 말할 수 있기 때문이다.

미주

1 Matt Ridley, *The Rational Optimist* (New York: HarperCollins Publishers, 2010).

2 Eilat Cohen−Castro, *Immigration to Israel 2015* (Jerusalem, Israel: Central Bureau of Statistics, 2016).

3 Eilat Cohen−Castro, *Immigration to Israel 2007-2010* (Jerusalem, Israel: Central Bureau of Statistics, 2012).

4 Eric Weiner, *The Geography of Genius: A Search for the World's Most Creative Places from Ancient Athens to Silicon Valley* (New York: Simon and Schuster, 2016).

5 OECD/European Union, *Indicators of Immigrant Integration* (Paris: OECD, 2015).

6 A facility for intensive Hebrew language studies for new immigrants.

7 Prof. David Passig, *Israel 2048* (Israel: "MISKAL" Yedioth Books, 2010).

8 The collective body of Jewish religious laws from the written and oral holy scriptures.

9 *Here and There*, directed by Darko Lungulov (2009; Serbia: Modifier Group, 2010), DVD.

10 A native Israeli; also known as a term used for the strong "new Israeli" who worked the land of Israel at the time that new Jewish immigrants arrived to the land.

11 Col. (Res.) Yesha'ayahu (Shaya) Harsit, *A New Sky and a New Land* (Tel Aviv 2012).

12 *One Flight for Us*, directed by Haim Hecht (2005; Israel: Radio Kol Rega, 2005), DVD.

13 A Polish military force loyal to the Polish government in exile in London, established in the Soviet Union in World War II to fight the Nazis.

14 Azrieli's journey to the land of Israel, as well as his first experiences in Israel, were documented in his book *One Step Forward*, written by his daughter, Dana Azrieli (Jerusalem: Yad Vashem, 1999), 77-83.

15 From an interview to Amir Kurtz, "Dana Azrieli, the business successor of the mall empire: "I have what it takes"," *Calcalist*, 2008.

16 Felix Zandman, *From Vishay to Vishay—From Youth in the Holocaust to the Matriculation Exams of Science and Industry* (Beit Shemesh, Israel: Keter Press, 1995).
17 A round piece of textile worn on the head to fulfill the requirements of the customary Jewish law (Halacha).
18 Resolution 185, 2008.
19 Resolution 1544, 2002 and 1250, 2003.
20 King James Bible.
21 The Jewish sages from the times between the final three hundred years of the Second Temple in Jerusalem to the sixth century CE (250 BCE to625 CE), who composed the oral holy scripture (Mishna, Tosefta, and Talmud).
22 A set of precepts and commandments given by God.
23 Yehuda Amichai, *Also Fist Was Once an Open Hand and Fingers* (Tel Aviv: Schocken, 1989).
24 A Jewish institution that focuses on the study of traditional religious texts, primarily the Talmud and the Torah.
25 Dr. Inbal Abu, *Social Responsibility in Business Organizations* (Beer Sheva: The Israeli Center for Third Sector Research, Ben–Gurion University, 2013).
26 2011 Israeli social justice protests: a series of demonstrations in Israel involving hundreds of thousands of protesters from a variety of socio–economic and religious backgrounds opposing rise in the cost of living (particularly housing) and deterioration of public services such as health and education.
27 Navit Zomer, "I Got Up in the Morning and Suddenly I Was the Bad Guy," *Yedioth Ahronoth*, June 10, 2016.
28 Discount Bank, *Social Report 2014* (Tel Aviv: Discount Bank, 2014).
29 The first major written redaction of the Jewish oral traditions (536 BCE to 70 CE).
30 Bloomberg L.P. 2013.
31 OECD, *CIA World Factbook*, published by the CIA, 2012.
32 *The Face of Israeli Society*, No. 6, CBS.
33 International Agency for Research on Cancer (IARC), 2015.
34 http://data.oecd.org/healthcare/caesarean–sections.htm#indicator–chart
35 C. Meydan, Z. Haklai, B. Gordon, J. Mendlovic, and A. Afek, "Managing the Increasing Shortage of Acute Care Hospital Beds in Israel," *Journal of Evaluation in Clinical Practice* 21, 1 (2015): 79–84.
36 https://en.wikipedia.org/wiki/In_vitro_fertilisation#Success_rates

37 http://www.informationisbeautiful.net/visualizations/because−every−country −is−the−best−at−something

38 Eric Weiner, *The Geography of Bliss* (London: Transworld Publisher, 2008).

39 The documents that comment and expand upon the Mishnah (the first major written redaction of the Jewish oral traditions), the first work of rabbinic law, published around the year 200 CE. A specification in scripture and a learning material from the Oral Torah.

40 M. Botticini and Z. Eckstein, *The Chosen Few* (Princeton, Princeton University Press, 2012).

41 https://www.reddit.com/r/dataisbeautiful/comments/20k5dk/top_40_countrie s_by_the_number_of_scientific

42 The Jewish text that sets the order of the Passover Seder, a Jewish holiday that commemorates the liberation of Jews from slavery in Egypt by God.

43 A spectrum of strictly Orthodox Jews.

44 https://freedomhouse.org/report−types/freedom−world

45 Noah Efron, Nazir Majli, and Amitai Shaharit, *Israel in 2048—A Place for Hope* (Tel Aviv, Israel: Shacharit, 2011).

46 *Charlie Hebdo* is a satirical weekly that publishes cartoons, reports, and jokes of an anti−racist nature that focus on the radical right, Christianity, Islam, Judaism, and so on. In January 2015, masked Islamic terrorists broke out and murdered ten journalists and six police officers and wounded ten because of cartoons of the Prophet Muhammad published in it.

47 Thomas Friedman, *The Lexus and the Olive Tree, Globalization—A View into a Changing World* (Israel: Hed Artzi, 2000).

48 Uri Ram, *The Globalization of Israel, McWorld in Tel Aviv, Jihad in Jerusalem* (Beer−Sheva: Resling, 2005).

49 Asa Kasher, "The Jewish Democratic State," in: Yossi David (ed.), *The State of Israel Between Judaism and Democracy* (Jerusalem: The Israel Democracy Institute, 2000), 116.

50 Palestinian Authority.

51 *Ynet* and *the Association for Religious Freedom and Equality*, October 2016.

52 Talmud, Eruvin 13,2.

53 Prof. Gad Yair, *The Code of Israeliness: The Ten Commandments for the 21st Century* (Jerusalem: Keter Books, 2011).

54 Prof. Gideon Dror, *Elective Methods and Values of Democracy* (Matach).

55 Sebastian Junger, *Tribe: On Homecoming and Belonging* (New York: Twelve, 2016).

56 Book of Numbers, chapter 23.

57 Noga Kainan speech to CFO Forum, 2007.

58 The Israel Democracy Institute, *The Israeli Democracy Report* (Jerusalem: The Democracy Institute, 2015).

59 Prof. Ronnie Ellenblum and Prof. Yuval Noah Harari, "Discussion on the Topic: Man—Environment—World", moderated by Prof. Moshe Sluhovsky. January 25, 2017, Hebrew University.

60 From "A Voyage to the Holy Land: Pleasure Excursion to the Holy Land," a chapter of a journey by the American author Mark Twain, in 1869, from the book by Mark Twain, *The Innocents Abroad or the New Pilgrim's Progress* (Cleveland: American Publishing Company, 1869).

61 1857: British consul James Finn reported, "The country is in a considerable degree empty of inhabitants and therefore its greatest need is that of a body of population."

62 1867: Charles William Elliott, president of Harvard University, wrote: "A beautiful sea lies unbosomed, among the Galilean hills in the mist of that land once possessed by Zebulon and Naphtali, Asher and Dan. Life here was one idyllic···now it is a scene of desolation and misery."

63 Samuel Manning, *Those Holy Fields* (London: The Religious Tract Society, 1890), 14.

64 Shlomo Ilan, "Traditional Arab Agriculture in the Land of Israel in the Ottoman Period," *Kardom—Monthly Bulletin of the Land of Israel* (Ariel: Ariel Press, September 1984).

65 An accident in which a bridge over the Yarkon River collapsed during the opening ceremony of the fifteenth Maccabiah sport games on July 14, 1997, in which four athletes were killed and sixty−nine were injured. Due to the impact of the bridge on the water, poisonous substances from the bottom of the Yarkon rose up, and the damage to the health of those in the water was more severe than it would have been had it not been for the pollution in the Yarkon. The rescuers who entered the water to rescue the athletes were also injured.

66 Navy soldiers who served in the naval commando have been practicing in the Kishon River for years, unknowing of the dangerous effect of diving in the polluted river. Large numbers of cases of cancer occurred among former Israeli navy divers.

67 Baruch Kimmerling, *Immigrants, Settlers, Natives* (Israel: Am Oved, 2004).

68 According to the Israeli National Library's data for the book week of 2014, 82 percent of the books published are original Hebrew books, and only 18 percent are translated. In international comparisons, the sources of the

data are as follows:

https://en.wikipedia.org/wiki/Books_published_per_country_per_year
https://jakubmarian.com/number−of−books−published−per−year−per
− capita−by−country−in−europe /
http://www.bbc.com/culture/story/20140909−why−so−few−books−in
−translation
https://www.theguardian.com/books/2014/oct/22/uk−publishes−more−b
ooks−per−capita−million−report

69 Maya Nachum Shahal, "An Excelent Joke," Calcalist, 2010.
70 Avraham Carmeli and Hila Maimon, *Musical Bodies in Israel 2014* (Tel Aviv: Ministry of Culture and Sport, 2014).
71 Avraham Carmeli and Menachem Lazar, *Public Theaters in Israel—Summary of Annual Activity Ministry of Culture and Sport* (Tel Aviv, December 2014).
72 The Irgun (The National Military Organization) was a Zionist paramilitary unit whose goal was to end the British Mandate in Palestine.
73 Haganah (The Defense) was a Jewish paramilitary organization in the British Mandate of Palestine, which became, later on, the core of the IDF.
74 Ahuzat Bayit was founded in 1906 by a group of Jews at the initiative of Akiva Aryeh Weiss in order to build a new Hebrew city in the land of Israel (later the city of Tel Aviv)
75 Ecosystem is term borrowed from biology, which relates to the business environment associated with a product or technology. This environment includes suppliers, marketers, customers, service providers, and so on. Without an appropriate ecosystem, it will be difficult for technological startups to develop.
76 Rafi Eldor, Shmuel Hauser, and Rafi Melnick, The Impact of Terrorism and Anti−Terrorism on Capital Markets (Jerusalem: Israel Securities Authority, 2005).
77 K. Peleg, J.L. Regens, J.T. Gunter, and D.H. Jaffe, "The Normalization of Terror: The Response of Israel's Stock Market to Long Periods of Terrorism." *Disasters*, 35, 1 (January 2011): 268–283.
78 David Goldman, *How Civilizations Die (And Why Islam Is Dying Too)* (Washington, DC: Regnery, 2011).
79 From G−Planet site, 2016.
80 Institute for Economic & Peace, *Global Terrorism Index 2015* (Sydney, Australia: Institute for Economics & Peace, 2015).
81 Israel Security Agency, "Shin Bet" report of 2015.
82 https://www.youtube.com/watch?v=lbgt2FhggOQ
83 shoebat.com/television.php?PHPSESSID=f361733d98074ae8e77f7db6048fe01f

84 A British Commission managed by Sir John Hope Simpson, to address Immigration, Land Settlement and Development issues in the British Mandate of Palestine.

85 http://www.jewishvirtuallibrary.org/jsource/History/hope.html

86 Ilan Kfir and Dani Dor, *Iron Dome* (Modi'in, Israel: Kinneret Zmora Bitan, 2014).

87 "During the fighting in the north, Rafael knew quite a few alarms and falls nearby. But they did not stop. One of the shelters had a nursery school and kindergarten, and everyone continued to work. I was there on a management visit at the same time, to strengthen them. I was and saw." —N.K.

88 Daniel Rosenman, *Changes in Indicators of the Israeli Economy Compared with OECD Countries* (Jerusalem: Bank of Israel, 2014).

89 Owned by coauthor of this book (A.R.).

90 Stephen D. King, *When the Money Runs Out: The End of Western Affluence* (New Haven: Yale University Press, 2013).

91 Researches by: Bloom and Williamson (1998); Bloom, Canning, and Malaney (2000). D. E. Bloom, D. Canning, and J. Sevilla, *Economic Growth and the Demographic Transition* (Cambridge, MA: National Bureau of Economic Research (NBER), 2000). D. E. Bloom, D. Canning, G. Fink, and J. E. Finlay, *Does Age Structure Forecast Economic Growth?* (Cambridge, MA : National Bureau of Economic Research (NBER), 2007). D. E. Bloom, D. Canning, and G. Fink, *Population Aging and Economic Growth* (Cambridge, MA: Harvard Initiative for Global Health: working paper, 2008)

92 Yuval Noah Harari, *Homo Deus: A Brief History of Tomorrow* (Modi'in, Israel: Dvir, Kinneret Zmora Bitan, 2015).

93 https://forward.com/articles/161803/microsofts−steve−ballmer−to−visit− israel/

94 Gallup Poll. "Americans' Views Toward Israel Remain Firmly Positive." February 29, 2016.

95 Michael B. Oren, *Ally: My Journey Across the American−Israeli Divide* (New York: Random House Trade Paperbacks, 2016).

96 Stephen Mansfield, *Lincoln's Battle with God: A President's Struggle with Faith and What it Meant for America* (Grand Haven, Michigan: Brilliance Audio, 2012).

97 During Obama's visit to Israel, 2013.

98 http://www.u−s−history.com/pages/h1971.html

99 New York Times, "better than 5 C.I.A.'s", March 6, 1986.

100 Israel Hayom, The Ettinger Report, "Senator Daniel Inouye – Did They Break the Mold?", December 20, 2012.

101 ZAKA is an ultra–Orthodox Jewish voluntary organization that assists the Israel police and the rescue forces in dealing with disaster scenes; their main function is to identify victims of disasters and bring their bodies for burial.

102 Jewish penitential poems and prayers said in the period leading up to the High Holidays and on days of fast.

103 Teva announced in 2017 that it plans to lay off nearly 25% of its global workforce, including 1,700 Israelis. It also intends to close its two plants in Jerusalem.

104 GEM: Global Entrepreneurship Monitor, 2013.

105 Based on the GEM study, conducted at the Ira Center for Business, Technology, and Society at Ben–Gurion University, Beer Sheva, 2007.

106 GEM: Global Entrepreneurship Monitor, 2013.

107 PitchBook's index, IVC 2016.

108 Thomas Malthus, *An Essay on the Principle of Population* (London: Joseph Johnson, 1798).

109 The Bloomberg Innovation Index, 2015.

110 IMD World Competitiveness Center, *IMD Competitiveness Yearbook* (Lausanne, Switzerland: IMD World Competitiveness Center, 2014).

111 Deloitte, 2014.

112 Dan Senor and Saul Singer, *Start–Up Nation* (New York: Hachette Book Group, 2009).

113 Israel21C, "Bill Gates – Israel is a high tech superpower", October 30, 2005.

114 Dan Senor and Saul Singer, *Start–Up Nation* (New York: Hachette Book Group, 2009).

115 IAI, Israel's Aerospace Industry.

116 Yehuda Amichai, "Not as a Cypress Tree."

117 Accelerator is an acceleration program for projects designed to bring them from the initial product stage to any advanced stage. The program includes a combination of group work with the nurturing of a personal mentor from technology and investment, product development assistance, exposure to work methodologies, development of a strategic plan, dating with angels and factors legal, marketing, accounting, and financing.

118 https://en.wikipedia.org/wiki/WeWork

119 Testified in an interview with Adi Rubinstein in September 2014.

120 Satellites that are positioned at a point where their orbital duration is

equal to the circumference of Earth on its axis so they are perceived as standing still.

121 According to the UK's Institution of Mechanical Engineers; IME

122 Some of the information in this section is taken from the book by S. M. Siegel, *Let There Be Water* (New York: Thomas Dunne Books, 2015).

123 The global desertification process is a phenomenon in which populated areas become desert areas. Thus, for example, the Sahal, located on the border of the Sahara Desert, was made, by the process of desertification, to be impossible to live for people who experienced hunger and thirst. The phenomenon of desertification occurs in many places in the world. In Israel, we found an antidesertification process when a southern city such as Beer Sheva moved from an average annual rainfall of about two hundred milliliters a year between 1930 and 1960 to almost three hundred milliliters of rain in the years 1960 through 1990. Kiryat Gat went from less than four hundred to almost five hundred milliliters, Ashdod from four hundred fifty to more than five hundred milliliters. Arad went from one hundred to two hundred, and so on. The meteorologists who worked on the study concluded that the National Water Carrier project in the northern Negev, which has become a cultivated place, has changed the color of the area, from yellow to green and brown; changing the color of the soil changes the radiation (Alpert and Mendel, 1985). Some claim that this is not a statistical error but that the phenomenon is noteworthy and that it is a follow−up; in any case, it is a unique documentation of antidesertification in the world.

124 Source: Israel Water Authority.

125 http://idadesal.org/desalination−101/desalination−by−the−numbers/

126 Prof. Haim Gvirtzman, Department of Environmental Sciences, The Hebrew University of Jerusalem. https://www.youtube.com/watch?v=JoP7DCtGd1Y

127 From an interview on Israeli "Globes" website, October 13, 2016.

128 The data is based in part on independent research conducted by a researcher who previously worked for B'Tselem and asked to remain anonymous on the basis of data received from the PA and international organizations.

129 Prof. Haim Gvirtzman, "Cornerstones." (Lecture 11, Department of Enviro nmental Sciences, The Hebrew University of Jerusalem, Jerusalem, 2015).

130 Seth M. Siegel, *Let There Be Water* (New York: Thomas Dunne Books, 2015).

131 These estimates are based, inter alia, on analysis of analysts in the Israeli

capital market and assessments of the Bank of Israel and the Ministry of Finance. Indirect taxes mainly refer to tax revenues that the state will collect on capital gains on the stock exchange, which will come against the background of an increase in the value of holdings of private investors in shares of gas companies.

132 According to a source in the management of Israel Natural Gas Lines, who asked to remain anonymous.

133 According to a source in the management of Israel Natural Gas Lines, who asked to remain anonymous.

134 Electricity Authority, *State of the Electricity Sector Report for 2015* (Haifa: Electricity Authority, 2015).

135 Electricity from sources such as hydroelectric, biogas, and wind are negligible and together produce less than twenty−five megawatts annually.

136 According to the CBS forecast.

137 There are also projects that lead to "antigrowth," such as Valley Railroad, in which the financial investment will probably never be covered, even according to the most optimistic scenario. www.ynet.co.il/articles/0,7340, L−4360580,00.html

138 L. Brown, N. Sussman, and R. Shaharabani, "Causes of Road Accidents on Interurban Roads in Israel" (Discussion Paper Series, Bank of Israel, Jerusalem, 2014).

139 *Accuracy of Passenger Trains and Travel Volume 2005−2015* (Lod, Israel: slide from internal presentation, Israel Railways, 2016).

140 Bank of Israel, the level of infrastructure in Israel and investment in them: international comparison and long−term analysis, March 18, 2015.

141 Statistical Abstract of the Shipping and Ports Authority.

142 Tim Harford, "The Economics of Trust," *Forbes*, July 21, 2010.

143 Prof. Dan Ariely, *The Honest Truth About Dishonesty: How We Lie to Everyone−Especially Ourselves* (New York: HarperCollins Publishers, 2013).

144 https://www.transparency.org/news/feature/corruption_perceptions_index_2 016

145 McCarthyism is a term used to accuse people for no reason or on the basis of questionable evidence to label and distance that person and infringe on his civil rights.

146 Prof. Yossi Shain, *The Language of Corruption* (Modi'in, Israel: Dvir, Kinneret Zmora Bitan, 2010).

147 Kohelet Forum publications, January 2017.

148 *The State Comptroller's Annual Report* (Jerusalem: The State Comptroller,

November 2016).November 2016).November 2016).

149 "OECD Barriers to Entrepreneurship," 2013.

150 Daniel Levy, "The Price Marking Law: A Review of the State of the World, Trends and Assessing the Impact of the Law on Consumer Prices, Research and Economics Administration." Ministry of Industry, Trade and Labor, May 2008.

151 http://www.ynet.co.il/articles/0,7340, L−4682939,00.html

152 OECD Economic survey of Israel 2016.

153 Shmuel Even and Eran Yashiv, "The Defense Budget for 2017‒2018," INSS, The Institute for National Security Studies, December 2016.

154 https://www.siri.org/yearbook/2015

155 Prof. David Passig, *Israel 2048* (Israel: "MISKAL" Yedioth Books, 2010).

156 Saudi Arabia and the Gulf states used petrodollars to finance, among other things, "research institutes" in various countries, including the United States, to influence public opinion and policy makers there.

157 A. B. Yehoshua, "An Attempt to Understand the Infrastructure of Anti−Semitism" (lecture, Haifa University, Haifa, 2009).

158 The only industry in which this phenomenon continues to hold is the global oil and gas exploration industry due to the weighty interests of many international players in Saudi Arabia and the Persian Gulf.

159 The BDS (Boycott, Divestment and Sanctions) movement is a global campaign attempting to increase economic and political pressure on Israel to end what it describes as violations of international law.

160 Roskam: A bill to promote trade and commercial enhancement between the United States and Israel and for other purposes. 114th Congress, First Session.

161 Sources: Cards Online website, Mako website, City Mouse website.

162 Yael Gaton, "So Why the Israeli Are So Happy," *WALLA*, May 21, 2015.

저자 소개

노가 카이난(Noga Kainan)은 텔아비브 대학에서 MBA 학위를 취득했다. 이스라엘의 주요 기업 고위 임원들의 협회인 IEL과 CFO Forums의 의장을 맡고 있다. 이스라엘 총리실의 관리 및 지명 위원회의 위원이자 주요 기업과 조직에서 이사회의 멤버로 활동한 경력을 갖고 있다. 자폐증을 갖고 있는 대학생의 적응 향상을 목표로 하는 NGO의 설립자이기도 하다.

아담 로이터(Adam Reuter)는 이스라엘 공군의 정보 장교였으며 경영학을 전공한 박사다. 이스라엘 최대의 금융 위험 관리 회사인 파이낸셜 이뮤니티츠(Financial Immunities)를 설립했다. 수백 개의 국제적인 기업과 이스라엘 회사에 자문을 제공하고 있다.

역자 소개

역자는 연세대를 졸업하고 동 대학에서 경영학 석사를, 상명대에서 공학박사 학위를 받았다.

IBM과 Stratasys에서 근무하며 ICT와 3D프린팅 분야에 오랜 경험을 갖고 있으며, 창업을 통해 이스라엘 스타트업 기술을 국내에 소개하는 사업을 수행한 바 있다. 지금은 상명대에서 교수로서 신기술과 스타트업 분야에 대해 연구하고 있다.

이스라엘: 성공의 길을 묻다

초판발행	2024년 3월 11일
지은이	Noga Kainan, Adam Reuter
옮긴이	천백민
펴낸이	안종만·안상준
편 집	소다인
기획/마케팅	박부하
표지디자인	Ben Story
제 작	고철민·조영환
펴낸곳	(주)**박영사**
	서울특별시 금천구 가산디지털2로 53, 210호(가산동, 한라시그마밸리)
	등록 1959. 3. 11. 제300-1959-1호(倫)
전 화	02)733-6771
f a x	02)736-4818
e-mail	pys@pybook.co.kr
homepage	www.pybook.co.kr
ISBN	979-11-303-1942-1　03320

* 파본은 구입하신 곳에서 교환해 드립니다. 본서의 무단복제행위를 금합니다.

정 가　　22,000원